인공지능(AI) 시대, 교육실천을 위한

교육철학 및 교육사

정창호 · 마상룡 · 마은종 · 박주희

KNOWLEDGE COMMUNITY 공동체

머리말
PREFACE

교육 문제를 이야기하는 자리에서 어김없이 듣는 말이 있다. 아무리 정권과 정책이 바뀌어도 한국의 교육 문제는 해결하지 못한다라는 말이다. 한국의 교육은 철학이 없는 교육, 혼이 빠진 교육으로 인해, 입시경쟁이라는 교육의 비본질(도구적 가치)이 교육의 본질을 압도하고 상실하게 만들고 있다는 강변이다. 이러한 교육적 문제의식은 한국의 교육활동을 주도하는 교사뿐만 아니라 학생들이 어떻게 교육의 본질을 회복하고 가르침과 배움을 통해 성장과 자기실현의 기쁨을 맛볼 수 있는가 하는 물음으로 우리를 이끌어 나간다.

교육철학은 교육의 고유한 본질과 목적을 중심으로 교육현상과 교육과정을 바라보고 진단하고 처방하게 하는 사유에 도달하도록 하는 데 그 존재 이유가 있다. 교육철학을 공부하는 일은 교육적 현상을 서술하는 지식이나 교육철학적 지식체계의 내용을 습득하는 작업에 그치는 것이 아니다. 그것은 삶과 교육의 관계 및 인간의 존재 조건 속에서, 어떻게 하면 인간답고 자기다운 삶을 교육을 통해 실현할 것인가를 묻고 답하는 일이다. 인간은 생물학적으로나 문화적으로나 완성된 존재가 아니라 부단히 '되어가는 존재'이기 때문이다. 이것이 칸트가 말하는 철학하기, 즉 철학적으로 사유하기의 본원이다. 인간은 철학적 사유의 철학함을 통해 저마다 사물과 인간의 존재 자체, 인간에게 나타나는 세계의 본질과 가능성을 묻고 존엄한 생존을 유지하면서 좀 더 인간답고 자기다운 자기실현의 좋은 삶, 즉 개인적으로는 자유와 자기실현을, 집단적이고 사회적으로는 자유와 상호 존중과 공존의 정의로운 삶을 지향해 온 것이다. 따라서 이 책은 (예비)교사와 학생들, 교육의 핵심을 알고자 하는 일반인들(학부모)과 교육계에서 일하는 이들이 가르침과 배움의 전반적인 교육활동을 '개인의 성장과 자기실현'이라는 교육의 본질과 목적의 관점에서 조망하고 비판적으로 사유하는 데 일조하고, 교육현장에 적합한 대안적 교육실천을 이끌기 위해 집필되었다.

또한 역사적이고 사회적인 존재인 인간의 교육 과정은 구체적인 역사적 시공간 속에서 구성되고 전개된다. 교육철학사의 중요한 교육철학자들의 교육사상과 정신은 인공지능 시대, 4차 산업혁명, 인공지능 사회로 불리는 21세기 한국사회의 지평에서 재음미되고 응용되어 실천될 수밖에 없다. 각각의 교육철학의 교육이념, 교육의 목표 및 그 내용과 방법, 평가의 측면에서 생각하는 인재상과 그에 필요한 구체적인 역량들이 달라지게 되는 것이다. 지구적 시공간과 정보를 압축하여 전달하는 인터넷 연결망 기반의 디지털 기술혁명을 거쳐, '사람처럼 생각하는' 인공지능 기술의 확산으로 사회와 문명의 구조가 급속도로 재편되면서 인간의 사고방식과 존재방식, 교육의 방법과 의미 등이 새롭게 형성되고 변화하고 있는 실정이다.

4차 산업혁명의 핵심은 초연결과 초지능이다. 우리는 사람과 사람 사이, 사람과 사물 사이, 사물과 사물 사이가 디지털 정보의 형태로 인터넷으로 연결되어 실시간으로 상호작용하는 시대에 살고 있다. 더구나 공장, 사무실에서뿐만 아니라 스마트폰, 가전제품 등 일상생활 속에서 사람처럼 생각하는 인공지능(AI) 프로그램을 도구로 상용하고 있다. 이제 인공지능을 장착한 로봇인 휴머노이드가 노동 현장뿐만 아니라 일상공간에 널리 사용되고 있다. 이제 우리는 스마트폰을 사용하듯이 인공지능을 일상적으로 사용하게 되는 시대로 접어든 것이다. 인공지능은 인간의 뇌에서 일어나는 학습방식과 의사결정방식을 모방하여 데이터를 분석하고 그 특징과 패턴을 찾아 구성된 모델에 따라 판단하고 행위하도록 만든 알고리즘 시스템을 수행하는 앱(application)이다. 현재의 인공지능은 인간처럼 복합지능을 동시에 수행하는 앱이 아니라, 인간지능의 특정한 기능을 특화하여 작동하도록 만든 특수한 기능과 일을 구현하는 기술들의 집합을 가리키는 이름이다. 하나의 인공지능이 아니라 각기 다른 쓰임새의 인공지능들이 있고, 사람은 자기에게 필요한 기능의 인공지능의 앱을 작동하여 사용하는 것이다.

머리말
PREFACE

인공지능은 사람과 사회, 사람과 사물 사이에서 사람과 사회에 긍정적이거나 부정적인 영향을 미치면서 사람과 사회를 바꾸며 삶과 사회를 구조적으로 혁신하는 동력으로 작용하고 있다. 따라서 인공지능을 단순히 기술도구적 관점으로만 이해해서는 인간과 사회를 재구성하는 힘으로 작용하는 인공지능을 제대로 알고 대응할 수 없게 된다. 이제 인공지능을 문명사적 전환의 관점과 인문학적 관점으로 바라보면서, 인간의 인간됨과 사회구조, 그리고 생태계를 바꾸어 나가는 중요한 매개적 힘으로 인식할 필요가 있다. 인공지능과 인간의 관계를 바라보는 대립적인 이분법적 관점을 넘어서 인공지능과 인간의 공진화의 관점에서 접근해야 한다. 인간이 잘할 수 있는 일과 인공지능이 잘할 수 있는 일, 인공지능이 하기 어려워하거나 할 수 없는 일이 점점 분화되어 가고 있는 상황에서, 중요한 것은 인간에게 부족한 점을 인공지능으로 보완하는 관계를 맺으면서 인간과 인공지능이 공진화해야 한다는 것이다. 이것이 가능하기 위해서는 인공지능의 설계, 개발, 제작, 유통, 사용의 모든 단계에서 인간과 자연 생태계에 미치는 악영향을 최소화하고 지속 가능한 인류와 지구를 일구어 내기 위해, 윤리적 고려가 반드시 들어가야 한다. 또한 이를 위한 교육이 학교뿐만 아니라 인공지능과 관련된 모든 영역에서 수행되어야 한다.

학습의 질적 차이의 측면을 보자면, 현재 단계에서 인공지능의 학습은 데이터화된 지식 습득과 그것의 실용적 활용을 의도한다면, 인간의 학습은 현상적인 지식 획득뿐만 아니라 알고자 하는 대상의 본질과 전체와의 비가시적 연관성을 통찰하는 지혜의 체득을 목적으로 한다고 할 수 있다. 예전에는 개인이나 집단적 차원의 제한된 데이터만이 활용되었지만 개인과 기업 차원을 넘어 국가와 문화권 차원의 인류가 쌓아온 방대한 자료를 빅데이터로 일시에 활용할 수 있게 되었다. 이러한 인류의 지적 자산을 활용한 인공지능의 작업은 필요한 정보와 지식의 습득, 다양한 문제해결에 지렛대로 매우 유용하게 활용할 수 있다. 이를 교육의 학습 방법이나 교수법에 다양하게 적용하고 응용할 수 있다. 인공지능의 편향성과 오류 및 오남용이 야기하는 역기능과 위험성을 인식하고 그것의 순기능과 효과성의 교육적 함의와 가치를 따져보면서 교육적으로 활용하는 방식에 대해 적극적으로 대응해야 할 단계에 온 것이다.

인공지능에 기반하는 언어생성기(ChatGPT, 번역기 등), 디지털 교과서, 챗봇, 증강현실, 가상현실 등의 첨단기술이 교육에 적용되고 있다. 인공지능 기반의 새로운 교수법과 학습법은 교육현장에 새로운 문제제기와 해결방안을 마련해 줄 것이고, 인공지능 시대의 인재가 갖추어야 할 역량과 인공지능을 활용한 다양한 교육모델 등 새로운 방향과 가치를 제공해 줄 것이다.

디지털 지식기반 사회에서, 더구나 빅데이터를 활용하는 인공지능 사회에서 교육은 지식 전달과 암기에서 아는 것을 바탕으로 삶에 필수적인 과제들의 문제의식과 의제 설정 및 그것의 엄밀한 진단과 처방의 창의적이고 주체적인 문제해결을 하는 가르침과 배움의 공부로 전환되고 있다. 인공지능을 일상적으로 접하고 사용하는 세대에게 무엇을 어떻게 가르칠 것인가에 대한 질문이 놓여 있다. 교육의 본질과 근원에 입각해서 인공지능 시대에 알맞은 현실적인 답과 대안을 마련해 나가야 한다. 인공지능의 긍정적 활용과 부정적 영향의 예방과 극복은 인공지능의 개발자, 제작자, 유통자, 소비자 못지않게 교육자에게 중요한 몫을 부여하고 있기 때문이다.

다른 한편, 인간지능과 인공지능의 차이점을 염두에 두어야 한다. 인간지능은 크게 보아 두 가지 차원에서 사유한다. 하나는 가시적으로 표상하는 인과의 관계, 수단과 목적의 관계, 목적 연관성 혹은 도구들과 수단들의 연관성, 수단들의 효율성 등을 '셈하는(계산하는) 사유'이고, 다른 하나는 목적 자체의 타당성, 관심과 가치의 질적 성격의 헤아림, 이성과 감성의 정합성 여부, 지정의(知情意)의 일치와 불일치, 합리성과 비합리성의 관계, 비가시적인 사물과 인간 존재의 차원, 현실에 없지만 존재해야만 하는 것의 상상 또는 보이지 않는 아름다움이나 진리 전체의 재구성 등의 근거와 해명을 따지는 '비판적이고 창조적인 사유'이다. 그런데 '인간처럼 사유하는' 인공지능은, 이 두 가지 사유 중 '셈하는 사유의 기능'은 부분적으로 개별 인간을 훨씬 능가하는 기술적 수준에 도달해 있다. 하지만 '비판적 창조적 사유의 기능'은 인간지능에 비해 아직 초보적인 수준이고 주관적인 관심과 가치 판단의 영역이기에 미래에도 인간지능을 모방하는 데 그 한계가 뚜렷하다. 결국 인공지능은 아무리 셈하는 기능이 인간의 능력을 초월하더라도 인간지능 중 일부 기능의 부분적인 극대화를 보여주고 인간지능의 방대하고 무한한 능력에서 비롯하는 질적인 풍요로움에 비하면 아직은 극히 그 일부에 불과하다.

인공지능과 다양한 디지털 매체의 발달로 교육시스템이 변화함에 따라 교육의 방법, 교사의 몫과 학생의 역할, 학교의 기능이 달라지고 있다. 그러나 학생의 다면적이고 전인적인 성장과 자기실현이라는 교육의 본질은 바뀌지 않는다. 그것은 학생으로 하여금 이전 시대 인류의 지적 유산과 가치를 바탕으로 자기만의 인간다운 삶의 역량을 키워 나가는 배움을 통해 지적 정서적 윤리적으로 전인적인 성장을 함으로써 자기실현을 향해 나아가도록 인도하는 것이다.

이 책은 크게 다섯 부분으로 구성되어 있다.

첫째, <제1장 교육철학의 정체성>에서는 교육철학의 정체성을 교육과 철학의 본질, 교육과 철학의 연관성을 중심으로 해명하고 있다. 철학의 궁극적 목적은 좋은 삶을 추구하는 것이고, 그 방법으로 삶과 세계가 무엇으로 존재하고 인간에게 어떻게 인식되며 세계의 존재와 인식을 바탕으로 더 좋고 가치 있는 삶은 어떻게 가능한가를 탐구해 왔다. 그리고 교육은 인간이 개인적으로나 사회공동체적으로나 인간답고 자기다운 삶을 형성하는 성장의 조건과 방법을 탐구하고 이를 토대로 더욱더 자유롭고 행복한 삶을 실현하려는 활동이다. 이러한 교육과 철학의 관계를 중심으로 교육의 위기 혹은 교육철학의 위기상황에서 교육철학의 정체성을 논한다.

둘째, 제2장에서 제4장까지는 플라톤과 소크라테스, 아리스토텔레스, 아우구스티누스 등 고중세의 대표적인 교육사상과 철학을 다루고 있다. <제2장 플라톤의 교육사상과 철학>에서는 인간의 이성이 밝혀낸 세계의 존재 원리와 인간정신의 발달 과정과 단계, 삶의 방향에 따른 한 생애의 삶에서 발달단계별 교육과 국가 안에서 교육의 본질과 역할 및 방법 등을 이야기한다. <제3장 아리스토텔레스의 교육사상과 철학>에서는 사회적 인정과 성공만으로는 불가능한 인간의 존재론적 행복을 달성하기 위한 '행복의 교육'은 어떻게 가능한가를 그가 본성, 습관, 가르침으로 제시한 교육의 3요소 등을 중심으로 고찰하고 있다. <제4장 아우구스티누스의 교육사상과 철학>에서는 중세의 신학사상과 교육사상을 단적으로 보여주는데, 신과 신이 창조한 세계의 본질과 만나는 인간의 영혼의 활동을 중심으로 인간과 세계의 본질, 교육의 단계와 교육의 2가지 방법 등을 해명하고 있다.

셋째, 제5장에서 제8장까지는 코메니우스, 루소, 칸트, 헤르바르트 등 근대의 대표적인 교육사상을 논하고 있다. <제5장 요한 아모스 코메니우스의 교육사상과 철학>에서는 중세의 사상을 총괄하면서 근대의 과학적이고 합리적인 사고를 바탕으로 근대의 문을 본격적으로 열어젖힌, 17세기 교육사상을 대표하는 코메니우스를 다룬다. 신이 창조한 피조물인 자연과 인간의 보편적인 세계, 3개의 구성요소로 만들어진 신의 세계 속 인간 삶의 운영 원리 및 교육의 원리와 방법 등 그가 해명한 세계와 교육의 운영 원리를 설명하고 있다. 인간은 감각, 이성, 신앙의 3가지 눈으로 이 세계의 총체적인 앎과 지혜에 도달할 수 있다는 범지학(Pansophia)을 그는 주창하고, 세상을 7단계의 학교로 보고 인간다운 본질을 구현하기 위해서는 세상의 3가지 교육이 조화를 이루어야 한다고 강조했다. 그것은 인식의 씨앗을 기르는 지식교육, 윤리적 삶의 마음씨를 기르는 도덕교육, 경건한 신앙의 마음씨를 기르는 종교교육이다.

<제6장 장 자크 루소의 교육사상과 철학>에서는 한 아이가 '훌륭한 교육방법'에 의해 자연적인 성장과 발달로 일어나는 교육적인 이상적 변화를 사고실험으

로 보여주는 『에밀』을 중심으로 자연주의 교육의 원리와 단계 및 방법을 해명하고 있다. 루소의 자연주의 교육사상은 교육의 목적을 사람을 인위적인 교육적 이상에 적합하게 바꾸려는 데에서 아이의 자연적 본성에 내재한 소질과 성향을 사회적 삶에 적합한 방식으로 조화롭게 발전시키는 것으로 설정함으로써 교육의 관점에 대한 코페르니쿠스적 전환을 이룩했다. 그는 교육의 세 요인(세 교사)을 자연, 인간, 사물로 본다. 그런데 우리가 조정할 수 있는 인간과 사물을 자연(의 교육)에 따르도록 함으로써, 반복되는 문명과 사회의 역사적 타락의 악순환을 자연적 본성의 성장 교육에 의해 교육과 국가제도를 선순환으로 바꿀 수 있다는 것이다. 또한 루소는 0~25세까지의 유아기, 아동기, 소년기, 청년기 4가지 성장단계의 주요 특징에 따른 교육방안을 제시한다.

＜제7장 임마누엘 칸트의 교육사상과 철학＞에서는 계몽주의 교육사상을 대표하는 칸트의 낙관주의적 교육관을 논구한다. 칸트가 보기에, 인간은 자연의 궤도를 탈선해서 문화로 진입한 존재로서, 사회문화적 삶을 온전히 영위하기 위해서는 반드시 교육을 받아야만 (사회문화적) 인간이 될 수 있는 '교육적 존재'다. 사회 속 불완전 교육은 인간의 자연소질인 감각과 이성의 능력을 발전시킴으로써 좀 더 완전한 인간성의 완성과 행복한 인류의 완성이 가능하다고 본다. 학교는 이성의 법칙적 강제와 자유의지가 조화를 이루도록 학생들을 인도해야 하고, 자유로의 강제를 통한 발달이 일어나도록 실험적인 교육활동을 전개하는 것이 바람직하다. 그는 교육의 3단계 전개를 통해, 인간은 자연에서 문화로 이행해 나가면서 점차 도덕적 존재로 완성되어 간다고 내다보았다.

＜제8장 요한 프리드리히 헤르바르트와 신인문주의 교육철학＞에서는 최초의 과학적 교육학 수립자로 알려진 헤르바르트의 교육적 수업의 원리 및 그 내용과 방법 등을 논구하고 있다. 그는 '교과수업'을 '도덕성의 형성'이라는 교육 목적과 내적으로 결합시키는 새로운 교육적 패러다임을 제시하고, '(교과)수업(teaching)이 교육의 중핵을 이루는 활동'이라고 강조한다. 그는 어떻게 도덕성의 기초가 되는,

지성적으로 구조화된 마음상태(즉, 사고권)를 교과수업의 다면적 흥미를 통해서 학생의 마음속에 형성할 것인가를 일반교육학과 표상심리학을 통해 논증하는데, 동시에 실험학교를 통해서 현장교육으로도 확인하고 발전시키고자 했다.

넷째, 제9장에서 제13장까지는 엘렌 케이, 존 듀이, 마틴 부버, 파울로 프레이리, 클라우스 몰렌하우어 등 현대의 대표적인 교육사상을 논하고 있다. <제9장 엘렌 케이의 교육사상과 철학>에서는 아동 중심의 교육관을 해명하고 있다. 엘렌 케이는 '아동을 중심으로'라는 깃발을 내걸고, 아동기가 단순히 지나간 과거가 아니라 인류의 미래를 담보하는 실질적인 인간 가능성의 자원임을 주창한 개혁교육운동을 전개한 교육사상가이다. 아동 혹은 아동기는 창조와 역사발전의 원동력으로서 학교나 교육제도에 한정되지 않고 사회 전체의 변화(진보)를 이끌어 나가는 인류의 구원자로서 역할을 한다는 점이 『아동의 세기』에서 집약적으로 표현되고 있다. 아동 중심의 교육관에서 추구하는 교육적 인간상은, 주어진 관습이나 위계적 권위주의에 영합하지 않고 자율적으로 판단한 가치와 이상에 따라 자립적으로 살아가는 강한 개성의 주체성을 가진 인간이다.

<제10장 존 듀이의 교육사상과 철학>에서는 듀이의 프래그머티즘에 기반한 교육사상을 논술하고 있다. 듀이의 프래그머티즘(실용주의)은 삶의 생생한 경험과정에서 부딪치는 문제들을 효과적으로 해결해 나가는 '반성적 사고의 실천적 방법론'이다. 그는 이를 교육과 민주주의(사회)의 영역에 적용하여 대표작인 『민주주의와 교육』에서 교육과 사회의 문제를 진단하고 처방하는 원리로 펼친다. 그가 보기에, 교육의 과제는 주어진 문제를 가장 효과적으로 해결하면서 성장할 수 있는 삶의 방식 또는 민주주의 질서에 합치되는 인간을 길러내는 것이다. 교육을 통해 사회적 개혁과 진보가 가능하다는 것이다. 그러기 위해서는 학교에서 학생들이 사회적인 자기실현을 이루는 데에 필요한 성격, 습관, 덕목을 갖출 수 있도록 민주적 성격을 계발할 수 있는 학습 조건(환경)들을 조성하여 민주적 공동체의

경험을 체험하도록 해야 한다. 이를 위해 듀이는 실험학교를 운영하면서, 학교를 추상적인 사회적 삶의 형식으로 규정하고 삶의 중요한 문제들을 직접 경험하고 지성적으로, 그리고 민주적으로 해결하는 장이 될 수 있음을 확인하고자 했다.

<제11장 마틴 부버의 교육사상과 철학>에서는 일상생활 속에서 자신의 전인격을 통해서 하나님을 만남으로써 구원을 얻는 하시디즘에 영향을 받은 부버의 만남과 대화를 바탕으로 한 교육적 원리와 방법을 논하고 있다. 인간과 신과의 모든 만남과 대화는 언제나 상호적인 요구와 응답 그리고 책임에 기초하고 있다. 대표작인 『나와 너』에서, 부버는 사물과 세계에 대한 두 개의 근본적인 태도 또는 관계방식을 제시한다. 하나는 사람이 사물을 완전한 전체의 인격적 관계로 만나는 '나-너의 관계', 다른 하나는 사람이 사물을 외적인 도구적 객체로 이용하는 '나-그것의 관계'이다. 여기서 그가 강조하려는 핵심은 이 두 가지 만남과 관계방식은 인간의 실존에 필수적이지만, 인간의 온전한 삶을 가능케 하는 대화적 만남의 관계는 '나-너'의 관계가 없이는 불가능하다는 점이다. 여기서 바람직한 교육으로 자기 자신과 타자의 타자성을 알아차리고 받아들이는 포용과 대화적 교육방법이 전개된다.

<제12장 파울로 프레이리의 교육사상과 철학>에서는 프레이리의 비판적 교육학, 해방적 교육사상을 서술하고 있다. 그가 보기에, 현실 세계와 교육이 형성되는 구조와 작동하는 원리에는 소수 기득권 권력자의 정치적인 의도와 믿음이 강력한 영향을 미치고 있으며, 이러한 사회현실에서 억압받는 민중의 해방을 위한 교육과 정치적 행위가 필요하다. 그의 대표작 『피억압자의 교육학』에서 어떻게 억압된 민중이 이러한 정치적 지배와 피지배 관계의 현실을 깨닫게 되는 의식화 공부를 하면서 자유와 희망의 세계를 건설할 수 있는지를 기술하고 있다. 요컨대, 민중 교육의 목적은 비인간화된 사회에서 인간화를 이룩하는 것이고, 그 방법은 억압의 조건을 인식하고 민중의 주체적 실천을 통해 해방과 자유의 현실을 건설하는 것이다. 즉, 억압된 현실의 구조 곧 억압의 심리적 조건과 사회적 조건을

주체적으로 의식화하고 민중들의 성찰적인 참여를 바탕으로 해방적 실천을 통해 억압에서 벗어나 인간화의 길을 개척하는 일이다.

<제13장 클라우스 몰렌하우어의 교육사상과 철학>에서는 교육적 개입으로 어떻게 자아실현이 가능한지를 보여주는 몰렌하우어의 교육적 원리와 방법을 논술하고 있다. 그는 교육과 사회, 문화, 정치의 연관성을 회복하는 차원에서 '교육이란 무엇인가'라는 교육의 본질을 다음의 5가지 개념으로 해명한다. 제시 : 삶의 구조적 형식을 보여주기, 삶의 양식 재현 : 가르칠 것을 선택하기, 인간됨의 형성 가능성 : 어린이는 배우려 함, 이성적인 자기활동 : 스스로 문제를 제기하고 해결하기, 정체성 : 역동적인 자아형성의 문제가 바로 그것이다. 이것은 또한 "교육자는 어떤 방식의 교육적인 개입을 통해서 자유롭고 개성적이면서도 사회적인 자아를 성장시킬 수 있는가?"라는 물음에 대한 그의 해답이기도 하다.

다섯째, <제14장 포스트모더니즘 교육사상과 미셸 푸코>에서는 포스트모더니즘의 주요 특징과 미셸 푸코의 교육사상을 논하고 있다. 주체 중심주의와 구조중심주의 사상의 한계와 문제점을 넘어서고자 등장한 사상이 바로 포스트모더니즘 혹은 포스트구조주의 사상과 철학이다. 이는 구조와 주체를 가로지르며 구조와 주체를 구성하면서도 동시에 그것을 해체하고 혁신시키는 힘이나 차이 혹은 생명의 욕망과 충동, 구조와 주체 안의 균열을 보여주는 간극의 동력을 중심으로 구조와 주체의 운동을 동시에 해명하고자 하는 사상적 흐름이다. 여기서는 그 일례로 푸코의 지식-권력-교육의 삼각관계를 중심으로, 교육활동과 제도 속에 지식-권력의 구조와 힘이 항상 이미 교육자의 신체의 규율을 통해 어떻게 작동하면서 권력을 관철하는 주체화나 교육화가 이루어지고 있는지를 해명한다.

마지막으로 이 책을 읽는 방법에 대해 덧붙이고자 한다. 널리 알려졌듯이 철학의 역사와 마찬가지로 교육철학의 역사는 시간적으로 앞선 철학과 사상을 그 뒤에 나타난 철학과 사상이 극복한 단선적인 진보의 과정이 결코 아니다. 각각의 철학과 사상은 인간과 세계를 바라보는 고유한 관점과 가치관을 바탕으로 구성되고 전개된, 다른 것으로 환원할 수 없는 그 자체로 고유한 특색이 담긴 철학과 사상이다. 따라서 역사적으로 다채롭게 전개된 수많은 교육철학을 공부하는 방법 중 하나는 자기의 고유한 교육적 문제의식을 조망하고 교육의 핵심을 해명할 수 있는 깊이 있고 다각적인 질문을 불러일으키고 다양한 각도의 해답을 모색하게 하는 교육철학을 우선 읽고, 그와 관련된 교육철학을 차례대로 읽어나가는 것이다. 물론 시대적으로 고대부터 현대까지 차례대로 읽어도 좋은 방법이다. 한편으로 이와 달리 역사적으로 뒤에 나온 교육철학의 한계를 모색할 때 더 뒤에 나온 교육철학에서만 찾지 않고 그보다 역사적으로 앞선 교육철학의 관점에서 통찰해 보아, 그 한계를 진단하고 처방하면 훨씬 창의적인 교육적 해결책에 도달할 수도 있을 것이다.

교육철학을 공부하면 좋은 점은 어째서 그렇게 가르치거나 배우면 학생의 성장과 행복에 이바지하게 되는지에 대한 '이성적 원리와 근거'를 알고, 동시에 그 한계나 부작용을 사전에 최소화할 수 있는 대안을 모색할 수 있다는 것이다. 그리고 교육을 통한 자기실현은 현실적응을 넘어서 현실 속에서 현실을 넘어서는 자기답고 충만한 삶을 만들어 가는 과정임을 알게 된다는 것이다. 아무튼 자기 자신에게 알맞은 다양한 방식으로 다르게 읽어내어, 각각의 교육철학의 비전과 통찰을 전유함으로써 저마다 인간답고 자기다운 삶을 실현하는 데 도움을 얻기 바란다.

2024년 8월
저자 일동

차 례
CONTENTS

차 례
CONTENTS

제10장 존 듀이의 교육사상과 철학

제11장 마틴 부버의 교육사상과 철학

제12장 파울로 프레이리의 교육사상과 철학

CHAPTER

01

교육철학의 정체성 - 철학과 교육의 관계

01 교육철학의 정체성 - 철학과 교육의 관계

1. 교육철학의 정체성 위기

교육철학은 교육의 이론과 실천에 관한 철학적 연구이다. 더 나아가서 교육철학은 교육학의 한 분과이면서 동시에 교육학의 학문체계 전체에 대한 메타적인 연구이다. 따라서 교육철학은 여러 가지 얼굴을 갖는다. 철학이 이론적 관심과 실천적 관심의 두 측면을 포섭하고 있듯이, 교육철학 역시 교육에 대한 이론적 관심과 실천적 관심을 포섭한다. 교육철학은 교육의 근본적인 원리와 가치 및 목적에 대한 연구에 몰두할 뿐 아니라, 동시에 교육 실천의 올바른 방향설정이나 교육의 실천적 문제 해결을 위해서 교육학의 다른 분과들과 협력한다. 교육철학자가 동료 분과 교육학자들의 도움 없이도 스스로 현실의 교육문제를 해결할 수 있다고 생각하는 것은 월권이다. 교육철학자는 주어진 상황에서 교육의 올바른 방향과 합당한 기준에 대해서 반성하고 문제 해결의 올바른 방향을 제시함으로써 간접적으로 실천적 교육문제의 해결에 기여할 수 있다.

교육철학이 하나의 독자적인 학문으로서 등장한 지난 100여 년의 역사를 돌이켜 보면서 교육철학에서의 이론과 실천의 관계를 살펴보자.

19세기 말에서 1960년대 이전까지 영미의 교육철학은 대체로 두 가지 경향을 보인다. 하나는 위대한 철학자나 사상가들의 교육사상을 역사적으로 탐구하는 것이고, 다른 하나는 철학의 주요 이론을 교육에 적용시키거나 그것을 통해서 교육에 대한 시사점을 찾아내는 일이다. 첫 번째 경향에서 교육철학은 대체로 교육사상사와 같은 것으로 된다. 여기서 교육철학자의 관심대상은 코메니우스, 루소, 페스탈로치, 프뢰벨 같은 교육사상가뿐만 아니라 플라톤, 로크, 칸트, 듀이 같은 전문 철학자들에게로 확장된다. 두 번째는 철학에서 연구된 이론이나 지식을 다양한 교육 현상에 적용하려는 경향이다. 앞 경우가 교육사상에 대한 연구라면 이것은 교육의 문제를 특정한 철학의 사고와 방법에 기초하여 해명하려는 연구이다. 그러므로 이 경향에서는 역사적 접근보다는 원리적 접근이 두드러진다(유재봉, 2004 : 91).

그런데 1960년대를 지나면서 영미의 교육철학은 분석철학의 강력한 영향 아래 놓이게 되었다. 영미의 분석적 교육철학자들은 주로 교육의 주요 개념을 명확하게 규정하고 분석하는 일, 다양한 교육논의 속에 들어 있는 논리적 가정을 밝히고 정당화하는 일, 교육적 지식의 근거를 밝히고 정당화하는 일을 하였다(상게서, 96쪽). 이들은 교육, 교수, 학습, 훈련, 자유, 평등, 권위, 벌 등의 교육적 개념들을 분석하고 명료화하는 데에 몰두했고, 이들 사이의 논리적 연관성을 탐구하였다. 또한 주요한 교육이론들 속에 내재되어 있는 논리적, 개념적 혼란을 지적하고 비판하였다. 이런 작업을 통해서 교육철학은 1960년 이전의 전통적 교육철학을 엄밀한 학문적 토대 위에 올려놓는 데에 지대한 공헌을 하였다.

그러나 분석적 교육철학은 철저하고 집요한 개념분석 및 논증분석을 통하여 교육학의 엄밀한 학문성을 촉진하는 데 기여했지만, 가치의 문제나 교육의 새로운 방향, 교육의 실천적 문제 등에 대해 적극적으로 발언하는 데에서는 심각한 한계를 드러냈다. 이와 더불어서 교육철학은 교육실천의 현장으로부터 점점 더 멀어지게 되었다.

이런 맥락에서 얼마 전부터 (분석적) 교육철학의 한계에 대한 비판과 반성이 등장하고 있다. 즉, 1980년대 이후에 영미의 몇몇 교육철학자들은 교육철학의 학문적 위기론을 제기하였다. 그것은 교육철학이 단지 이론적 탐구의 영역에 갇혀 하나의 학문으로서의 사회적 역할을 방기하고 있다는 문제제기였다. 이들은 이러한 위기의 원인은 분석적 교육철학이 과학적 엄밀성에 대한 추구와 교육에 대한 이론적 탐구에 편중되었기 때문이라고 보고, 이제 교육철학이 실천적인 면에서 교육에 대해서 적극적으로 개입하고 발언해야 함을 주장한다. 이와 함께 교육철학의 '실천적 전회'를 강조하는 움직임이 강하게 대두되고 교육철학의 정체성에 대한 논쟁이 활발하게 전개되고 있다(김현주, 2008 참조).

그러나 교육철학이 이론적 학문이어야 하는가 아니면 실천적 문제를 연구하는 학문이어야 하는가는 사이비 물음이라고 할 수 있다. 교육철학은 합리성에 기초한 이론적 탐구를 통해서만 현실의 교육문제에 대한 실천적 개입을 할 수 있으며, 반대로 현실의 교육문제에 대한 실천적 관심이 없이 진행되는 철학적 사유는 공허한 이론적 상아탑에 유폐되고 말 것이다. 우리는 교육철학을 교육의 의미, 목적, 가치 및 교육학의 학문성에 대한 근본적이고 원리적인 탐구라고 간주하며 동시에 이러한 탐구는 직·간접적으로 실천적 교육의 문제 해결과 긴밀히 연관되어 있어야 함을 주장한다.

2. 교육과 철학의 단절된 관계

서양의 철학사에서 교육의 문제를 이해하고 규명하기 위한 철학적 물음들은 언제나 중요한 의제(agenda)로 상정되어 있었다. 고대 그리스의 철학자인 소피스트, 소크라테스, 플라톤, 아리스토텔레스는 말할 것도 없고, 학문의 교육학이 정립된 이후에도 러셀, 듀이, 화이트헤드, 데리다 등에 이르기까지 현대의 철학자들도 교육의 문제를 적극적으로 다루었다. 다시 말해 교육에 대한 연구는 단지 교육에 종사하는 사람들이나 교육학자들의 독점적 과제가 아니라 철학 일반의 보편적 과제였던 것이다. 철학이 언제나 교육의 문제를 자신의 중요한 주제로 설정했던 이유는 어디에 있을까?

시겔(Siegel, 2009)에 따르면 그것은 당연한 현상이라고 할 수 있다. 무엇보다도, 교육에 대한 연구는 많든 적든 철학적 탐구 결과에 의존하고 있다. 즉, 우리는 인식론, 인간학, 존재론적인 기초를 떠나서 하나의 교육과정을 수립할 수 없을 것이다. 예를 들어, 플라톤의 교육과정은 철저히 그의 이데아론에 기초하고 있다. 따라서 철학자들은 쉽사리 교육의 문제를 다루는 데로 나아갈 수 있는 위치에 있다. 또한 교육에 관련된 많은 문제들은 그 자체로 독립적인 철학의 관심사가 될 수 있다. '교육의 목적은 지식의 전달인가 아니면 자율적 사고능력을 기르는 것인가?'의 문제는 그 자체로 심오한 철학적 문제이다. 우리는 최초의 철학자들인 소피스트와 소크라테스 및 플라톤 사이에서 진행된 논쟁이 결국 이런 문제를 둘러싸고 진행되었음을 알고 있다. 그러므로 철학적 연구는 반드시 교육에 대한 관심으로 확장되어 나간다.

그리고 철학에서 교육을 다루게 되는 것과 마찬가지의 이유로 인해서 교육에 대한 연구는 반드시 철학에 대한 관심으로 확장되어 나가지 않을 수 없다. 철학에서 시작하느냐, 교육에서 시작하느냐의 출발점이 다를 뿐 두 영역은 그 내적인 연속성으로 인해 서로 넘나들게 된다.

그러나 시겔이 지적하고 있듯이, 최근 수십 년간 일반 철학자들은 철학적 탐구 영역으로서의 교육에 대한 연구를 방기하고 있다. 다시 말해 오늘날 일반 철학자들은 교육의 문제를 철학적으로 다루는 데에 매우 인색하다. 교육에 대한 철학적 탐구는 교육학을 전공하는 사람들 중 철학에 관심에 가진 사람들의 전문영역으로 간주되고 있다. 이러한 상황은 교육철학뿐 아니라, 철학에게도 안타까운 일이다. 철학자 공동체는 교육 문제를 "방기"함으로써, 교육의 개선에 기여할 수 기회를 스스로 포기할 뿐 아니라, 인간의 내면적 성찰을 촉구하는 철학함의 의미를 퇴색시키고 있다. 여기서 시겔이 지적하고 있는 것은 일반 철학과 교육학 간의 단절이라고 할 수 있다.

이와 조금 다른 맥락에서 카(Carr)는 교육실천과 철학의 단절에 대해 이야기한다. 카는 그 이유를 다음과 같은 점에서 찾는다. 먼저, 실제 교육정책 수립 과정에서 사용되는 추론의 방식은 철학적 논증의 방식과 거리가 멀다. 철학적 추론이 진리에 대한 헌신, 불편부당성, 증거에 대한 존중에 근거하는 데 반해서, 실제의 정책결정 과정은 정치적 효율, 기득권, 지배권력 같은 비이성적 요소에 의해 오염되어 있다. 또한 교육문제를 둘러싸고 실제 진행되고 있는 논쟁은 철학적이고 반성적인 문제를 제기하게 못하게 가로막는 오도된 담론 방식을 가지고 있다. 예를 들면, 현재의 교육 연구 지형에서 교육의 근본적인 목표나 가치에 대한 철학적 질문들을 의식적이고 반성적인 방식으로 제기하는 일은 결코 용이하지 않다(Carr, 2004).

이러한 교육과 철학의 단절의 배경에는 영미의 교육철학이 언어 분석적 방법을 통해서 교육학의 학문적 엄밀성을 달성하는 방향으로 선회했던 1960년대 이래의 경향이 놓여 있다. 앞서 지적했듯이 분석적 교육철학은 교육실제 및 교육학에서 사용되고 있는 기본 개념들을 분석하고 검토하고 명료화하는 데에 몰두했다.[1] 그것의 주요한 연구주제는 교육, 교화, 교수, 학습, 교과과정 과목, 도덕 발달 등의 개념에 한정되었다(Bailey, 2010 : 50). 분석적 교육철학은 현실의 교육 문제를 실천적 맥락에서 다루기를 거부하고 교육학자들이 경

1) "개념을 명확하게 규정하는 일, 지식의 근거와 여러 가지 논의 형식들의 논리적 가정을 집요하게 밝혀내는 일은 이제 철학자들의 '장사밑천'이 되고 있다."(Peters, 2004 : 7)

험적 연구에서 사용하는 개념들을 명료하게 분석하는 데서 자신의 과업을 찾았다. 이와 함께 분석적 교육철학은 강력한 이론적 경향을 띠게 되었고, 그 결과 오늘날의 현실이 보여 주듯 철학과 교육실제가 서로 분리되는 데로 귀결되었다.2)

이런 상황에서 오늘날 많은 사람들이 '철학적 훈련'이 교직의 수행에 과연 실질적인 도움이 되는지를 의문시하는 것은 이해가 가는 일이다. 또한 교육행정가가 교육정책을 입안하는 자리에 더 이상 철학자를 초청하지 않는 것도 그들만의 책임은 아니다. 그것은 지금까지 교육철학이 구체적인 교육실천으로부터 등을 돌리고 개념분석, 논리적 정합성, 교육이론의 무모순성과 과학성을 검증하는 데에만 관심을 집중해 온 상황과 연관되어 있다. 이런 교육실천과 철학의 단절을 극복하기 위한 하나의 이론적 기반을 마련하기 위해서 우리는 절을 바꾸어 교육과 철학의 불가분한 연관성에 대해서 고찰해 보려 한다.

3. 교육실천과 철학적 사유의 불가분한 관계에 대한 고찰

1) 교육실천 없는 철학적 사유는 공허하고, 철학적 사유 없는 교육실천은 맹목적이다.

다소 도발적인 정식에서 출발해 보자: "교육실천 없는 철학적 사유는 공허하고, 철학적 사유 없는 교육실천은 맹목적이다." 이 말은 '내용 없는 사유는

2) 아실라(Arcilla, 2002)는 "철학자들과 교육학자들은 왜 서로 이야기하지 않는가?"라는 글에서 다음과 같은 뼈아픈 진단을 내리고 있다: 철학 그리고 교육철학은 교육학자들에게 실제적인 지침을 제공해 주지 못함으로써 교육학자들과의 대화에서 배제되었고, 자기들끼리 순수하게 이론적 세계에서 안주하고 있다.

공허하고 개념 없는 직관은 맹목적'이라는 칸트(I. Kant)의 유명한 정식을 패러디한 것이다. 칸트의 인식 이론에 따르면 우리의 모든 지식은 경험(즉, 직관)에서 온 내용 또는 소재의 다양함이 모든 인간의 사유 속에 이미 내재하고 있는 개념(직관의 형식과 오성의 범주)에 의해 통일을 이룸으로써 성립된다. 이것을 통해서 칸트는 우리의 인식의 원천이 경험에 있다는 영국 경험론의 입장과 순수한 이성의 원리에 있다는 합리론의 입장이 모두 일면적이라고 비판하였고 동시에 경험의 내용과 인식의 형식이 결코 분리될 수 없는 것임을 분명히 하였다. 즉, 모든 인식은 직관에서 온 소재와 사유에서 온 개념의 종합에서 생겨난다는 것이다.

우리는 이러한 칸트의 정식을 교육과 철학의 불가분한 관계를 설명하기 위해서 원용할 것이다. 물론 철학이 교육의 형식과 그리고 교육이 철학의 내용과 전적으로 등치될 수 있는 것인가는 분명하지 않다. 말하고자 하는 것은 철학과 교육이 마치 동전의 양면처럼 서로 연관되어 있다는 것이며, 이 연관 속에서 볼 때, 철학은 교육의 목적과 가치 그리고 방향 제시의 기능을 담당하고, 교육은 철학적 사유가 다루어야 할 삶의 문제들과 재료들을 제공한다는 것이다. 따라서 교육실천에 대해 고려하지 않는 철학은 순수한 이론과 사변의 상아탑에 갇혀 버릴 위험이 크고, 반대로 철학적 성찰을 거부하는 교육은 나침반 없는 항해처럼 길을 잃고 헤맬 위험이 크다.

2) 교육실천에 대한 고려가 없는 철학이 공허한 이유

먼저 교육실천에 대한 고려가 없는 철학적 사유에 대해서 생각해 보자. '교육실천과 무관한 철학'이란 철학이 넓은 의미의 교육과의 연관성을 상실하고 고립되는 경우를 말한다. 앞서 말했듯이 이런 철학은 공허한 활동이 되기 쉽다. 가르치고 배우는 과정 또는 인간을 도야하는 활동, 즉 교육과 괴리된 철학은 어떤 의미에서 공허한가? 이 물음에 답하기 위해서는 철학에 대한 이해 방식을 먼저 분명히 해 둘 필요가 있다.

한국어 대사전은 철학을 "인생, 세계의 궁극의 근본원리를 추구하는 학문"이라고 정의하고 있다. 그러나 이것은 철학의 한 측면에 대한 설명이다. 즉, 철학 본연의 과업이 현실을 넘어선 근본적이고 원리적이며 절대적인 지식을 추구하는 데에 있다는 생각은 철학에 대한 일면적 이해라고 할 수 있다. 왜냐하면 '지혜에 대한 사랑'으로서의 철학은 본래 추상적인 진리 탐구뿐 아니라 개인과 집단의 삶의 실존적이고 실천적 문제들을 해결하고 공동체적인 삶을 개선하려는 의도에서 태어났기 때문이다.

사실 그 두 가지는 서로 배제하는 것이 아니다. 철학이 궁극적이고 초월적 진리에 도달하고자 하는 것은 사실은 참되고 선하고 아름다운 실천적 삶에 대한 욕구의 표현이다. 또한 그 발생에서 볼 때, 철학은 신뢰할 수 있는 삶의 방식이 시야에서 갑자기 사라졌을 때 사람들이 겪는 혼란과 당혹감에 대한 인간 정신의 대응 방식으로 나타났다. 소크라테스의 철학이 그러했고, 공자의 철학이 그러했다. 그러므로 좋은 삶에 대해 사유하는 실천 중심의 철학은 초시간적이고 객관적인 진리를 추구하는 이론 중심의 철학에 우선한다. 서양 최초의 철학인 그리스 철학 역시 탄생과 죽음, 생성과 소멸이라는 비극적인 운명 속에서 의미 있는 삶을 살아가고자 했던 사람들의 정열적인 시도에서 나온 것이다(Weischedel, 1991 : 25).

그러나 이러한 철학의 양면성이 항상 분명하게 의식되기는 어려웠다. 플라톤이 예언했듯이 철학자들은 종종 절대적 진리와 가치의 세계에 집착하며 거기에 머물러 있기를 좋아한다. 특히 근대 이후 철학은 강한 이론 지향성을 견지하였다. 그러므로 한국어 대사전의 철학에 대한 정의는 이런 철학적 경향에 대한 기술적(descriptive) 정의로서는 납득할 만하다. 말하자면 철학을 철저히 객관적이며 초월적인 원리에 대한 추구로 한정시켜 이해한 것은 서구 근대의 역사적 산물이다.

이러한 근대적 철학의 성립에서 결정적인 역할을 한 사람은 르네 데카르트(R. Descartes)이다. 데카르트는 그의 대표작인 『성찰』에서 어떠한 회의나 의심도 허용하지 않는 절대적 진리를 찾기 위하여 극단적인 방법론적 회의를 행했다. 그리고 그렇게 해서 확보한 명석하고 판명한 진리인 '나는 생각한다, 고로 나는 존재한다(cogito ergo sum)'에서 출발하여 순수하게 이성적이고 연역적인 사고를 통해서 참된 지식의 체계를 구축하였다. 그가 목표로 한 것은 명석 판명한 지식과 그들의 연역적 연관으로만 구성된 보편 학문의 체계를 구성하는 것이다. 말하자면 데카르트는 개인의 취향이나 주관적 관심 그리고 역사적이며 지역적인 특수성 등이 모두 탈색된 순수하고 객관적인 진리에 관심을 가졌다.

그런데 논리학자이며 철학사가인 스테판 툴민이 『코스모폴리스』에서 분석하고 있는 바에 따르면 데카르트의 이러한 철두철미한 객관주의의 정신은 당시의 시대적 문제 상황에 대응하려는 시도 중 하나였다. 그리고 이 시도는 이후의 근대 철학의 기본 틀이 되었다. 여기에 대해서 좀 더 자세히 살펴보자.

데카르트가 생애의 대부분을 보냈던 시기는 아직도 현대 유럽인들에게 집단적 기억 속에 상처로 남아 있는 30년 전쟁(1618~1648)의 시기였다. 그것은 신교와 구교 간의 종교적 갈등을 축으로 하여 진행된 극심한 혼란과 전쟁의 시기였다. 아무도 그리고 아무것도 이러한 혼란과 파괴의 시대를 마감하고 다시 평화와 공존을 가져올 수 없는 듯이 보였다. 데카르트는 이러한 절망의 시기에 돌파구를 마련하기 위해서 사유했다. 그의 착상은 이런 것이다: 종교적 견해 차이에도 불구하고 이성을 가진 인간이면 누구라도 승복할 수밖에 없는 지식 체계를 만들자. 종교적 도그마가 서로 부딪히면서 생겨나는 갈등을 극복하기 위해서는 옳고 그름을 구분해 주는 합리적이고 객관적인 기준이 있어야 한다고 보았기 때문이다. 그는 사회 전체의 붕괴와 역사의 종말을 막아야 한다는 절체절명의 사명감, 또는 다르게 표현하면 '불안감'(파라노이아)을 가지고 인식의 기준, 즉 '아르키메데스의 지점'을 찾아 나섰다. 그에게는 참과 거짓을 누구에게나 명쾌하게 구분해서 보여주는 진리 기준을 발견하느냐 아니면 끝없는 혼란의 나락으로 떨어지느냐의 양자택일만이 앞에 놓여 있는 듯이 보였다.

이러한 양자택일 앞에 선 사람의 마음상태를 툴민은 '데카르트적 불안'이라고 부른다. 데카르트적 불안은 근대 이래의 서구 사회 그리고 더 나아가 근대 세계 전체를 추동해 온 심층의 정서였다. 데카르트 이후 철학은 좋은 삶과 관련된 탐구를 뒷전으로 돌리고, 절대적이고 객관적이며 보편적인 진리의 문제에만 관심을 집중하였다. 동시에 철학함의 장소는 시장과 광장이 아니라 연구실과 강단으로 축소되었다.

이러한 툴민의 철학사적 고찰이 보여주는 것은 무엇인가? 그것은 지성 중심의 객관주의 철학이 아무리 객관적 진리의 담지자임을 표방한다고 해도 그것은 결국 시대적인 조건과 상황의 산물이라는 것이다. 그러므로 포괄적인 역사적 관점에서 보면 철학은 언제나 '실천적 삶의 문제'와 연관하여 발전하였다. '삶의 의미는 어디에 있는가?', '어떻게 하면 행복한 삶을 살 수 있을까?', '나는 누구인가?', '미래의 더 좋은 공동적 삶은 어떻게 가능한가?' 등의 실천적 물음은 모든 종류의 철학적 사유의 마르지 않는 샘물인 것이다.

근대철학의 '확실성에 대한 추구'를 비판하면서 철학의 실천적 맥락을 강조했던 대표적인 사람으로서 존 듀이를 들 수 있다. 그는 주저인 『민주주의와 교육』에서 철학을 다음과 같이 정의하고 있다.

"철학이라는 것은 경험에 관하여 가능한 한 통합되고 일관되고 완전한 전망을 가지기 위한 노력이다. '철학'이라는 말이 원래 '지에 대한 사랑'을 뜻한다는 것은 철학의 이런 면을 나타내는 것이다. 철학을 진지하게 받아들였을 때 철학은 언제나 삶을 영위하는 데에 도움을 주는 지혜에 도달하는 일을 뜻하는 것으로 생각되어 왔다. 옛날의 철학 학파는 거의 예외 없이 그 자체가 조직된 생활방식이었다는 것, 특이한 행동양식에 헌신하는 것을 그들의 철학적 주장으로 삼았다는 것, 중세에 와서 철학은 로마 교회의 신학과 밀접한 관련을 맺었고, 종교적 이해관계와 빈번하게 연루되어 있었다는 것, 그리고 국가가 위기에 처했을 때 철학은 정치적 투쟁과 관련되었다는 것, 이 모든 사실이 그것을 증거하고 있다."(Dewey, 2007 : 464-465)

데카르트의 사례에서 보았듯이 개인적, 사회적, 문화적 우연성과 특수성을 뛰어넘는 초시간적이고 보편적인 지식에 대한 서구 근대 철학의 집착도 궁극적으로는 인간의 '좋은 삶(good life)'의 문제와 분리된 것이 아니었다. 근대 철학이 보였던 철저한 객관주의의 이면에는 당시 상황에서 제기된 '좋은 삶', 즉 '안정적이고 평화로운 삶'에 대한 실천적 갈망이 깔려 있었다. 그리고 좋은 삶에 대한 해답의 추구는 "경험에 관하여 가능한 한 통합되고 일관되고 완전한 전망을 가지기 위한 노력"(듀이)과 분리될 수 없다. 이런 점에서 볼 때, 철학은 자신의 기능이 분열되어 있고 혼란하며 불투명한 삶의 상황 속에서 삶의 의미와 추구해야 할 지향점을 찾는 일과 불가분하게 결합되어 있다는 점을 자각해야 한다.

철학은 파편화된 현실에 의미와 방향을 부여할 수 있는 포괄적이며 전체적인 - 그러면서도 신화가 아니라 인간 이성에 기초하고 있는 - 이야기를 제시해야 한다. 그것은 완결된 지식의 과학적 체계가 아니라 인간이 몸담고 있는 삶의 맥락에 대한 하나의 해석이다. 그것은 우리가 어디에 서 있고 또 어디를 향해 나아가야 할 것인가를 찾는 밑그림이다. 그러므로 철학은 인간적 삶의 의미와 방향에 대하여 사고하는 활동이라고 정의될 수 있다. 객관적이고 보편적인 진리에 대한 탐구라는 근대 철학의 자기규정은 이러한 활동을 수행하기 위한 하나의 방식이었다. 이러한 방식에 많은 문제가 있었다는 점은 20세기 후반 이래 분명히 드러났다.

우리가 이상과 같은 철학관을 받아들인다면, 이제 철학이 교육실천과 긴밀한 연관을 유지해야 하는 이유는 자명해진다. 즉, 철학이 '좋은 삶'을 근본적인 목표로 가지고 있는 한, 철학은 '교육'의 활동과 분리될 수 없다. 철학은 자신의 목표를 실현하기 위해서 교육실천을 필요로 하며 또 교육의 문제와 대결해야 한다. 다시 말해 상아탑 속에서 단지 정합적인 지식의 체계로서 자신을 정교하게 만드는 일에 몰두하는 한, 철학은 자신의 과제를 완수할 수 없다. 왜냐하면 철학은 사람들이 철학을 통해서 실제로 자신의 개인적이고 사회적인 삶을 조화롭게 영위할 수 있도록 하는 일, 즉 넓은 의미의 교육에서 자유로울 수 없기 때문이다.

철학적 진리는 단지 상아탑 속의 지식의 체계로 머물지 않고, 삶의 변화와 개선으로까지 나아가야 하는데, 이 과정에서 교육에 대한 고려는 필수 불가결한 것이다. 역으로 교육은 철학의 내용과도 무관하지 않다. 왜냐하면 교육을 통해서 비로소 잠정적인 가설로서의 철학 이론이 자신을 검증할 수 있기 때문이다. "철학이 인간의 에너지를 의미 깊은 삶의 개념에 맞게 활용하는 방법을 만들어 내는 데는 교육이라는 활동이 필요하다. 교육은 철학적 사고 활동의 결과들이 구체화되고 검증되는 실험실이다."(Dewey, 2007 : 471) 만약 철학이 이러한 교육(또는 교화, 도야, 계몽)적 차원을 도외시하고 단지 진리탐구 그 자체에 만족해 버린다면, 철학은 공허하다는 또는 추상적이라는 비난에서 벗어날 수 없다. 이것은 동시에 왜 오늘날 철학의 입지가 흔들리고, 많은 현대판 '트라키아의 하녀들'이 철학을 공허한 탁상공론으로 간주하는가를 설명해 준다.

3) 철학 없는 교육이 맹목적인 이유

앞서 교육을 고려 대상에서 배제한 철학이 공허하게 되는 이유를 철학의 학문적 기능으로부터 살펴보았다. 이제는 철학 없는 교육에 대해 살펴보자. 철학 없는 교육이란 교육이 실천 과정에서 철학적 반성을 결여한 채, 주어진 가치 기준이나 선입견 그리고 현실적 필요성에 안주하고 있는 상황을 말한다. 그렇다면 왜 철학 없는 교육은 맹목적인가? '맹목'이란 눈이 멀어 전후좌우를 살피지 못한다는 뜻이므로 맹목적인 교육이란 자기가 지금 어디에 서 있으며 어디에서 와서 어디로 가는지를 전혀 모르는 채 우왕좌왕하는 교육을 말한다. 철학 없는 교육은 나침반 없는 배와 같이 풍랑에 흔들리며 조류에 휩쓸려 떠다닌다. 교육은 철학을 통해서 비로소 주어진 상황 속에서 자신의 현재적 의미와 진행방향에 대해 반성할 수 있다.

물론 체계화된 철학이나 교육철학이 있기 훨씬 이전에 교육이라는 활동이 존재했던 것을 상기한다면 이러한 주장은 좀 과장된 것으로 들릴지도 모른다. 인간은 다른 동물과 달리 문화의 전승을 삶의 필연적 조건으로 지니기 때문에 인간에게 있어서 교육은 삶의 필연적 조건으로서 요구되는 것이다. 인간의 생존은 육체적인 힘과 본능적 능력에 달려 있는 것이 아니라, 선조들이 축적한 여러 문화적 유산들을 습득하는 데에 달려 있다. 그리고 문화적 유산의 전승은 유전자를 통해서가 아니라 오직 후천적인 교육을 통해서만 가능하다. 그러므로 인간이 불 그리고 최초의 도구를 사용하기 시작한 이래로 넓은 의미에서 교육은 교육의 행위에 대한 반성이 시작되기 이전부터 이미 생존의 필요에 근거하여 실행되어 왔다.

그래서 언뜻 교육에 대한 특별한 이론적 성찰이나 교육을 정당화하기 위한 복잡한 개념이나 원리들에 대한 철학적 탐구는 불필요하거나 단지 부차적인 것처럼 보일 수 있다. 또한 오늘날 경험적이고 공학(engineering)적인 접근법을 선호하는 현대의 교육학적 경향들은 전통적으로 교육철학이 해왔던 많은 역할들에 대해 회의적인 시선을 던지고 있다. 그래서 "모든 것이 밖으로부터 주어지고, 사소한 데까지 이미 짜여있는 틀과 계획 아래서 마치 연자방아를 돌고 있는 말과 같이, 판에 박힌 일을 기계적으로 되풀이하고 있는 교사에게 무슨 철학이 필요할 것인가?"(오천석, 1984 : 23)라는 의문이 생겨나기도 한다.

그러나 오늘날처럼 유례없이 급격한 문화적 변동의 시기에 교육에 대한 원리적이고 심층적인 반성은 절박하게 요구된다. 철학은 자신의 분석적, 사변적, 규범적, 평가적 기능을 통해서 교육에 대한 반성과 방향모색을 위한 세계관이나 원리 그리고 방법론들을 제공할 수 있다. 이런 점에서 교육은 철학적 사유 활동을 자신의 필수적인 요소로서 지녀야 하며, 만약 교육이 철학적 반성운동 없이 진행된다면 그것은 맹목적이다.

이런 맥락에서 오천석은 철학이 특히 교육자에 대해서 가지는 의의를 네 가지로 요약한다. 첫째, 교육자는 ─ 교직이 단지 생계의 수단 이상의 것이라면 ─ 자신의 과업이 지니는 의미에 대한 철학적 성찰을 행하지 않을 수 없다. 둘째, 교육철학은 인간 생활과 사회 전체에 있어서의 교육의 위치와 위상을 파악하는 데 도움을 준다. 셋째, 교육철학은 현행하는 잡다한 교육이론을 비판적으로 검토함으로써, 교사가 복잡다기한 교육적 경향들 속에서 길을 잃고 헤매지 않고 나름대로의 교육 방향과 원리를 수립하는 데에 기여한다. 넷째, 교육철학은 교사의 지성과 비판정신을 자극하여 교육의 새로운 경지를 개척하는 데 중요한 구실을 할 것이다(오천석, 1984 : 31–32).

4. 결론에 대신하여

이상에서 우리는 철학과 교육의 불가분한 관계를 강조하려 하였다. 그에 따르면 철학과 교육은 상대방이 없이는 자신의 본분을 지킬 수 없다. 철학은 교육적이어야 하고, 교육은 철학적이어야 한다. 우리의 연구대상인 교육철학은 이러한 양자의 불가분한 관계에서 자신의 존립 근거를 획득하며 동시에 철학과 교육을 서로 매개시키고 원활하게 상호작용할 수 있게 하는 기능을 수행한다. 그러나 교육철학이 교육과 철학을 매개하는 방식은 매우 다양할 수 있다. 예를 들어, 교육철학은 한편으로 철학의 이론과 방법론이 현실의 교육에 대하여 어떤 이론적 실천적 함의를 가지는가에 대해서 논구할 수 있다. 다른 한편으로는 교육의 실천적 문제들을 실제적으로 해결하려는 관점에서 철학의 이론과 방법론을 적용하는 데에 종사할 수도 있다. 전자는 순수 철학의 관점에서 교육을 향해서 나아가는 다분히 이론적인 지향이라면 후자는 교육적 실천의 관점에서 철학을 원용하려는 다분히 실천적인 지향이라고 할 수 있다. 물론 이러한 구별은 하나의 이상형일 뿐 현실적으로는 양 극단 사이에서 다양한 스펙트럼이 존재할 것이다. 그러나 어떤 경우든 교육철학은 교육의 이론적 실천적 문제들에 대하여 지속적인 자기반성을 행하고 공동의 생존과 보다 나은 미래를 위해 요구되는 교육 전반의 새로운 방향 모색을 담당하는 데에서 자신의 본분을 가진다.

생각할 문제

1. 인공지능 시대에는 대답보다 질문이 더욱 중요해졌다. 좋은 질문을 하기 위해서 필요한 것은 무엇인가?
2. 교육철학이 있는 교육자와 없는 교육자는 어떠한 차이가 있을까?

로댕 - 생각하는 사람

CHAPTER

02

플라톤의 교육사상과 철학

02 플라톤의 교육사상과 철학

1. 플라톤의 생애

아테네가 최고의 전성기를 이루고 있을 때 아테네의 최상층 귀족 혈통에서 태어났지만 그가 그토록 사랑했던 아테네의 정치적, 사회적 몰락을 직접 바라보아야 했던 비극적인 운명의 소유자. 플라톤(Platon, 427~348 B.C.)의 생애 최대의 사건은 20세 때 소크라테스를 만났던 것이고, 그가 '세상의 가장 의로운 사람'이라고 평가한 스승 소크라테스가 아테네의 민주주의에 의해 부당하게 살해되는 것을 목격해야 했던 것이다. 이때 생겨난 민주주의에 대한 그의 뿌리 깊은 혐오감은 정신적 상흔이 되어 평생을 따라 다녔다.

플라톤은 무너져 가는 아테네를 철학함을 통해서 다시 일으키려고 시도하였다.[1] '제7서한'에서 그는 소크라테스가 사형당한 이후의 심경을 다음과 같이 피력하고 있다. "나는 매우 혼란스러워졌고 마침내 모든 현존하는 국가들

---

1) "그의 철학함의 본질에는 정치적–교육적 성격이 담겨 있다. (...) 그리하여 정의로운 국가의 실현을 위한 정치 철학으로 교육(paideia)의 철학을 정립하였다. (...) (플라톤에서는) 인간을 가르치는 일이 곧 철학의 본질이요 과제이다."(오인탁, 1996 : 46f)

이 잘못된 법질서 아래 있다는 사실을 깨달았다. 그래서 나는 진정한 철학을 보살피는 일로 후퇴하지 않을 수 없었다. 진정한 철학이란 공적인 삶과 개인적 삶에서 올바른 것으로 간주되어야 하는 모든 것에 대한 인식의 원천이라고 생각되었기 때문이다." 그리고 같은 맥락에서 그는 인류의 고난과 혼란은 진정한 철학자가 왕이 되거나 아니면 왕이 진정한 철학에 종사하게 될 때 비로소 해결되리라고 주장했다. 결국 그는 혼란에 빠진 아테네의 사회적, 개인적 삶을 영원한 불변한 이데아의 세계에 의거하여 정의로운 사회로 실천적으로 변화시키려 하였는데, 이러한 목적 아래서 철학은 정치 및 교육과 불가분한 관계 속으로 들어서게 되었다.

소크라테스가 죽은 후, 위협을 느낀 그는 메가라에 있던 유클레이데스에게 도망갔고 기원전 395년경 돌아왔다가, 390~388년에 다시 여행을 떠나 이집트, 퀴레네, 타렌트를 방문했고 이 여행에서 피타고라스주의를 알게 되었다. 피타고라스주의는 그의 사상 형성에 지대한 영향을 미쳤다: 영혼불멸, 교육론, 윤리－정치적 견해, 종말론적 신화, 아카데미의 학문형태와 생활방식 등등. 387년 아테네에 돌아와 서양 최초의 고등교육기관이라고 할 수 있는 아카데미를 세웠다. 아카데미에서는 철학, 수학, 천문학, 동물학, 식물학 등이 강의되었다. 그러나 아카데미는 지식교육보다는 인격형성의 장소로서 간주되었고, 또 공적인 삶에 새로운 기풍을 불어 넣는 일을 중요시하게 생각했으며, 참주제나 독재정치에 저항하는 요새였다. 플라톤 자신도 결코 순수 이론적인 인간이 아니었다. 388년 시칠리아에서의 실험이 실패로 끝났음에도, 그는 367년과 361년 두 차례에 걸쳐 다시 시칠리아를 방문하여 자신의 철학적 국가이념을 실현해 보려고 시도했다. 그러나 이 역시 실패로 끝났고, 이후에는 강의와 저술에 전념하였다.

2. 플라톤의 철학 : 이데아론

플라톤을 이해하기 위해서 먼저 염두에 두어야 할 것은 그의 철학이 하나의 통일적, 체계적인 교설은 아니라는 점이다: ① 플라톤의 철학은 긴 사유과정 속에서 점차적으로 형성되었다. ② 그의 변증법적 방법은 내면에 침잠하는 이론적 반성보다는 친구들 사이에서 또는 논적과의 집단적인 논의 과정을 통해서 드러난다. ③ 또한 대화편에서 다루어지는 논제들은 많은 경우 어떤 뚜렷한 결론이 없이 종결된다.

플라톤 철학의 이러한 특징은 그의 '제7서한'에 잘 요약되어 있다. "내가 몸바친 주제(철학)에 대해 잘 알고 있다면서 글을 썼거나 쓸 수 있는 모든 사람에 대해서 내가 말할 수 있는 것은 어쨌든 한 가지이다. (...) 내 생각에 그들은 그 주제에 대해 진정한 식견이 없는 것 같다. 그 주제에 대해서 나는 아무런 작품도 쓰지 않았고 또 미래에도 그러지 못할 것이다. 왜냐하면 다른 분야의 연구들에서처럼 그 주제를 말로 표현하는 것은 불가능하기 때문이다. 이 주제, 즉 철학에 대한 식견은 우리가 철학 수업에 오랜 기간 참석하고 긴밀한 친교를 맺은 후에 갑자기 마치 튀어 오른 불꽃에 옮겨 붙는 불길처럼 영혼 속에 점화되고 동시에 스스로 불타오르게 되는 것이다."

플라톤은 철학자를 제외한 평범한 사람들은 변화하는 현상 세계에 사로잡혀 살아가고 있다고 생각했다. 그래서 그의 대화편에 나오는 소크라테스는 상대자들에게 그들의 주장이 얼마나 허구적이며 근거 없는 의견이나 편견에 기초하고 있는가를 폭로한다. 예를 들어, 라케스(Laches)에서는 두 명의 장군이 나오는데, 그들은 결국 자신들이 용기(courage)의 의미에 대해서 아무것도 모른다는 사실을 인정하지 않을 수 없게 된다.

플라톤은 절대적인 가치에 대한 확신을 가지고 있었고 그래서 진선미와 연관된 인간적 삶의 조건을 탐구했다. 아테네의 정치적 윤리적 혼란을 가슴 아프게 지켜보아야 했던 플라톤은 모든 변화 속에는 타락의 씨앗이 들어 있다고 여겼기 때문에 절대적 가치를 떠받치는 영속적인 세계를 찾아내려 했던 것이다. 이 영속적인 세계가 바로 그 유명한 '이데아의 세계' 또는 '관념의 세계'이다. 이데아(=객관적 관념)는 모든 존재의 기초가 되는 변하지 않는 실재이다.

3. 동굴의 비유와 파이데이아(교육/도야 paideia)

여기서 그가 '이데아'로서 의미하는 바가 무엇인가는 그의 '동굴의 비유'를 통해서도 접근할 수 있다. 동굴의 비유는 단지 이데아에 대한 문학적인 설명에 그치지 않고 인간을 이데아의 세계로 인도하는 도야, 교육의 과정에 대한 서술이기도 하다.

동굴의 비유

플라톤은 자신이 생각하는 교육, 즉 paideia의 본질과 과정을 동굴의 비유라는 유명한 비유를 통해서 설명하였다. 동굴의 비유는 그의 태양의 비유나 선분의 비유와 함께 그 철학의 기본 틀을 보여준다. 특히 동굴의 비유는 서구의 정신사에서 가장 유명하고 가장 위대한 비유들 가운데 하나로 평가된다. 플라톤은 동굴의 비유를 시작하면서 '인간의 본성을 교육(paideia)과 무교육(apaideusia)에 비추어서 살펴보려 한다'고 말하고 있다. 그러므로 동굴의 비유는 교육과의 연관 속에서 고찰된 인간에 대한 연구로 간주될 수 있다.

동굴의 비유가 갖는 교육학적 의의를 오인탁 교수는 다음의 몇 가지로 제시하고 있다.

① 동굴의 비유는 존재의 상이한 두 차원, 삶의 상이한 두 가지 형식이 있음을 드러내고 있다. 세계는 어둠과 빛의 두 영역으로 나뉘어 있고, 우리는 어둠의 세계에서 빛의 세계로 나아가야 한다. 동굴의 세계는 감각과 생활의 세계요 이 세계 안에 있는 사람들은 지적으로나 윤리적으로 저급한(또는 오도된) 상태에 있다.

② 피교육자는 자신의 직접적 의지와는 반대로 낯선 교육적 힘의 강요에 자신을 복속시키지 않으면 안 된다. 다시 말하면 모든 교육적 노력은 처음에는 교육을 받지 않으면 안 되는 상태에 있는 인간의 저항에 직면한다. 즉, 인간들은 순전히 자발적으로 동굴을 벗어나서 지상의 세계(이데아의 세계)로 올라가려 하지 않는다.

③ 동굴의 비유는 인간이 파이데이아의 일정한 질서에 따라서 지식의 상이한 단계를 거쳐 가는 모습을 그리고 있다.

④ 동굴의 비유에서는 '전환(periagoge)'(전회, 회두, 회개)이 강조된다. 전환을 통해서 인간의 모든 지각과 사유는 비로소 유익하고 의미 있게 되며 인간의 영혼 전체가 파이데이아의 과정으로 들어가게 된다. 전환을 통해서 드러나는 핵심적인 교육학적 사태는 다음과 같은 것이다: 파이데이아는 지금까지 전혀 볼 수 없었던 자에게 봄의 능력을 부여하는 것이 아니라, 이미 볼 수는 있으나 미망에 사로잡혀 있는 자가 그의 봄의 능력을 올바로 사용해서 모든 것을 바르게 보도록 인도하는 것이다.

⑤ 귀향의 의무 : 최고의 지식에 도달한 자는 동굴의 세계로 돌아가서 무교육의 상태에 있는 인간들을 교육해야 한다. 이는 최고의 지식을 학습하는 목적(=철학함의 목적)은 동굴의 세계에서 살아가는 인간의 파이데이아에 있음을 암시한다. 동굴에로의 귀향은 최고의 지식의 의미와 과제에 대한 최종적인 해답이다.

4. 소크라테스적 교수법

소크라테스는 교사의 원형(archetype)으로 종종 제시된다. 그런데 정작 소크라테스는 자신의 최후 변론에서 이렇게 말한다. "내가 청년들을 가르치고 돈을 받는다고 말들 하는데, 그거 사실이 아니외다. 차라리 그게 사실이라면 좋겠소. 왜냐하면 나는 레온티니의 고르기아스나 세오스의 프로디코스 그리고 엘리스의 히피아스처럼 가르칠 만한 자격이 있다는 것은 매우 훌륭한 일이라고 생각하기 때문이오." 왜 소크라테스는 자신에게는 가르칠 자격이 없다고 말하고 있을까? 여기서 소크라테스가 말하고자 하는 것은 자기가 소피스트와 같은 종류의 교사가 아니라는 사실이다.

소크라테스는 해당 주제에 대해 정통한 사람만이 비로소 가르칠 자격이 있다고 생각한다. 활쏘기를 가르치기 위해서는 활쏘기에 대해 잘 알고 있어야 한다는 말이다. 그런데 소크라테스는 진지한 철학자로서 자신이 아는 것은 자기가 무지하다는 것뿐이라고 입버릇처럼 말하는 사람이다. 그리고 바로 그 점에서 자신은, 무엇을 안다고 착각하고 있는 소피스트나 다른 대다수 시민들보다 낫다고 주장한다. 그래서 소크라테스는 자신 역시 지식을 찾고 있는 사람이지, – 소피스트처럼 – 이미 지식을 가지고 있어서 그것을 가르칠 수 있는 사람은 아니라고 말한다. 소크라테스가 하는 일은 오히려 지식을 갖고 있다는 환상을 깨우쳐서 비로소 참된 지식을 배워나가는 과정이 시작되도록 하는 것이다.

여기서 소크라테스적 교수방법의 독특성이 유래한다. 우리는 『향연』에서 그의 교수법의 본질을 잘 드러내는 하나의 일화를 발견할 수 있다. 소크라테스는 아가톤이 베푼 향연에 오는 도중 갑자기 깊은 생각에 잠겨 혼자서 시간을 보내다가 늦게야 도착하였다. 이때 주인인 아가톤(30대 초반의 당대 최고의 비극작가)은 소크라테스에게 이렇게 말한다. "소크라테스, 이리로 제 곁으로 오세요. 선생님의 몸에 제 몸이 닿아, 저 집 문간에서 선생님의 머리에 떠오른 지혜로운 생각을 나누어 주세요."

그러자 소크라테스는 그의 옆자리에 앉으며 이렇게 대답한다. "지혜가 그렇게 옆에 앉는 것만으로 나눠줄 수 있는 것이라면 얼마나 좋겠소. 지혜가 예를 들어 두 컵 사이의 털실을 통해서 서로 평형을 이루는 물처럼 충만한 사람으로부터 텅 빈 사람에게로 흘러 들어갈 수 있는 것이라면 얼마나 좋겠소!" 말하자면 이 대답을 통해서 소크라테스는 지혜란 그렇게 물이 한 곳에서 다른 곳으로 흐르듯이 기계적으로 전달될 수 있는 것이 아니라는 말을 하려 했다고 볼 수 있다. 이렇게 볼 때 소크라테스는 이미 완성된(ready-made) 지식을 학생에게 단순히 전달하려고 하는 전통적인 교수 방법을 거부한다. 소크라테스의 교수방법은 열린 대화를 통해서 교사가 학생으로 하여금 스스로 참된 것에 대한 지식에 도달하도록 도와주고 인도하는 과정이라고 할 수 있다.

이러한 교수-학습 모델에 기초하면 교사는 이미 완결된 지식의 소유자가 아니며 소피스트적 의미에서의 가르칠 자격을 가진 자도 아니다. 플라톤의 대화편들에서 소크라테스는 대화 상대자들과 함께 지식을 찾아 나간다. 더 나아가서 대화편의 독자도 능동적으로 대화에 참여하도록 자극받는다. 어쨌든 교육자로서 플라톤(소크라테스)은 여러 가지 개인적인 관심과 편견을 가진 학생들을 끈질기게 반성과 자립적 사유의 지점으로 인도한다. 이러한 작업은 어떤 방법을 통해서 가능한가?

소크라테스의 교수방법은 흔히 산파술이라고 불린다. 그는 대화편 『메논』(Menon)에서 자신의 교수방법이 어째서 산파술로 불릴 수 있는가를 명확히 보여준다. 거기서 플라톤은 소크라테스의 입을 빌려 이렇게 말한다. "가르침 따위는 없다. 단지 회상만이 있을 뿐." 그리고 그것을 입증하기 위해서 하나의 교육적인 실험을 행한다. 이 실험에서 그는 한 노예 소년에게 단지 질문을 계속 던짐으로써 비교적 복잡한 기하학 문제의 답을 스스로 발견하도록 이끈다.

마지막에 가서 그는 이렇게 결론짓는다. "따라서 무지한 자는 자신 속에 아직 잘 모르는 어떤 주제에 대한 참된 의견을 가지고 있다. (...) 이 지식은 가르침에서 온 것이 아니라 물음으로부터 온 것이다. 그는 이 지식을 스스로 회복하려 한다. (...) 그의 내면에 있는 지식의 자생적인 회복은 회상이다. (...) 그렇다면 그의 내면의 질문에 의해 환기될 수 있고 지식으로 전화될 수 있는 참된 의견이 실존하고 있다면, 우리는 그의 영혼이 영원히 인식의 상태에 있었고 또 지금도 그런 상태에 있다고 말할 수 있지 않을까?" 이것은 곧 영혼의 불멸성을 암시한다. 산파술은 영혼의 불멸성과 윤회의 관념에 기초하고 있다는 것을 여기서 알 수 있다.

플라톤에서 철학과 교육이 별개의 사안이 아니라 분리될 수 없는 하나의 사태라는 사실은 대화편 『변론』에서 소크라테스가 자신의 교사로서의 역할에 대해서 말할 때 제시된다. "아폴로신은 나 자신과 다른 사람을 검사하는 철학적인 삶을 영위하도록 명했다." 또한 앞으로도 '철학적 감시자'의 역할을 계속하겠느냐는 시민들의 추궁에 대해 소크라테스는 이렇게 대답한다. "시민들이여. 나는 그대들에게보다는 신에게 복종해야 하네. 내 숨이 붙어 있고 능력이 닿는 한 나는 철학하기를 멈추지 않을 것이며 또한 그대들에게 쓴 소리를 하는 일과 만나는 모든 사람들에게 진리를 해명하는 일을 멈추지 않을 것이네. 그리고 이전과 같이 이렇게 말할 것이네. 친구들이여. 그대들은 아테네인이며 따라서 지혜와 힘으로 세계에서 가장 유명한 도시에 속해 있네. 그대들이 돈을 버는 일과 명성이나 명예를 얻는 데 눈멀어 진리와 깨달음 그리고 영혼의 완성(perfection of your soul)에 대해 아무런 관심도 기울이지 않고 있다는 사실이 창피하지 아니한가?"

소크라테스의 삶 속에서 철학자로서의 삶과 교육자로서의 삶을 따로 떼어서 생각하는 일은 불가능하다. 양자는 단지 우연적으로 하나의 인물 속에서 병존하고 있는 것이 아니라 동전의 양면처럼 하나의 사태 속에 깊숙이 엮여 있는 날실과 올실을 이루고 있다.

5. 아카데미

플라톤은 기원전 385년 42세가 되던 해에 아테네 외곽에 아카데미를 설립했다. 아카데미는 종종 서양 최초의 대학이라고 일컬어지기도 한다. 그러나 아카데미는 근대적 대학과는 많이 다르고 중세의 studium generalis(중세 대학의 전신)에 가까운 것이었다. 아카데미는 학문과 연구의 중심이었지만 자세한 조직에 대해서는 알려진 바 없다. 그것은 학교라기보다는 학문적 공동체였다. 법적으로 아카데미는 일종의 종교적 단체로서 설립이 인가되었다. 아카데미의 교사와 학생들은 공동체 생활을 하였고 수업은 강의가 있은 후에 토론이 진행되는 방식으로 행해졌다. 플라톤은 죽기 전까지 약 40년간을 아카데미의 교장으로 일했다. 아카데미는 플라톤이 죽은 뒤에도 900년간이나 존속하다 서기 529년에 문을 닫았다.

아카데미의 현관에는 '이 문을 들어서려면 기하학을 알고 있어야 한다'는 문구가 새겨져 있었다고 한다. 플라톤은 아마도 피타고라스학파와 만나면서 수학에 대한 관심이 깊어졌으리라고 추측된다. 플라톤은 그 자신이 탁월한 수학자였고 또 다른 저명한 수학자들을 초빙해서 아카데미에서 가르치게 했다. 아카데미에서는 과학도 가르쳤다. 이 사실은 플라톤이 주로 윤리학자, 형이상학자로서 주는 강한 인상 때문에 종종 주목받지 못했다. 그러나 자연에 관한 대화편 『티마이오스』에서 보듯이 아카데미에서는 매우 광범위한 자연과학적 연구도 행해졌던 것으로 보인다.

그러나 아카데미의 주요 연구 및 강의 주제는 정치학이었다. 아카데미는 많은 국가들의 헌법 법전을 소장하고 있었고 정치학자, 정치가 그리고 헌법 전문가들이 아카데미에서 교육받았다. 수많은 아카데미의 구성원들이 도시 국가들의 정치적 법적인 자문위원으로 선임되었다. 아카데미에서 플라톤은 '철학자 왕'을 길러 내려 하였다. 철학도 아카데미의 교육과정에서 중심적인 위치를 차지했다. 아카데미를 창립한 이후부터 플라톤의 사상은 소크라테스의 영향에서 벗어나기 시작한다. 그리고 피타고라스학파의 교의가 소크라테스의 사상과 나란히 영감의 원천으로 떠오른다. 동시에 교육학적 문제에 있어서도 강조점의 변화가 일어난다. 즉, 초기에는 주로 소크라테스의 교수법에 강조점이 놓였다면, 아카데미 설립 이후 강조점은 교육정책 쪽으로 옮겨간다.

6. 이상 국가에서의 교육정책

플라톤은 『국가』와 『법률』에서 자신의 교육정책에 대한 착상을 개진했다. 『국가』에서 플라톤은 정의의 구현체인 이상적 국가의 관념을 발전시켰다. 그것은 일종의 유토피아였다. 루소는 『에밀』에서 "플라톤의 국가는 (...) 이제까지 쓰인 교육 논저 중에서 최고의 것"이라고 극찬했다. 『국가』가 이상적 국가에 관한 유토피아적이고 순수한 이론을 다룬다면, 『법률』은 어느 정도 현실적인 상황을 배경으로 해서 저 순수한 이론의 적용문제를 다루고 있다.

『국가』에서 국민은 노예, 상공인 그리고 수호자 계급으로 구성된다. 수호자는 국가의 안전과 통치를 담당하는데, 다시 두 개의 집단으로 구분된다. 그것은 보조적 수호자와 완전한 수호자이다. 보조적 수호자는 주로 젊은이들로서 국방과 치안을 담당한다. 완전한 수호자는 '현자들'로서 국가의 원만한 작동과 조화를 관할한다. 국가의 수장은 '철인왕'이다.

플라톤에 따르면 이상적인 사회는 기본 체제의 변화가 없는 사회여야 한다. 이상적인 국가에서 변화는 단지 퇴폐와 타락을 의미할 뿐이기 때문이다. 그러므로 국법질서를 문란하게 하거나 체제 변화를 초래할 수 있는 모든 요소는 이상국가로부터 배제되어야 한다. 수호자들은 오직 국가에 복무하는 데 헌신해야 한다. 그들은 물질적 부를 소유할 수 없고, 경박한 취미에 빠져서도 안 되며 개인적인 야망을 가져서도 안 된다. 집, 가구, 아내와 자식 등 그들이 소유한 것은 모두 공유되어야 한다. 그러므로 플라톤의 국가에서 교육의 가장 중요한 임무는 '현상유지'이다. 모든 개혁은 금기이며 교육은 모든 변화와 전복을 방지하는 역할을 해야 한다.

이러한 극단적인 보수주의에도 불구하고 플라톤은 당시로서는 매우 혁신적인 생각을 제시하기도 하였다. 예를 들면, 그는 거의 모든 여성이 가사에만 종사하던 시대에 남녀평등을 주장했다. 이상 국가에서 소녀들은 소년들과 마찬가지로 벌거벗고 체육을 하고 남자와 같은 무장을 하고 전쟁에 나가야 했다. 교육에서 양자 사이에 아무런 차별도 없었다. 또한 플라톤은 수호자 계급 전부에 대해서 의무교육을 주장했다. 그러나 상공인의 교육에 대해서는 아주 소략하게 말하고 있으며 노예계급의 교육에 대해서는 아무 언급도 없다.

플라톤은 교육행정에서 세세한 커리큘럼에 이르기까지 교육의 모든 측면을 체계적으로 다룬 최초의 인물이다. 『법률』에서 그는 교육이 어떻게 조직되고 통제되어야 하는가를 서술하고 있다.

먼저 전체 교육제도는 "교육감", 즉 "국가에서 고위직 중에서도 가장 중요한 직책"에 의해서 다스려져야 한다. 교육감은 "50세 이상의 남자이고, 가급적 아들과 딸을 모두 가진 합법적 가정의 아버지"여야 한다(『법률』). 그의 관할 아래서 "김나지움과 학교의 교장들은 주어진 교육을 책임지며, 남녀 아동의 출석과 입학을 관장한다. 그와 함께 사정관들이 음악과 운동에서 경쟁하는 학생들의 성적을 평가한다."(『법률』) 이 경쟁이 중요한 이유는 수호자의 경력이 그 결과에 따라서 결정되기 때문이다.

평생에 걸친 수호자들의 교육은 『국가』의 제2~5권과 제7권에서 그리고 『법률』의 제1, 2, 7권에서 자세히 서술된다. 수호자라는 개념을 소개한 후 플라톤은 이렇게 말한다. "우리는 어떻게 이 사람들을 기르고 교육할 것인가? 이 주제에 대한 고려는 어떤 식으로든 우리의 탐구의 전체적 목적인 것, 즉 국가에서의 정의와 부정의의 근원에 대하여 더 잘 알게 해줄 것이다."(『국가』) 여기서 플라톤의 교육의 목적은 도덕적이며 정치적인 것이다. 그것은 지식을 위한 학습이 아니라 삶의 기예를 가르치는 교육이다.

심신의 건강과 아름다움이 플라톤 교육의 본질적 목표이기 때문에(『법률』) 교육은 체육과 음악의 두 부분으로 나뉜다. 신체 교육은 탄생 이전부터 시작된다. 임산부는 가능한 한 많이 걷고 많이 움직일 것을 권고받는다. 왜냐하면 "모든 종류의 흔들림은 태아를 강건하게 할 뿐 아니라 태아의 건강과 아름다움이 서로 교류하게 만들기 때문이다."(『법률』)

취학 전 교육은 부모의 책임이다(반면 『국가』에서 유아들은 집단적으로 양육되었고 부모가 누구인지 모른다!). 부모는 아이들에게 적절한 규율을 적용해야 한다. "버릇없이 키우면 아이들의 기질은 까다롭고 성마르고 쉽게 당황하는 성격이 된다. 그 반대로 키우면 아이들은 비굴하고 퉁명스럽고 생기 없는 사람이 되어 가정적 삶과 시민적 삶을 결합하는 데 서투르게 만든다."(『법률』)

문학 교육은 부모가 해주는 이야기들을 통해서 매우 일찍부터 시작된다. 플라톤은 이러한 이야기들에 매우 큰 중요성을 부여한다. 왜냐하면 이 첫인

상들은 아직 나긋나긋한 아이들의 마음을 형성하고 또 성격을 결정하기 때문이다. 그래서 이야기들은 검열관의 세밀한 검토를 거쳐야 한다. 일반적으로 플라톤은 사상 검열을 매우 중요한 요소로서 강조한다.

이야기 다음으로는 놀이가 아동 교육에 기여해야 한다. "성인이 되어 어떤 일을 잘 해야 할 사람은 어린 시절부터 그 일을 놀이를 통해서든 실제를 통해서든 직접 해 보아야 한다. 어떤 소년이 훌륭한 건축가가 되어야 한다면 그는 장난감 집을 짓는 놀이를 해야 한다."(『법률』) 3세에서 6세의 아이들은 놀이 담당 여성들의 감독 아래서 함께 놀아야 한다.

아이들은 6세에 취학한다. 그들은 먼저 읽기, 쓰기, 셈하기를 배운다. 리라 연주는 13세에 시작되어 3년간 계속된다. 개인적인 취향에 따라서 이런 수업 과정을 늘리거나 줄이는 것은 허용되지 않는다(『법률』).

문학 및 음악 수업과 동시에 학생들은 모든 종류의 스포츠, 예를 들면 승마, 창던지기 등을 배운다. 문학(교양)과 체육 간의 균형이 가급적 완전하게 유지되어야 한다.

많은 경연과 시험을 거쳐서 기본교육과정이 끝나는 18세에 청년 남녀들은 2~3년간 순전히 체력 및 군사훈련을 받는다.

21세가 되면 그동안의 성취를 통해 선택된 학생들은 더 상위의 교육단계로 넘어간다. 플라톤이 가장 심각하게 고려한 것은 철학공부와 국가의 고위 공직으로 인도하는 이 단계이다. 그리고 이 단계의 교육내용이 아카데미의 교육 내용을 이루고 있다. 교육은 20세까지는 강제적이었다. 그러나 이제부터는 그렇지 않다. 플라톤은 "이 모든 연구는 강제적인 수업의 형태로 제시되어서는 안 된다. 왜냐하면 자유로운 영혼은 어떤 연구도 노예적으로 행해서는 안 되기 때문이다."(『국가』) 강제적으로 배운 것은 아무것도 마음속에 남지 않는다.

이 상위단계의 교육은 10년에 걸쳐 진행되며, 과거의 연구에서 달성한 지식을 체계적으로 조직하고 정리하는 것으로 이루어져 있다. "학생들은 어린 시절의 교육에서 연관성 없이 행했던 연구들을 모아서 이들의 상호 간의 유사성과 사물의 본성과의 유사성에 대해 포괄적으로 연구하도록 요구된다."(『국가』) 이것은 본질적으로 변증법(즉, 철학)을 이해하기 위한 작업이다. "왜냐하면 사물들을 연관 속에서 볼 줄 아는 사람이 변증론자이기 때문이다."(『국가』) 그리고 법률이 연구되는 것도 이 단계에서이다(『법률』).

이 단계에서는 학생들에게 철학을 준비시키는 4개의 분과의 학습이 특히 강조되었다: 산술, 기하학, 천문학, 음악(화성론). 이 분과들은 영혼을 불변적인 것의 수준으로 고양시킨다. 수학(산술과 기하학)은 마음을 감각에서 해방시키고 순수사유의 세계에 익숙하게 만들며 영혼을 이데아의 세계로 향하게 한다. "기하학은 영원히 실존하는 것에 대한 지식이다."(『국가』) 또한 학생이 개념들을 조작하는 방법을 배우는 것도 기하학을 통해서이다. 천문학은 영혼을 우주의 질서와 불변하는 조화로 인도한다. 음악 또는 화성학은 천문학의 자매학문으로서 '소리 세계의 법칙과 질서'에 대한 지식을 다룬다. 여기서 피타고라스학파의 영향이 분명히 느껴진다. 이와 동시에 플라톤은 "학생들이 우리가 추구하는 목표로 인도하지 않는 어떤 것도 배우지 못하도록 막아야 한다"(『국가』)고 주장한다.

30살이 되면 비로소 플라톤의 학생들은 철학 또는 변증법을 연구하기 시작한다. 5년간 이 과정을 밟은 후에 그들은 "다시 동굴로 돌아가야" 하며 35세 이후 15년 동안 군대에서 그리고 공직에서 – 끊임없는 시험을 겪으며 – 봉직해야 한다. 그리고 마침내 "50세에 모든 인식의 과제와 형태에서 최상의 것에 도달한 사람"은 선(善)의 이데아를 통찰할 수 있을 것이다. "그리고 그들이 이렇게 선(good) 자체를 통찰하면 그들은 이 지식을 국가의 올바른 질서 확립을 위한 기준으로 이용할 것이다."(『국가』) 그리고 남은 생을 철학과 공직 생활에 바칠 것이다. 은퇴한 뒤에는 오로지 철학의 즐거움에 몰두할 수 있는 여가시간을 얻게 될 것이다. 이것이 그들이 받는 유일한 대가이다.

이상으로 볼 때, 플라톤의 폴리스는 본질적으로 교육적 공동체라고 할 수 있다. 그것은 교육에 의해 창조되며 유지된다. 그것은 여러 계층의 국민이 각자의 수준에서 합당한 판단을 내릴 수 있게 하는 교육을 받는다는 조건 아래서만 존속한다. 이 국가를 보존하고 유해한 변화와 발전으로부터 방어하는 것은 교육에 달려 있다. 그러므로 교육의 목적은 개인의 인격적 성장보다 국가에 대한 봉사이다. 국민들이 국가를 정의의 구현체로서 존립하게 하는 데 기여하는 한 국민들의 행복은 보장된다.

7. 플라톤 교육사상의 의의

플라톤의 이상주의적 교육철학은 인간의 현존이 이데올로기적이고 도그마적인 제약 안에 사로잡혀 있는 곳에서는 언제나 해방과 자유의 가능성을 보여주고 있다. 물론 인간성을 철저한 합리적 재구성에 기초하여 발전시키려는 이상주의 교육은 실현 가능성의 측면에서 비판을 받기도 하였다. 그럼에도 플라톤의 이상주의가 해방적 이념으로서 기능할 수 있다는 측면은 부인할 수 없다. 모름지기 교육은 묶인 자를 풀어주며, 어둠 속에서 헤매는 자를 밝음으로 인도하며, 밝음 속에서 현존하면서도 기꺼이 어둠 속으로 들어가서 죽음을 무릅쓰고 해방과 광명에로 무교육의 인간을 인도하는 활동임이 플라톤의 이상주의 교육철학을 통해서 분명하게 드러난다(오인탁, 1996 참조).

생각할 문제

1. 소크라테스와 플라톤의 교육철학은 결국 진리에 대한 물음이라고 할 수 있다. 진리는 돈을 받고 가르칠 수 있을까?
2. 플라톤의 질문은 끊임없이 내가 알고 있는 것은 과연 진짜인지에 대한 것이다. 과연 우리는 어떤 것을 알고 있으며 내가 알고 있는 것이 진짜일까?

CHAPTER

03

아리스토텔레스의 교육사상과 철학

03 아리스토텔레스의 교육사상과 철학

1. 아리스토텔레스의 생애

아리스토텔레스(Aristoteles, 384~322 B.C.)는 자연학자, 과학의 토대를 제시한 사람, 형식논리학을 집대성한 사람, 철학자, 시학의 저자 등으로 우리에게 잘 알려져 있다. 그는 "아직 분화되지 않고 하나의 필로소피아라는 명칭으로 불리고 있던 학문을 자연학과 형이상학으로 분류"하여 "학문의 개별 과학화의 길을 열었다."(오인탁, 2006 : 420f) 논리학자로서 그는 사유의 기본 도구인 개념, 판단, 추리의 이론을 정립하였다. 플라톤이 세계를 감각적 사물의 세계와 영속적인 이데아의 세계로 분리시켰음에 비해서 아리스토텔레스는 형상과 질료의 개념을 통하여 통일적인 세계상을 제시하였다.

아리스토텔레스는 스승이었던 플라톤처럼 철학 연구뿐 아니라 교육 활동에도 많은 노력을 기울였다. 그가 만든 고등교육 기관이었던 뤼케이온에서 했던 강의내용들은 그의 다른 저작들과 함께 지금까지 전해져 내려오고 있다. 그의 저작들은 풍부한 비유와 신화를 동원하면서 대화체로 글을 썼던 플라톤과 달리 엄밀하고 논증적인 학술논문의 형태를 띠고 있다. 교육에 대한 관심과 문제의식은 그의 전 저작에 걸쳐 면면히 스며들어 있다. 또한 아리스토텔레스의 저작들에서 우리는 어떤 문제를 제기하고 그것을 다양한 각도에서 분석하는 그의 독특한 교수방법을 읽어낼 수 있는데, 그것은 어느 정도 소크라테스나 플라톤의 교육방법과 유사성을 가지고 있다.

그의 아버지는 마케도니아 왕으로서 알렉산더 대왕의 할아버지였던 필립포스의 어의(御醫)였던 것으로 알려져 있다. 따라서 그는 어린 시절부터 아버지로부터 당시의 자연학에 대해 배웠을 것으로 추정된다. 18세에 아테네에 유학 온 그는 플라톤의 아카데미에 입학하여 '책벌레'(reader)라는 별명을 얻을 정도로 공부에 열중했다. 그리고 약 20년 동안 아카데미에서 공부하면서 플라톤에게 배웠지만 종종 스승의 관념론 철학에 대해서 비판적인 발언을 하기도 하였다고 한다. 그럼에도 플라톤은 아리스토텔레스의 탁월함을 인정하고 총애했던 것으로 보인다. 어쨌든 현재의 시각에서 되돌아보면, 두 사람의 차이는 그다지 크게 보이지 않으며 근본에서는 상통하는 철학적 성향을 가지고 있었다.

그러나 플라톤이 죽은 후 '아카데미'의 소유권과 관할권은 유언에 따라 플라톤의 조카(스포이시푸스)에게 상속되었다. 아리스토텔레스는 아테네를 떠나 소아시아의 아소스에서 3년간 머물며 학생들을 가르쳤고, 그 후에 레스보스의 한 섬인 미틸리니에 정착했다. 이 시기에 그가 학파를 형성하여 활동했는지는 불확실하지만, 다양한 자연 연구, 특히 생물학 연구에 몰두했다고 알려져 있다. 기원전 342년 마케도니아의 왕 필립은 왕자인 알렉산더(후일의 알렉산더 대왕)의 가정교사로 그를 초청했다. 그가 41세 되던 해의 때의 일이다. 알렉산더와 아리스토텔레스 사이의 사제 관계에 대해서나 거기서 어떤 교육이 이루어졌는지에 대해서는 확실하게 알려진 바가 없다. 그러나 후일 대왕이 된 알렉산더가 아리스토텔레스의 학술 활동을 물질적으로 후원했던 것은 거의 의심할 수 없다. 왜냐하면 막대한 자금 지원이 없이는 외지인인 아리스토텔레스가 아테네에 학교를 세우기란 불가능했을 것이기 때문이다.

알렉산더가 왕위에 오른 후, 아리스토텔레스는 49세인 334년 아테네로 돌아와서 자신의 학교, 즉 Lyceum(Lykeion)을 세웠다. 이곳에서 그는 오전에는 학생들을 위해서 강의를 했고 학생들과 함께 점심식사를 하였다고 한다. 그는 학생들과 함께 걸어가면서 강의를 했기 때문에 (또는 학교에 지붕 덮인 산책로가 있었기 때문에) 소요학파(Peripatetics)라는 이름이 생겨났다. 또한 최초의 도서관을 건립했는데 그것은 이후 도서관의 모범이 되었다. 오후에는 아테네의 일반 시민들을 대상으로 대중적인 강좌를 진행하였다고 한다. 학교의 운영은 매우 민주적이어서 모든 학생들이 열흘 주기로 돌아가면서 교장의 역할을 담당하였다고 한다.

과학적 탐구, 철학적 반성 그리고 교육활동은 아리스토텔레스의 삶과 저작 속에서 긴밀히 연결되어 있다. 그러나 유감스럽게도 그가 교육에 대해서 체계적으로 언급한 것으로 알려진 책인 『교육에 대하여』는 단지 몇몇 단편적 구절들만이 남아 전해지고 있다. 또한 그의 대표작인 『정치학』 중에서 교육에 대해 다루고 있는 부분도 단지 불완전한 상태로 전해지고 있다. 그래서 그의 교육사상을 전모를 세밀하게 복원해 내는 일은 현재로서는 불가능하다.

2. 아리스토텔레스의 윤리학과 중용사상

1) Eudaimonia(행복)의 윤리학

현실주의자인 아리스토텔레스는 행복을 최상의 가치로 삼는 윤리학을 제시했다. 아리스토텔레스가 보기에 인간이 궁극적으로 추구해야 할 삶은 다름 아닌 행복한 삶이다. 그러나 그가 단순한 쾌락주의자라고 생각하면 오산이다. 행복과 쾌락은 정확히 일치하는 단어가 아니다. 일상용어에서도 종종 쾌락과 행복은 구분되어 사용되지만, 특히 아리스토텔레스에서 양자는 서로 분명히 구분되며 심지어 대립적인 의미를 가진다. 그렇다면 아리스토텔레스가 말하는 행복은 무엇인가? 이 물음에 답하기 위해서 먼저 아리스토텔레스가 좋음(the good) 또는 선을 어떻게 규정하고 있는가를 살펴볼 필요가 있다. 왜냐하면 행복은 좋은 것들 중의 하나이기 때문이다.

가장 일반적으로 말해서 좋음이란 인간의 모든 기술과 학문 그리고 행동이 추구하는 것이라고 정의할 수 있다. 그래서 아리스토텔레스는 좋음은 "모든 것이 추구하는 것"(Aristoteles, 2006 : 13)을 의미한다고 말한다. 그런데 사실 좋음의 특성을 갖는 것을 유심히 살펴보면 그것은 이 세상에 무한하게 많으며 또한 이 많은 좋은 것들은 어떤 위계적(목적론적)인 질서 아래 놓여 있음이 분명하다. 왜냐하면 좋은 것들은 대부분 다른 무엇을 위해서 좋기 때문이다. 그렇다면 모든 좋은 것들을 총괄하고 있는 최상의 좋음(ariston, 최고선)이 있을 텐데 그것은 과연 무엇일까? "그것을 어떤 이름으로 부르는지에 관해서는 거의 대부분의 사람들이 동의하고 있다. 대중들과 교양 있는 사람들 모두 그것을 '행복'이라고 말하고"(Aristoteles, 2006 : 17)있다. 아리스토텔레스는 이러한 견해를 수용한다.

그런데 행복은 왜 좋음 중에서 최고의 위치에 있는 것인가? 행복이 최고의 좋음인 이유는 어디에 있는가? 아리스토텔레스는 대답한다. 그것은 "우리가 행복을 언제나 그 자체 때문에 선택하지 결코 다른 것 때문에 선택하지는 않기 때문이다."(Aristoteles, 2006 : 27) 그렇다면 과연 행복이란 어떤 것인가? 이 물음에 답하기란 쉽지 않다. 그래서인지 보통 사람들이 행복이라는 말로써 의미하는 바는 매우 다양하다. 어떤 사람은 부유함을, 어떤 사람은 명예를 또 다른 사람은 향락을 행복이라고 하며, 같은 사람이라도 병들었을 때는 건강을, 가난할 때는 부를 행복이라고 말한다. 그러나 이런 것들을 진정한 의미의 행복이라고 말하기 힘들다. 왜냐하면 그런 것들은 그 자체로 추구할 만한 것이 아니기 때문이다. 그렇다면 진정한 의미에서의 행복은 과연 무엇일까?

바로 여기서 아리스토텔레스의 독특한 사유가 전개된다. 아리스토텔레스에 따르면 행복이 무엇인가는 "인간의 기능(ergon)"(Aristoteles, 2006 : 29)을 통해서 알려질 수 있다. 예컨대 조각가나 목수는 결국 자신이 만들려고 하는 작품을 잘 만들어 낼 수 있을 때, 즉 자신의 독특한 기능을 잘 수행할 수 있을 때 좋고(good) 행복하다. 이와 마찬가지로 인간의 좋음과 행복은 인간의 독특한 기능을 잘 발휘할 때 달성된다.

그래서 그의 논의는 인간의 기능에 대한 탐구로 넘어간다. 인간의 기능은 크게 세 가지로 나눌 수 있다. 즉, 식물적 기능, 동물적 기능, 인간 특유의 기능이 그것이다. 그런데 식물처럼 '영양을 섭취하고 성장하는 기능'과 동물처럼 '감각에 따라 반응하는 기능'은 인간에게만 있는 기능이 아니다. 따라서 이 기능이 잘 발휘된다고 해서 인간으로서 행복한 것은 아니다. 인간은 인간 특유의 기능이 잘 발휘될 때 인간으로서 행복하다고 해야 한다. 아리스토텔레스가 보기에 인간 특유의 기능은 결국 '이성을 통한 실천적 삶'(Aristoteles, 2006 : 29)이라는 데에 있다.[1] 인간은 이 기능을 탁월하게 발휘하는 상태에 있을 때, 더 나아가 이 기능을 일시적으로가 아니라 항상적으로 탁월하게 발휘할 수 있을 때 행복하다.

1) 아리스토텔레스에 따르면 인간의 영혼은 세 가지 경향으로 구성되어 있다. 첫째는 영양을 섭취하고 번식하며 자신을 보존하는 식물적 경향이고, 둘째는 욕구와 감정에 따라서 행동하는 동물적 경향이며, 셋째는 이성에 따라 행동하는 인간에게만 특유한 경향이다. 인간의 행복은 이러한 이성적인 부분이 욕구적인 부분을 자신의 지배하에 둠으로써 자신의 인간적인 삶(ergon, 기능)을 탁월하게 발휘할 때 가능하다.

이상이 아리스토텔레스가 생각하는 행복이다. 그러므로 행복, 즉 eudaimonia는 순간적인 정서적 만족의 상태를 뜻하는 현대어의 '행복'과는 상당히 다른 의미를 가진다. 그것은 인간이 이성적 존재로서의 자신의 고유한 모습인 '이성적인 삶의 영위'를 탁월하게 실현하고 있는 상태를 말한다. 다시 말하면 그것은 이성에 의해 인도되는 실천적인 삶을 지속적으로 훌륭하게 영위하고 있는 상태를 의미한다. 그리고 이성에 의해 인도되는 실천적 삶이란 도덕적인 삶이다. 그러므로 아리스토텔레스에서 행복한 삶은 도덕적, 윤리적 삶과 정확히 일치한다. 이성에 의해 인도되는 실천적 삶을 영위하는 일은 욕망이나 감정의 영향으로 자유로울 수 없는 우리 인간에게는 결코 쉬운 일이 아니다. 그래서 사실 우리가 행복한 삶을 살기란 결코 쉬운 일이 아니다!

그런데 여기까지만 보면 아리스토텔레스의 윤리학은 플라톤의 윤리학과 별로 다르지 않은 것 같다. 플라톤 역시 인간은 철학적 사유를 통해서 인간의 탁월성에 대한 절대적 지식(또는 이데아)을 통찰함으로써 – 또는 그런 지식을 가진 사람들의 조언에 따름으로써 – 비로소 덕스러운 삶을 살 수 있으며 또 그럼으로써 행복해질 수 있다고 주장했다(지–덕–복 일체). 그렇다면 이성에 따른 실천적 삶을 살 때 행복할 수 있다는 아리스토텔레스의 주장은 플라톤의 주장과 크게 다른 것은 아니지 않은가? 양자의 차이점을 규명해 보자.

양자의 차이점은 아리스토텔레스가 실재론의 입장에서 플라톤의 이데아(idea)론 자체를 부인한다는 데서 기인한다. 아리스토텔레스는 윤리학의 핵심 개념인 '선(the good)'에 관하여는 이데아를 상정할 수 없다는 사실에 주목한다. 왜냐하면 선 또는 '좋음'이 무엇인가는 주어진 상황과 조건에 따라서 너무도 다양하게 나타날 수 있고, 그래서 '과연 무엇이 이성에 따른 실천적 삶인가'에 답할 수 있는 어떤 공통적인 내용을 찾기란 전혀 불가능하기 때문이다. 따라서 아리스토텔레스는 '좋음'이 무엇인가에 대한 엄밀한 학문적인 연구는 불가능하다고 주장한다. 바로 여기서 플라톤과 구분되는 아리스토텔레스의 특유한 학문론이 전개되어 나온다.

플라톤의 이데아론은 자연과 인간 세계를 통틀어서 관철되는 보편적 법칙을 주장한다. 그리고 이 보편적 법칙은 엄밀한 변증법적 논증을 통해서 규명된다고 주장한다. 반면 아리스토텔레스는 윤리학이나 정치학 같은 실천적 삶의 영역에서는 수학이나 기하학에서와 같은 엄밀한 논증을 요구해서는 안 된다고 주장한다.[2] 더 나아가 아리스토텔레스가 보기에 윤리학에서 중요한 것은 도덕과 도덕적 삶에 관한 객관적 지식이 아니라 어떻게 우리가 실제로 도덕적인 인간이 되고 그럼으로써 행복해질 수 있는가의 물음에 있다. 이렇게 '좋음'과 '행복'이 미리 주어진 객관적 원리가 아니라 구체적 상황 속에서 살아가는 인간의 이성적 사고를 통해서 선택되고 결정될 수 있다는 점에서 아리스토텔레스의 윤리학은 플라톤의 윤리학과 결별하고 있다. 또한 플라톤에서는 좋음에 대한 인식이 곧 그에 따른 행동에 대한 확실한 보장이라면(지덕일치), 아리스토텔레스에서는 좋음에 대한 인식은 단지 좋은 것을 행할 수 있는 가능성을 주는 것일 뿐이고, 실제로는 여러 가지 현실적인 강요나 변덕스러운 감정과 대결하며 실현되어야 하는 것이다.

아리스토텔레스의 행복 윤리학을 간단히 요약해 보자. 행복한 삶을 살기 위해서 우리는 우리의 선택과 행동을 감정과 욕구에 내맡겨서는 안 되고 인간 영혼의 고유한 측면인 지성의 규제에 따라야 한다. 그리고 이렇게 인간이 자신의 고유한 지성을 활발하게 발휘하는 상태가 곧 행복한 상태이다. 그러나 제비 한 마리가 봄이 왔음을 입증할 수 없듯이 단지 한두 번 우연적으로 올바르고 덕스러운 행동을 했다고 행복하게 되는 것은 아니다. 우리가 자신

---

2) "교육받은 사람의 의무는 각각의 개별적인 경우에 있어서의 정확성을 그 주제의 성격이 그걸 허용하는 한에 있어서 목표로 삼는 것이다. 예컨대 웅변가에게 논리적인 증명을 요구하는 것은 수학자에게 설득술을 사용하도록 허용하는 것과 꼭 같이 불합리할 것이다."(니코마코스 윤리학)

의 고유한 이성적 실천의 기능을 지속적으로 그리고 탁월하게 발휘할 때 비로소 우리는 행복하다고 말할 수 있다. 그러므로 행복은 우연히 찾아오는 것이 아니라 인간이 무절제한 욕구와 감정과 대결하고 타협하면서 이성적으로 살아가려는 지속적이고 고통스런 노력을 하는 속에서만 달성할 수 있는 것이다. 그러므로 이제 행복은 "탁월성에 따른 영혼의 활동"(Aristoteles, 2006 : 37)이라고 규정된다. 물론 행복한 삶을 위해서는 어느 정도 행운과 같은 부차적인 조건도 필요하다. 트로이의 왕이었던 프리아모스의 삶은 그 말로의 비참함으로 인해서 행복했다고 말하기 어렵다. 그러나 결정적인 것은 이성에 따르는 삶의 방식이다. 따라서 현재 이런 삶의 방식을 체현하고 있는 사람은 현재나 미래의 외적인 조건들에 관계없이 행복하다고 말할 수 있다. 결국 아리스토텔레스는 "진정으로 선하고 분별 있는 사람들은 모든 운명을 품위 있게 견뎌낼 것이고, 현존하는 것으로부터 언제나 가장 훌륭한 것을 행할 것이라고 생각"(Aristoteles, 2006 : 41)한다.

결국 중요한 것은 이성적인 판단에 따라서 욕구와 감정을 규제하면서 인간적으로 탁월한 – 그래서 행복한 – 삶을 지속적으로 영위하는 일이다. 그러나 이 일이 육체적, 욕망적 존재인 인간에게 무척 어려운 일임은 분명하다. 더구나 자신의 행복을 지키는 일은 사실 인간 개개인이 스스로 노력하는 속에서 달성해야 하는 각자의 과제이다. 그러나 행복을 달성하는 데에 실질적인 도움이 될 수 있는 지침은 없을까? 여기에 대한 아리스토텔레스의 대답이 '중용'이다.

2) 중용에 기초하는 덕

아리스토텔레스에 따르면 모든 감정과 행동에 있어서의 일시적인 욕구나 감정에 휘둘리지 않고 올바른 선택을 하기 위해서는 중용(mesotes)의 덕(=탁월성[3])을 발휘해야 한다. "절제와 용기 그리고 다른 탁월성(덕)의 경우에도 사정은 마찬가지이다. 무슨 일이든 회피하고 두려워하며 어떤 자리도 지켜내지 못하는 사람은 비겁한 사람이 되는 것이며, 이와는 반대로 무슨 일이든 결코 두려워하지 않으면서 모든 일에 뛰어드는 사람은 무모한 사람이 되는 것이다. 마찬가지로 모든 즐거움에 탐닉하면서 어떤 것도 삼가지 않는 사람은 무절제한 사람이 되는 것이며, 이와 반대로 즐거움이라면 전부 회피하는 사람은 촌뜨기들처럼 일종의 목석 같은 사람이 되는 것이다. 그러므로 절제와 용기는 지나침과 모자람에 의해 파괴되고 중용에 의해 보존된다." 또는 "그러므로 탁월성(덕)은 합리적 선택과 결부된 품성 상태로서, 우리와의 관계 속에서 성립하는 중용에 의존한다. 이 중용은 이성에 의해 규정되는데, 그것도, 실천적 지혜를 가진 사람이 규정할 그런 방식으로 규정된다. 중용은 두 악덕, 즉 지나침에 따른 악덕과 모자람에 따른 악덕 사이의 중용이다."

그러나 아리스토텔레스의 중용 이론을 이해할 때 반드시 주의해야 할 것이 있다. 즉, 아리스토텔레스는 중용의 지침은 모든 행위와 모든 감정에 다 적용될 수 있는 것이 아니라고 말한다. 왜냐하면 그 자체로 이미 나쁜 것 또는 악덕이어서 그것의 적절한 중간 지점을 말할 수 없는 행위나 감정들이 있기 때문이다. "예를 들어 심술, 파렴치, 시기와 같은 감정들, 그리고 행위의 경우, 간통, 절도, 살인과 같은 것들이 그런 것이다. 이 모든 것들이나 그와 같은 것들은 그것들이 지나치거나 모자라서 나쁘다고 이야기되는 것이 아니라, 그것들 자체 때문에 나쁘다고 이야기된다." 이 점을 간과할 때, 중용 이론은 궤변적인 정당화 논리로 전락할 수 있다. 또한 아리스토텔레스가 모든 올바

3) 탁월성에는 지적인 탁월성과 성격적 탁월성이 있는데, 전자는 가르침을 통해서 생겨나고 성장하며, 후자는 습관의 결과로 생겨난다. 따라서 두 가지 탁월성은 모두 타고 나는 것이 아니라 후천적으로 획득해야 하는 특성이다. 성격적 탁월성을 놓고 볼 때, 우리는 "정의로운 일을 함으로써 정의로운 사람이 되며, 절제 있는 일들을 행함으로써 절제 있는 사람이 된다."(Aristoteles, 2006 : 52) 그러므로 아리스토텔레스는 어린 시절을 습관의 교육이 매우 중요하다는 점을 강조한다.

른 감정과 행동, 즉 중용의 지침을 두 극단 사이의 산술적 중간에 위치시켰던 것이 아님에도 주목해야 한다. 어디가 중용의 지점인가는 주어진 상황과 맥락 아래서만 결정될 수 있다. 따라서 예를 들어, 정서교육 및 도덕교육이 단지 어떤 산술적인 중간지점(범용함)을 향해 걸어가야 한다는 생각은 잘못된 것이다. 뜨뜻미지근한 성품을 기르는 것이 아니라 분노와 평정의 감정을 상황에 맞게 가질 수 있도록 하는 것이 올바른 정서교육라고 할 수 있다.

3) 이론과 실천 그리고 실천적 행위와 제작적 행위

아리스토텔레스는 학문을 이론적 학문과 – 넓은 의미에서의 – 실천적 학문으로 구분한다. 이론적 학문은 확실한 지식을 목적으로 하며, 필연적이고 자연적인 질서를 연구 대상으로 한다. 반면 넓은 의미에서의 실천적 학문은 인간의 행위 영역을 연구 대상으로 하는데, 이 인간의 행위/실천 영역은 다시 두 가지 종류로 나눈다. 하나는 좁은 의미에서의 실천(praxis)적 행위이고 다른 하나는 제작(poiesis/techne)적 행위이다. 실천적 행위를 다루는 학문은 좁은 의미에서의 실천학이고 제작적 행위를 다루는 학문은 제작학이다.

아리스토텔레스는 교육을 좁은 의미에서의 실천적 행위에 속하는 것으로 보고, 교육학은 좁은 의미에서의 실천학에 속하는 것으로 보았다.[4] 이렇게 ① 이론과 실천을 구분하고, ② 더 나아가 실천을 다시 실천적 행위와 제작적 행위로 구분한 아리스토텔레스의 입장은 교육학의 역사에서 중대하고도 지속적인 영향력을 미쳤다.

①의 구분에 따르면 교육학은 결코 과학적인 엄밀성을 추구해서는 안 되는 학문영역이다. 교육은 인과적 필연성에 따라 수행되는 것이 아니며, 그럴 수도 없다. 교육과 같이 인간의 자유와 상황적 우연성(kairos)이 중요한 영향을

4) 좁은 의미의 실천학에 속하는 다른 학문은 정치학, 경제학, 윤리학 등이다.

미치는 영역에서는 숙고된 추측과 현명한 반성에 의지할 수밖에 없다. 여기서도 플라톤과의 차이가 드러난다. 플라톤은 정치와 윤리 그리고 교육을 포함한 모든 인간 활동이 객관적이고 보편적인 법칙에 따라서 이루어질 때 성공적일 수 있다고 보았다. 그러나 아리스토텔레스는 전혀 다르게 생각한다. 예를 들어, 실천의 영역에 속하는 교육학이나 정치학에서는 그리고 제작학에서는 필연적인 법칙이나 규칙에서 출발하는 것이 아니라, 현실적 상황에서 최대한의 숙고를 통하여 적절한 행동방식이나 규칙을 알아내는 것이 중요하다. 만약 아리스토텔레스가 무덤에서 다시 부활한다면, 엄밀하고 정확한 이론적 지식의 축적에 집착하는 현대의 경험적 교육학에 대해서 분명히 비판적인 일갈을 던졌을 것이다.[5)]

②의 구분은 교육이란 학생들을 주어진 설계도에 따라서 교육자가 원하는 형태대로 만들어 내는 일이라는 잘못된 생각에 대한 강력한 해독제이다.

제작학은 생산적인 제작과 산출에 관심을 가지며 외적인 대상이나 효과를 산출하는 데에 종사한다. 그러므로 거기서는 얼마나 효과적으로 의도했던 결과물을 산출하느냐가 관심사가 된다. 만약 우리가 교육학을 통해서 사회적 필요에 부응하는 인재들을 배출하는 데만 관심을 쏟는다면, 우리는 최소한 암묵적으로 교육학을 제작적 학문로 간주하고 있는 것이다.

반면 좁은 의미에서의 실천학은 인간의 행위와 관계하며, 인간의 내면적인 변화를 일으키는 일에 종사한다. 따라서 교육에서 중요한 것은 어떤 고정된 결과가 아니라 인간의 행위, 즉 그 원인이나 운동 원리가 인간 자신 속에 놓여 있는 인간의 행위 자체이다. 자유롭고 이성적인 인간적 행위에서는 그 행위의 결과가 아니라 그 행위 활동 자체가 중요하며 그 행위의 배후에 있는

5) 기암바티스타 비코는 아리스토텔레스의 구분에 기초해서 교육학이 데카르트적 모델에 따른 과학적 학문으로 변화되는 것에 대해서 비판하였다.

의도나 이념이 중요하다.

이러한 실천적인 활동으로서의 교육의 과정을 위해서는 어떤 미리 정해진 일반적 매뉴얼이나 계획(설계도)보다는 오히려 유연하게 구체적인 상황에서 각각의 특수한 조건에 맞는 결정을 내리는 능력이 더 요구된다. 그러므로 올바른 교육실천을 위해서 교사에게 필요한 것은 정교한 기술이나 이론적 지식보다는 주어진 상황에서 올바른 행동을 파악하고 선택할 수 있게 하는 반성적인 삶의 태도(품성상태, hexis) 또는 중용의 덕을 계발하는 일이다.

3. 아리스토텔레스의 교육이론

1) 교육실천의 3가지 기준(중용, 가능성, 적합성)

『정치학』은 다음과 같은 언급에서 갑자기 끝난다. "(음악) 교육이 따라야 할 세 가지 기준이 있다. 그것은 중용, 가능성, 적합성이다." 먼저 교육은 중용에 따라야 한다. 아리스토텔레스는 윤리적 행동의 근거를 합리적 상식, 즉 중용에서 찾았듯이 올바른 교육의 지침도 중용에서 찾는다. 이것은 윤리학과 교육학이 동일한 실천적 영역에 속한다는 점에서 당연한 귀결이다. 중용에 따른 교육을 한다는 것은 교육에서 어떤 지나침이나 극단적인 것도 피해야 함을 의미한다. 예를 들어, 체육은 극단적인 훈련을 통해서 세계 제일의 체육선수를 만들기 위한 것이 아니라 건강한 신체를 만들기 위한 것이다. 음악교육도 고도의 숙련된 기술을 전수하는 것보다는 음악을 즐겁게 향유하는 능력과 관련되어야 한다. 둘째로 교육은 언제나 학습자의 조건(가능성)을 염두에 두고 있어야 한다. 학생들은 그들의 능력(가능성)이 허용하는 것 이상을 하도록 강요당해서는 안 된다. 돌을 수천만 번 반복해서 허공으로 던져도 돌에게 위로 올라가는 행동을 익히도록 할 수는 없다. 즉, 본성적으로 그런 것은 어느 것이든 본성과 다르게 습관을 들일 수가 없다(Aristoteles, 2006 : 51). 세 번째로 우리는 학생의 지적 수준을 고려하고, 또 학생들의 나이, 성격 등을 고려해서 그들에게 적합한 것들만을 가르쳐야 한다. 예를 들면, 아리스토텔레스는 청소년들에게 정치학을 가르치면 안 된다고 말하는데, 왜냐하면 청소년들은 실천적인 문제들에 경험이 없기 때문에 정치학을 배울 능력이 아직 없기 때문이다.

2) 교육과정의 3단계

현재까지 전해지고 있는 아리스토텔레스의 저작들 속에는 플라톤의 『국가』에서와 같은 상세한 교육과정이 나와 있지 않다. 그러나 다음과 같은 대체적인 윤곽을 그려볼 수는 있다. 인간의 본성이 육체, 영혼 그리고 이성으로 구성되어 있으므로 교육도 이에 맞추어 단계적으로 진행되어야 한다. "영혼의 보살핌에 앞서 육체의 보살핌이 있어야 한다. 육체의 보살핌에 바로 뒤따르는 것은 욕망의 훈련이다. 그러나 이러한 훈련은 마음의 도야를 위해서 수행되어야 한다. 육체의 보살핌은 영혼의 보살핌을 향해서 가야 한다."(『정치학』) 이성과 지성은 일정한 나이에 가서야 발전하기 시작한다. 그러므로 교육은 먼저 육체적 훈련(체육)에서 시작해야 하고 음악(의지, 도덕)으로 나아가고 철학(이성)에서 끝나야 한다.

3) 교육의 3요소

아리스토텔레스에 따르면 덕스럽게 사는 능력 또는 각 상황에서 중용을 지키는 능력은 시력이나 청력처럼 타고나는 것이 아니라 전적으로 후천적으로 획득하는 것이다. 그러므로 덕스럽게 사는 능력은 교육적 노력의 결과로서만 나타날 수 있다. 아리스토텔레스는 우리가 교육을 할 때 고려 또는 활용해야 하는 세 가지 자원으로서 자연(physis), 습관(ethos), 이성(logos)을 든다.[6] 교육의 기본 토대는 자연소질이다. 동물은 대체로 단지 자연 소질의 지도에 따라서 살아간다. 그러나 인간에서 자연소질은 습관이나 이성(지적인 가르침)을 통해서 변화될 수 있으며 또 변화되어야 한다. 더 나아가 인간은 이성적인 숙고와 판단을 통해서 자신의 잘못된 습관이나 자연소질에 반해서 행동할 수 있도록 교육되어야 한다. 교육은 습관과 이성(=지성)을 통해서 진행된다. 그러므로 교육은 두 개의 상호 보완적인 방향에 따라 진행된다. 그것은 습관을 통한 교육과 이성을 통한 교육이다.

(1) 습관을 통한 교육

"인간은 자연(본성)에 의해서 덕스럽게 된다느니, 습관에 의해서 덕스럽게 된다느니, 학문(이성)을 통해서 덕스럽게 된다느니 의견이 분분하다. 덕은 분명 자연적 소질로서 우리에게 주어져 있는 것은 아니다. (...) 단어와 학문(이성)도 모든 경우에서 충분한 것은 아니다. 왜냐하면 그것보다 먼저 듣는 자의 영혼이 습관을 통해서 도야되어 있어야 비로소 올바로 사랑하고 올바로 미워하는 것을 배울 수 있기 때문이다." 교육의 궁극적 과제는 비이성적 존재인 어린이가 이성적 통찰력을 갖게 하고 그리하여 이성적인 것에 익숙해지게 하는 데에 있다. 그러나 이것은 단순히 지적인 활동을 통해서만 가능한 것이 아니다. 그것은 먼저 습관을 들이는 과정을 거쳐야 제대로 달성될 수 있다. 그러므로 아리스토텔레스의 윤리학에 따르면 덕스러운 행동은 좋은 습관과 이성적 인식이라는 두 가지 요소로 이루어진다. 그리고 시간적 선후를 따진다면, 둘 중에서 먼저 습관이라는 요소가 제대로 준비되어 있어야 이성적 인

---

6) 이것은 루소가 제시했던 자연의 교육, 사물의 교육, 인간의 교육과 대체로 대응된다. 루소가 아리스토텔레스의 견해를 가져다 썼을 가능성이 농후하다.

식능력이 올바로 성장할 수 있다. 이것을 아리스토텔레스는 씨앗을 심기 전에 먼저 땅을 갈아 비옥하게 만드는 일에 비유한다.

아리스토텔레스가 "습관을 통한 교육"을 말할 때, 그것은 흔히 생각하듯 자동적인 반복을 통한 훈련을 의미하지 않는다. 그가 의미하는 것은 현대적 용어로 표현하면 "행함을 통한 학습"(learning by doing)에 가깝다. 이런 맥락에서 그는 『니코마코스 윤리학』에서 "우리는 (...) 배워야 할 것들을 그것을 행해봄으로써 배운다. 우리는 건축함을 통해서 건축가가 되고 리라를 연주함으로써 리라 연주가가 된다."(1103a)고 말한다. 이것은 도덕 교육에도 마찬가지이다. "우리는 정당한 행동을 함으로써 정당한 사람이 되고, 절도 있는 행동을 함으로써 절도 있는 사람이 되고, 용감한 행동을 함으로써 용감해진다."(1103a) 학생의 자연적 성향이 올바른 방향으로 발전하는 것은 습관 또는 활동적인 행위를 통해서이다. 더 나아가 습관을 통한 교육은 예술이나 기술의 습득, 도덕적 태도의 계발에 제한되는 것이 아니라 과학 교육에도 타당하다. "과학자가 현실적으로 학식 있게 되는 것은 과학의 실천을 통해서이다." 따라서 과학교육에서도 과학적 탐구의 태도를 형성해 주는 것은 중요한 과제 중 하나이다.

아리스토텔레스가 "습관을 통한 교육", 즉 'learning by doing'을 강조한 데에는 교육은 학생이 수동적으로 받기만 하면 되는 것이 아니라는 중요한 통찰이 들어 있다. 활동은 아리스토텔레스의 교육에서 본질적인 요소에 속한다. 놀랍게도 아리스토텔레스는 교육에서의 자기활동은 학생들로 하여금 즐겁게 교육을 받을 수 있게 한다는 점을 간파하고 있었다. 그러나 동시에 그는 배움의 과정에서 학생들이 단지 즐거움에 의해서가 아니라 고통에 의해서도 지도되어야 함을 알고 있었다. 아리스토텔레스가 어느 정도 권위주의적 교육자라는 것은 의심할 여지가 없다.

습관을 통한 교육 또는 활동적인 행위를 통한 교육은 다시 세 가지의 측면에서 진행될 수 있다. 즉, 습관을 형성하는 활동은 창조적인 모방, 능동적인 경험, 반복을 통한 기억이라는 세 가지 측면에서 진행될 수 있다.

① 사람은 모방하기를 좋아한다. 인간 특유의 활동인 예술은 자연의 모방에 기반하고 있다. 그래서 모방은 교육과 배움에서도 매우 중요한 요소가 된다. '모방은 어린 시절부터 나타나는 인간의 독특한 특질이다. 모방에 의해서 사람은 동물과 구분된다. 사람이 그의 최초의 지식을 획득하는 것도 모방을 통해서이다.' 그러나 모방이 교육의 원인으로 작용하기 위해서는 좋은 사례가 필요하다. 교사가 좋은 사례가 되어 주지 못한다면 좋은 모방도 있을 수 없다는 것은 당연한 일이다.

② 어떤 덕과 지식의 유형들은 단순한 모방이 아니라 능동적이고 주체적인 경험을 통해서만 획득될 수 있다. 대표적인 예로 사려 깊음(실천적 지혜 prudence)을 들 수 있다. 청년이 기하학자나 수학자가 되어 큰 업적을 내놓는 경우는 종종 있지만, 실천적 지혜를 발휘하는 청년은 별로 찾을 수 없다. 왜냐하면 실천적 지혜는 단지 보편적 원리와 관계하는 것이 아니라 특수하고 개별적인 상황에도 관계하기 때문이다. 즉, 이러한 특수성에 대한 경험은 나이가 많을수록 풍부해지기 때문이다. 그러므로 청소년도 수학자가 될 수는 있지만 철학자나 물리학자가 되기는 어렵다. 수학의 대상들은 추상적으로 존재하는 반면 철학이나 물리학의 제1원리들은 경험과 관련되어 있기 때문이다. 따라서 앞으로 훌륭한 철학자나 물리학자 또는 덕스러운 사람이 되기 위해서 학생들은 교육의 과정에서 스스로 실천적 지혜를 발휘하는 능동적이고 주체적인 경험을 할 필요가 있다.

③ 마지막으로, 습관의 효과는 기억이라는 현상에 기반하고 있다. 그러므로 교육은 반복을 통한 기억이라는 요소를 도외시해서는 안 된다. 아리스토텔레스는 기억이 상상력과도 관계되어 있음을 강조하며 반복된 기억 행위가 올바른 습관의 형성에서 갖는 중요성을 강조한다.

(2) 이성을 통한 교육

이성을 통한 교육은 습관을 통한 교육을 완성한다. 그것은 과학 교육을 포함하는 진정한 의미에서의 교육이다. 이성을 통한 교육을 아리스토텔레스는 '가르치는 활동'이라고 보는데, 이 활동의 목적은 사태의 근본 원인을 이해시키는 것이다. "가르치는 것은 모든 사물의 원인을 제시해 주는 것이다." 그래서 이성을 통한 교육은 경험을 초월하는 보편적인 것에 관심을 갖는다. "경험 있는 사람은 어떤 사물이 있다는 사실을 안다. 그러나 왜 그것이 그렇게 있는지 모른다. 학식이 있는 자는 그것의 이유와 원인을 안다."

습관을 통한 교육이 모방, 경험, 기억을 통해서 이루어졌던 반면, 이성을 통한 교육은 주로 언어를 통해서 이루어진다. 아리스토텔레스에 따르면 언어는 교육의 본질적인 도구이다. 그는 언어가 교육을 유발하는 원인이라고까지 말한다.[7] 사실 언어의 문제는 그의 철학적 사유에서 핵심적 지위를 차지한다.

이성을 통한 교육은 다시 두 가지 방법, 즉 에파고게(epagoge 귀납)를 통한 학습과 논리적 증명(연역)을 통한 학습으로 구분된다. "사실 우리는 단지 귀납을 통해서 또는 연역을 통해서 배운다. (...) 연역은 보편적 원리를 토대로 해

---

7) 그런데 아리스토텔레스는 문자언어보다 음성언어를 더 중요하게 생각한다. 그래서 그는 교육에서 듣기(청각)가 중요한 역할을 수행한다고 말한다. 높은 "학습 능력은 기억력뿐 아니라 청력을 소유한 사람에게 속한다." 이런 생각 때문에 그는 장님이 귀머거리보다 학습능력이 더 높다는 기이한 주장까지 하였다.

서 진행되고 귀납은 특수한 사례를 토대로 해서 진행된다." 귀납은 경험에서 인식으로 나아가는 길이다. 사례들은 특수한 경험들이다. 아리스토텔레스의 귀납법을 통한 교육은 – 과학에서처럼 – 사례로부터 원인을 이해하는 데로 나아가는 교수의 방법이다. 반면 연역을 통한 학습에서는 교수 학습되는 모든 내용이 이미 존재하는 지식(전제)으로부터 연역되어 나온다.

대체로 말해서 이성을 통한 교육은 과학지식과 순수이론의 학습에 관련된다. 반면 습관을 통한 교육은 윤리적 행동의 학습에 관련된다. 그러나 양자의 목표는 결국 행복한 삶을 달성하는 데로 귀결된다.

4. 아리스토텔레스 교육사상의 의의

아리스토텔레스가 제시한 엔텔레케이아의 개념은 모든 생명체에 내포된 잠재력의 자기실현을 정식화하고 있다. 엔텔레케이아는 인간 본성의 자연적 발달과 완전화 가능성에 기초하는 루소의 자연주의 교육사상에 이론적 기초를 제공하였다. 또한 아리스토텔레스가 제시한 교육의 3요소인 본성, 습관, 가르침은 루소에 와서 교육의 3요소, 즉 자연, 사물, 인간으로 계승됨을 볼 수 있다. 그리고 교육학의 발전과 연관해서는 아리스토텔레스가 교육을 제작이나 이론적 활동이 아닌 실천적 활동으로 규정함으로써 교육과 교육학의 독자적인 지위를 규명하는 데 깊이 영향을 미쳤다고 할 수 있다. 물론 경험적 교육학자의 입장에서는 아리스토텔레스의 입장을 거부하겠지만, 근대 교육학의 지나친 과학화와 근대 교육의 기계론적 경향을 거부하는 정신과학적 교육학자들에게 아리스토텔레스의 주장은 중요한 이론적 근거를 제공해 준다. 마지막으로 아리스토텔레스 철학의 생물학적 토대는 아동의 자발성과 활동성을 강조하는 현대의 개혁 교육학과도 연결될 수 있다. 특히 습관의 교육에 대한 그의 강조는 듀이의 과업을 통한 교육 또는 learning by doing의 교육에서 그대로 계승되고 있다.

생각할 문제

1. 아리스토텔레스는 인간의 습관에 대해 말한다. 교육에는 어떤 습관이 필요할까?
2. 인간은 과연 이성적일까?

CHAPTER

04

아우구스티누스의 교육사상과 철학

04 아우구스티누스의 교육사상과 철학

1. 아우구스티누스의 생애

아우구스티누스(Aurelius Augustinus, 354~430)는 고대 로마의 자치도시 중 하나였던 북아프리카의 타가스테(Thagaste)에서 태어났다. 그의 아버지는 이교도였고 어머니 모니카(Monica)는 기독교인이었다. 독실한 신앙인이었던 어머니는 아우구스티누스가 기독교 신앙을 받아들이는 데 결정적인 영향을 미쳤다.

아우구스티누스는 고향 타가스테에서 루두스(Ludus, 초등학교)에 다녔고, 13세 때에는 마다우라의 한 문법학교(grammar school)에서 라틴어와 라틴어 문학을 배웠다. 17세 때 카르타고의 수사학교(rhetoric school)에 입학하여 수년간 재학했다. 그 당시 그가 살았던 도시들은 모두 로마의 지배 아래 있었고 로마 문화의 강력한 영향을 받았다. 젊은 시절의 아우구스티누스는 '방탕한' – 그러나 현재의 관점에서 보면 좀 자유분방한 젊은이에서 흔히 볼 수 있을 정도의 자유로운 – 삶을 살았다. 18세 때 하층민으로 추정되는 한 여인과 동거를 시작했고 15년간 연인관계를 지속했으며 이때 아데오다투스(Adeodatus)라는 혼외자식도 얻었다.

그러나 동시에 그는 매우 지적인 청년이기도 했다. 젊은 시절 그는 지금은 멸실된 책인 키케로의 『호르텐시우스』를 읽고 철학에 눈을 떴고, 또한 당시 유행하던 종교인 마니교의 이원론적 교리에 매료되었다.

이윽고 카르타고 수사학교의 교사가 되었지만, 학생들의 거친 태도 때문에 교직에 대해 회의를 느꼈다. 또한 점차로 마니교에 대해서 의심을 하게 되었다. 그래서 그는 새로운 사상과 논리를 찾아 카르타고를 떠나 로마로 갔다. 로마에서도 그의 삶은 불안정함과 세계에 대한 여러 가지 의심으로 가득 차 있었다. 384년 그러니까 만 30세 되던 해에 그는 밀라노 수사학교의 교사로 임명되는 쾌거를 이루었지만 그의 내면세계는 여전히 갈등과 회의에 사로잡혀 있었다. 바로 그때 그는 우연히 신플라톤주의, 특히 플로티누스(Plotinus)라는 철학자의 사상과 접하면서 커다란 변화를 겪게 되었다.

신플라톤주의자인 플로티누스는 이 세상의 – 물질을 포함한 – 모든 것이 결국 정신적인 존재인 '일자'(the One)로부터 흘러나온다는 이론을 제시했다. 이를 통해 아우구스티누스는 비로소 마니교의 선악 이원론에서 벗어나 모든 것이 하나의 절대적이고 정신적인 질서 속에서 통일되어 있다는 사상을 받아들이게 되었다. 플로티누스는 악은 실재하는 존재가 아니라 오히려 존재의 결핍에 불과하며 통일적인 우주적 질서가 일시적으로 흐트러진 상태에 불과하다고 주장함으로써 이원론을 극복하려 하였다. 이로써 아우구스티누스는 일단 회의주의로부터 벗어났다. 그러나 이러한 지적인 해방이 곧 도덕적이고 실천적인 삶으로 연결되지는 않았다. 그의 정신적 갈등과 혼란은 오히려 더 심화되었다. 그러던 중 당시의 대 철학자였던 밀라노 대성당 주교 암브로시우스의 설교는 아우구스티누스의 내적인 번민을 더욱 극단적인 긴장으로 치닫게 했다. 극도의 내면적 갈등과 번민에 사로잡혀 살아가던 그는 어느 날 은둔처의 정원에서 모든 번민이 한꺼번에 해결되는 경험을 했고, 이 일을 계기로 기독교로 개종하였다. 이 사건을 우리는 아우구스티누스의 '정원에서의 회심'이라고 부른다.

이 회심의 순간을 아우구스티누스는 『고백록』에서 다음과 같이 묘사하고 있다. "그런데 이때 나의 천착하는(digging, granbend) 자아성찰은 어떤 비밀스런 이유에서인지 내 모든 비참을 드러내었고 그것을 순간적으로 내 심정에 가득 채웠다. 그러자 마음이 북받쳐 오르며 눈물이 비 오듯 쏟아졌다. (...) 그때 갑자기 옆집에서 어떤 소년 또는 소녀의 노래 소리가 반복적으로 들려왔다. '잡고 읽어라, 잡고 읽어라!' 순간적으로 나는 표정이 바뀌었다. (...) 나는 쏟아지는 눈물을 참고 자리에서 일어섰다. 나는 하나님이 내게 책을 펼치고 그곳을 읽어라 하고 명령하시는 것으로 해석할 수밖에 없었다. (...) 나는 성서를 들고 펼쳐서 처음 내 눈에 띤 곳을 차분히 소리 없이 읽었다. '잔치와 음주, 침실과 무절제, 분쟁과 시기에 끌리지 말고 주 예수 그리스도에게 나아가라. 너의 육신의 욕망에 사로잡히지 말라.' 나는 더 이상 읽지 않았고 또 그럴 필요도 없었다. 왜냐하면 이 문장을 읽자마자 확신이 한줄기 빛처럼 나의 슬픔에 찬 가슴에 쏟아져 들어왔고 회의의 어두운 밤은 눈 녹듯 사라져 버렸기 때문이다."(『고백록』, 8권, 12절)

이를 계기로 아우구스티누스는 모든 육체적, 세속적 욕망을 버렸고 오로지 하나님과 교회의 권위에 순종하는 삶을 살기로 결심했다. 그는 387년 마침내 암브로시우스 주교로부터 세례를 받았다. 391년 사제 서품을 받았고 396년에 히포(Hippo)라는 도시의 주교가 되었다. 430년 반달족이 히포를 포위하고 있는 상태에서 76세의 나이로 세상을 떠났다.

중요 저작으로는 『고백록』, 『삼위일체론』, 『신국론』, 『교사론』 등이 있다.

2. 중세의 교육과 사상

고대 그리스를 지나고 고대 로마시대를 거쳐 서양의 역사는 중세(middle age)로 접어든다. 고대와 달리 중세는 봉건제와 기독교를 중심축으로 하는 시대였고, 이에 따라 교육도 큰 변화를 겪는다. 교육의 목표는 인간을 종교적 구원으로 인도하는 데에 놓이게 되었다. 독실한 신앙심과 경건한 도덕성을 통해서 내세를 준비하는 데에 교육의 핵심이 놓였다.

이를 위해 중세는 기존에 존재하던 그리스와 로마의 교육제도를 전면적으로 부정 또는 무시하고 자신의 목적에 맞는 새로운 교육제도를 만들어 냈다. 중세의 교육기관은 크게 교회, 즉 교황청의 관할하에 놓여 있는 학교와 수도원이 관할하던 학교로 구분된다. 교회가 관할하던 학교에는 교리문답학교, 고급교리문답학교, 본산학교 등이 있었다. 본산학교는 주로 사제의 양성을 위해서 운영되었으며, 사제가 업무를 수행하는 데 필요한 라틴어, 수학, 음악 등의 과목을 가르쳤다. 한편 수도원에서 운영하던 수도원학교는 각 수도회의 수도사를 양성하기 위한 학교로서 출발하였는데, 나중에는 부분적으로 일반 귀족 자제들도 받아서 가르쳤다. 전자를 내부학교, 후자를 외부학교라고 불러서 양자를 구분하였다. 수도원학교는 대체로 초등부터 고등교육까지 전체 과정을 포함하였다.

후기로 가면서 중세의 초기의 신학을 뒷받침했던 '교부철학'은 쇠퇴하고 대신에 '스콜라주의'가 발전하였다. 스콜라주의는 아리스토텔레스주의 철학을 수용함으로써 신앙과 이성의 조화를 추구하였고, 신앙과 교리에 대한 논리적 증명을 시도하였다. 안셀무스, 아퀴나스 등의 신 존재 증명도 이런 맥락에서 제기된 것이었다. 스콜라주의는 침체되었던 중세의 학문적 분위기를 쇄신하는 데 기여했다. 특히 십자군 전쟁을 통해 고대의 철학과 문화가 다시 유럽에 수입되면서 다양한 학문적 연구가 촉발되었다. 이를 기반으로 하여 대학

(universitas)이 당시 등장하던 도시를 중심으로 속속 형성되기 시작하였다. 이탈리아 북부에 등장했던 법학 중심의 볼로냐 대학을 위시해서 신학 중심의 파리 대학, 의학 중심의 살레르노 대학(이탈리아 남부) 등이 등장했다.

중세의 세속교육은 11~13세기에 왕성하게 나타났던 기사도 교육과 대학교육 그리고 중세 후기로 가면서 등장하는 신흥 부르주아 계급을 위한 시민학교 등으로 이루어진다. 기사도교육은 나중에 르네상스 시대의 신사교육으로 발전되었으며, 중세에 마련된 대학교육의 기본 틀은 지금까지도 – 많은 변화와 변형을 거쳤지만 – 면면히 이어지고 있다. 시민학교는 주로 실생활에서 필요한 지식과 기술을 가르치는 데에 목적이 있었기 때문에 계층에 따라서 다른 유형의 학교가 존재했고 또 교육 내용과 연한도 적지 않은 차이가 있었다. 이 시기에 만들어진 시민 학교의 다층적 구조는 유럽(특히 독일)의 복선제 학교제도에 여전히 그 족적을 남기고 있다.

3. 전기의 철학적 교육사상

1) 신에 대하여

인간의 영혼의 활동, 즉 사고, 느낌, 의욕 속에서 영원불변하고 필연적인 진리를 발견한다. 이 진리는 우리가 그것을 무시하든 거부하든 관계없이 언제나 인간 정신의 지도적 원리로 남는다. 그러므로 이 진리는 시간과 공간에 속한 것도 유한한 존재인 인간이 만들어 낸 것도 아니다. 즉, 그것은 어떤 초월적이고 절대적인 존재로부터 유래하는 것이다. 그러므로 초월적이고 절대적인 신은 존재한다. 신은 완전한 존재이며 모든 불완전한 것들의 근거이다. 신은 원초적인 진리이자 선으로서 모든 참된 것과 가치의 기초이다.

아우구스티누스는 당시의 다른 교부들과 마찬가지로 신의 개념은 정신에 본래 내재하는 근본 개념 중 하나라고 보았고, 신의 현존은 움직일 수 없는 사실이라고 믿었다. 그럼에도 불구하고 그는 신의 현존을 증명하고자 애쓴다. 그의 대표적인 신 존재 '증명'은 정신론적(noologisch)인 증명이다. 정신론적 신 존재 증명은 다음과 같다.

"인간은 영혼의 활동, 즉 사고, 감정, 의욕 속에서 영원불변하고 필연적인 진리를 발견한다. 사람들은 종종 이 진리들을 보지 못하고, 무시하고, 또 거기에 거역하는 일도 가끔 있다. 그러나 진리는 이런 것과 상관없이, 항상 인간정신의 재판관(iudices)이고 인도자(moderatores)이다. 이 진리는 공간과 시간의 제약을 받지 않는다. 그러므로 진리는 유한한 인간의 것이 결코 아니다. 오히려 이 진리를 통해서 초인간적이고 초시간적인 존재가 인간 안에 들어오게 된다. 우리들은 모든 불완전한 것들 한복판에서 완전한 것을 접하게 되고, 상대적인 것들 한복판에서 절대적인 것을 접하게 되며, 단지 인간적인 것들 한복판에서 초월적인 것을 접하게 된다. 바로 이렇게 해서 우리들은 신과 조우하게 된다. 신은 이성적인 영혼을 훨씬 초월한 불후의 본성이라는 것과 또 가장 높은 예지가 있는 곳에 가장 높은 생명과 가장 높은 본질이 있다는 것은 의심할 나위가 없다."(Hirschberger, 1980a : 451)

아우구스티누스는 초월적이고 절대적인 신이 존재한다고 믿는다. 이 신은 최고로 선하고 또 완전한 존재로서 모든 불완전한 것들을 존재하게 하는 근거이다. 반면 경험 세계의 모든 감각적 존재는 신의 정신 속에 있는 원형(exemplaria, formae, ideae, species, rationses)의 모상(그림자)일 뿐이다. 그의 신 개념은 플라톤의 '선(the Good)의 이데아'를 연상시킨다. 선의 이데아는 다른 시간적인 사물들, 즉 모든 모상들의 존재와 변화의 근거(hypothesis)이며, 모든 것은 바로 이 이데아로부터 유래하는 것이다. 인간 이성은 항상 이 모상들에서 감각적이고 비합리적인 것들을 제거하고 그 속에 포함된 '본래의 것'을 찾아내야 한다.

아우구스티누스의 신은 플라톤이 말했던 선의 이데아와 유사해 보인다. 그러나 똑같지는 않다. 아우구스티누스는 선의 이데아에 살아 움직이는 인격적 힘을 부여한다. 그는 생명과 진리(로고스)를 분리된 것으로 생각하지 않았다. 말하자면 하나님은 길이요, 생명이요 진리였던 것이다.

2) 원죄설

키케로의 글에 감명을 받아 철학의 길에 들어선 아우구스티누스는 수사학, 마니교, 회의주의를 두루 섭렵한 후 386년 그리스도교에 귀의했다. 이후 그는 중세 그리스도교의 신학적 기틀을 놓은 위대한 교부가 되었다. 그는 기독교의 근본 교리 중 하나인 원죄설을 정립했다. 인간은 신의 명을 어기고 '선악과'를 먹은 아담과 이브의 죄를 통해서 모두 '죄의 덩어리(massa peccati)'가 되었다. 이로 인해 모든 인간은 태어난 순간부터 이미 영적인 죽음의 상태에 놓이게 되었다. "아무도 선하지 않다. 단 한 명도!" 원죄를 통해서 인간의 마음은 완전히 피폐해졌기 때문에 죄에서 벗어나 복음의 진리와 신의 명령을 이해하고 따를 능력이 없다. 그것은 빈 잔이 스스로 물을 채울 수 없는 것과 마찬가지이다. 인간은 이기적이고 육체적인 욕망에 탐닉하기 쉽고 신의 명령에 거역하기 쉬운 악한 존재들이다. 그렇다면 우리는 어떻게 죄의 굴레로부터 벗어날 수 있을까? 아우구스티누스에 따르면 그것은 오직 이미 예정되어 있는 신의 '은총'을 통해서만 가능하다.

펠라기우스는 아우구스티누스의 원죄설과 은총을 통한 구원 예정설은 도덕질서 전체를 위험에 빠뜨린다고 주장한다. 왜냐하면 아우구스티누스의 원죄설은 인간의 자립적인 도덕 능력을 완전히 부정함으로써, 동시에 인간의 도덕적 책임까지도 부정해 버리기 때문이다. 즉, 원죄로 인해 인간은 자유의지로 도덕적인 행동을 할 수 있는 능력을 상실했다. 능력이 없다면 책임도 있을 수 없다. 이렇게 사람이 자신의 악행에 대해서 스스로 책임을 질 필요가 전혀 없다면 그의 범죄를 비난하거나 처벌할 수 있는 근거도 사라지게 된다. 그러므로 펠라기우스는 원죄설에 반대했다. 그는 아담의 죄는 아담에게만 해당되며, 새로 태어난 아이는 아무런 죄도 없다고 주장했다. 또한 인간의 본성은 선하며 그것은 무엇으로도 손상시킬 수 없다고 주장했다.

3) 인간이해

그는 인간을 '이성적인 동시에 유한한 생명만을 지닌 동물'이라고 정의한다. 이성적이라는 것은 인간을 동물과 구분하는 특징이고 유한한 생명만을 지닌다는 것은 인간을 신과 구분하는 특징이다. 인간이 이성적 존재의 특성을 포기할 때 인간은 동물로 전락하며, 반대로 이성을 통해서 인간이 '죽을 존재'라는 자신의 유한성에서 벗어나려 노력할 때 인간은 신에게 더 가까워진다. 다른 말로 하면, 인간은 신적인 특징인 이성을 지니고 있음에도 동물적 특성에 따라서 죽을 수밖에 없는 존재이다. 그리고 신적인 이성은 인간의 영혼과 관련되고 반대로 죽음은 인간의 육체와 연관된다.

그는 신적인 이성, 즉 영혼의 측면을 고귀한 것으로, 동물적 특성, 즉 육체의 측면을 비천한 것으로 간주한다. 그러므로 그는 육체를 영혼에 종속되어야 하는 것으로 본 플라톤의 영혼관을 계승하고 있다. 이에 따르면, 영혼은 영원한 세계에 속한 것이고 육체는 감각적이며 무상한 세계에 속하는 것이다. 그러므로 아우구스티누스는 육체를 극복되어야 할 부정적인 것으로 취급하였다. 인간의 과제는 육체적, 감각적 상태를 벗어나 영적-이성적 존재가 되는 것이다. 이는 점진적이고 단계적인 교육을 통해서 가능하다.

4) 교육의 목적

인간은 누구나 행복을 추구한다. 그러면 우리는 어떻게 행복해질 수 있는가? 그것은 "최고의 선"을 소유하는 것인데, 최고의 선은 결국 '신'이다. 신은 우리의 본성의 원인이고 진리이기 때문에 신과의 만남은 우리를 행복하게 한다. 그러므로 인간의 행복은 신과의 만남 속에서 기뻐하고 즐거워하는 상태에 다름 아니다. 신을 인식하고 신을 사랑하고 즐기는 것은 축복의 삶이요 행복한 삶이다. 이러한 행복한 삶의 누리는 것이 인간의 삶의 과제이며 동시에 교육의 궁극적인 목적이다.

5) 교육의 방법

인간의 정신적이고 영적인 성장과정은 두 가지 통로를 통해서 이루어진다. 하나는 인간의 정신을 도덕적으로 정화하는 길이고 다른 하나는 학문적인 연구를 통해서 인간의 시선을 신에게로 향하게 하는 길이다. 아우구스티누스는 전자를 '도덕적 도야'(또는 훈육)라고 부르고 후자를 '지적 도야'(또는 교수)라고 부른다.

(1) 도덕적 도야

아우구스티누스에서 도덕적인 삶은 교육의 궁극적인 목표가 아니다. 교육의 궁극적인 목표는 신과의 만남에서 오는 축복의 삶이다. 그러나 이러한 삶에 도달하기 위해서는 먼저 도덕적인 인간이 되어야만 한다. 도덕교육은 소극적으로는 인간의 영혼을 손상시키는 모든 악덕(육욕, 뻔뻔함, 과식, 게으름, 악한 습관, 명예욕)에서 벗어나게 해야 하며, 적극적으로는 학생이 도덕성을 획득하도록 연습시켜야 한다. 이 도덕성의 연습은 먼저 가정의 인간관계에서 이루어지고 나중에는 가정 외의 사회에서 이루어진다. 이 연습에서 가장 중요한 원칙은 '신에 대한 사랑'(이는 절제, 강함, 정의, 지혜의 덕으로 구성됨)이다. 왜냐하면 도덕성은 바로 '신의 뒤를 따르는 것, 신을 닮아 가는 것'이기 때문이다.

그렇다면 도덕교육의 수단은 무엇인가?

첫째, 공동체적인 은둔의 삶이 인간의 도덕성을 길러 줄 수 있다. 물질적 현실세계 속에서 분주하게 살아가는 사람은 자신에 대한 그리고 세계질서 및 도덕적 질서에 대한 참된 인식에 도달하기 어렵다. 은둔의 삶을 통해 건강한 영혼을 가꾸는 것이 필요하다.

둘째, 학문연구도 도덕성을 기르는 하나의 수단이다. 왜냐하면 사물 관계를 올바로 인식하는 일은 도덕성을 기르는 일에서 전제 조건이기 때문이다.

셋째, 도덕교육의 가장 강력한 수단은 훈육이다. 훈육은 학생들이 도덕적 삶을 살도록 의식적으로 영향을 미치는 것을 말한다.

(2) 지적 도야

그런데 도덕적인 도야만으로는 신을 인식할 수 없다. 더불어 정신의 지적인 훈련이 요구된다. 이것은 학문연구를 통해서 이성을 단련하는 것을 의미한다. 이성을 단련하기 위해 요구되는 학문으로서 아우구스티누스는 문법, 수사학, 변증법, 음악, 산술, 기하학, 철학을 든다. 이 7개 교과는 악의 본질과 근원, 세상과 만물의 창조에 대해 물음을 던지는 넓은 의미의 철학(신을 인식하려는 학문)을 공부하기 위한 기초로 간주된다.

4. 후기의 신학적 교육사상

아우구스티누스가 회심한 이후 그의 관심은 철학에서 신학으로 옮겨 갔다. 그 결정적인 계기는 인간의 자유에 대한 그의 해석이 변화되는 데서 찾을 수 있다. 주교로 임명되기 이전에 그는 인간에게 자유의지가 있음을 인정했었다. 그러나 주교로 임명된 이후에 그는 자유의지는 아담이 죄를 짓기 이전의 상태에서만 가능했다고 주장한다. 일단 죄를 지은 이후에 인간의 구원은 인간의 자유의지를 통해서는 불가능하다는 것이다. 즉, 그것은 오직 하나님의 선택과 예정에 의존함을 강조하게 된다. 아우구스티누스는 인간이 종교에 귀의한 이후에도 악한 충동에서 벗어나지 못하는 것은 원죄 때문이라고 보았다. 그리고 이 원죄로부터의 구원은 하나님의 은총을 통해서만 가능하다고 보았다. 따라서 그는 도덕적, 지적 도야를 통해서 신을 인식하고 만나는 것이 가능하다는 견해로부터 확고한 '신앙'을 통해서만 신, 즉 하나님을 만날 수 있다는 견해로 이행했다고 할 수 있다.

이제 그의 신학적 교육사상에서 등장하는 중요한 교육 문제를 살펴보자.

1) 세속(고대 그리스)교육과 기독교교육의 관계

당시 기독교는 아직 독자적인 교육체계와 학문체계를 갖추지 못하고 있었다. 그래서 기독교교육이 세속교육과 어떤 연관성을 맺지 않을 수 없었지만, 동시에 기독교와 전통종교 사이의 상이성은 그 연관성을 맺는 일을 어렵게 했다. 이에 당시의 교부들 사이에서는 이 양자의 관계를 어떻게 설정해야 하는가를 놓고 논쟁이 벌어졌다. 동로마제국의 교부들은 그리스적 전통을 수용하는 데 찬성했으며 세속교육이 성서와 신앙을 공부하는 준비단계라고 간주했다. 반면 서로마제국의 교부들은 세속교육이 기독교 신앙을 파괴할 위험이 있다고 보고 배척하였다. 이러한 첨예한 논쟁에서 아우구스티누스는 양자를 기독교의 관점에서 종합하려는 시도를 하였다. 그는 그리스적 세속교육이 신화적 내용을 포함하고 있어서 위험하다고 보고 학교교육의 중심을 어디까지나 성서에 두어야 한다고 주장했다. 그리고 세속학문은 성서를 이해하는 데 도움이 되는 한에서만 학교교육에 포함시켜야 한다고 주장했다. 즉, 아우구스티누스는 성서가 모든 교육의 중심이 된다는 전제 아래 7자유교과와 같은 세속적인 학문을 철학의 기초이자 성서해석의 기초단계로서 수용하려 하였다. 다른 말로 하면 세속적인 학문은 기독교교육의 시녀로 머무르는 한 그 가치를 인정받았다.

2) 교리문답교육

교리문답교육은 기독교적인 신앙내용과 종교적이고 도덕적인 삶의 내용들을 가르치는 교육이다. 교리문답교육은 이전부터 이미 존재하고 있었지만 아우구스티누스는 이것을 새롭게 재구성하고 개선하였다. 그는 교리문답교육의 내용을 신앙고백, 주기도문, 십계명, 성서의 역사로 확정하였다. 여기서 우리의 관심을 끄는 것은 이러한 교육 내용을 가르치기 위해서 교리문답교사가 지켜야 할 교수법을 제시한 부분이다. 그 핵심만 요약하면

① 적게 가르치되, 직관적이고 근본적으로(내용선정) : 교육내용은 사소하거나 부차적인 것이 아니라 언급한 가치가 있는 중요한 것을 중심으로 선정하라. 그리고 그것은 동시에 학생들의 흥미를 불러일으키고 몰입하게 할 수 있는 내용이어야 한다. 그리고 학생들이 지식의 수용에 머무르지 않고 교육내용을 보고, 체험하고 느끼며 깊은 인상을 받을 수 있도록 가르쳐라.

② 교육 내용을 목적에 따라 통일적으로 조직하라(내용조직) : 백과사전적으로 지식을 배열하거나 지나치게 세분화된 내용을 가르치는 것은 좋지 않다. 각각의 수업 내용이 전체 안에서 체계적으로 구성되어야 하며 통합적인 목적(즉, 이웃사랑! caritas)을 향해서 나아가야 한다.

③ 개별적으로 교수하라(교수방법) : 여기에 교리문답교육의 비밀이 놓여 있다고 말했다.

④ '이야기(서사)'를 통해서 가르쳐라(교수방법) : 아우구스티누스는 전체 종교수업의 기초로서 '이야기'를 강조하고 있다. '이야기'란 성서의 개별적인 사건이나 에피소드들을 하나의 전체적인 구원의 서사로서 설명하고 이해시키는 것을 말한다. 이야기를 통한 전달은 그 직관적 성격 때문에 교리를 가르치는 조직적인 수업보다 우선적으로 진행되어야 한다고 그는 주장했다. 이야기는 하나님의 사랑의 계시를 깨우치게 하는 유력한 수단이라고 보았던 것이다.

그리고 교리문답교사에 대해서는 무엇보다는 교사가 기쁜 마음으로 교육을 하도록 여건이 마련되어야 하고 또 교사가 기쁘게 가르치면 가르칠수록 학생들의 관심과 집중을 이끌어 낼 수 있다고 강조했다. 교사는 더불어 사랑, 인내, 열정, 지혜 등의 특성을 갖추어야 한다.

3) 아우구스티누스의 교사론

교육사상의 역사에서 보면 많은 사상가들이 가르침의 가능성을 문제 삼고 있다. 이 문제를 가장 먼저 제기했던 사람은 플라톤이다. 플라톤의 대화편 『메논』은 덕을 가르칠 수 있는가의 문제를 중심으로 진행된다. 통상적으로 소크라테스는 이 질문에 대해서 덕은 지식이므로 가르칠 수 있다는 견해를 제시했다고 간주된다. 그러나 이 문제가 그렇게 분명하게 해결된 것 같지는 않다.

플라톤의 상기설적 입장에서 보자면 진리는 이미 학생의 영혼 속에 내재하고 있으며, 교사는 단지 이러한 진리를 상기하는 데 도움을 줄 뿐이지 그 지식을 학생에게 가르쳐 주지는 못한다. 주지하듯이 소크라테스는 자신은 무지하며 따라서 타인을 가르칠 수 없는 사람이라고 말했다.

아우구스티누스도 교사가 학생에게 무엇인가를 직접적으로 가르치는 것은 원리적으로 불가능하다고 주장했다. 아우구스티누스는 『교사론』이라는 책에서 '가르침'의 문제를 다루고 있다. 그는 먼저 교사가 가르치는 활동을 시작하기 위해서 말에 의존할 수밖에 없다고 주장한다. 왜냐하면 단순히 가리키거나 시범을 보임으로써 무엇을 가르치려는 시도는 실패하기 때문이다. 예를 들어, 학생이 '선생님, 달이 무엇인가요?' 하고 물었을 때, 손가락으로 달을 가리킨다고 하자. 이때 학생은 가리키는 손가락을 달이라고 생각할 수도 있고, 손가락이 향한 저 하늘을 달이라고 생각할 수도 있다는 것이다. 그러므로 가르치는 일에는 말이 반드시 필요하다. 여기까지는 충분히 이해가 간다. 그러나 아우구스티누스에 따르면 말이 가르치기 위해 반드시 필요한 도구임에도 불구하고, 말로써 무엇인가를 가르치려 할 때도 난점이 생겨난다. 예를 들어, 학생이 '사모관대가 무엇인가요?'라고 물었을 때, 교사가 말로써 그것은 어떠한 것이라고 설명해 준다고 하자. 이때 만약 학생이 '사모관대'라는 단어가 무엇을 의미하는지 전혀 모르고 있다면 교사는 사실 아이에게 사모관대가 무엇인지 이해시킬 수 없다. 왜냐하면 이조시대의 공직자 복장인 사모관대를 전혀 본 적이 없는 사람에게 '사모관대'가 무엇인지를 말로 정확하게 전달하기란 불가능하기 때문이다. 아마 학생들은 자기 나름의 방식으로 그것을 이해하거나 머리에 그릴 것이다. 그러므로 우리는 교사가 말하는 단어를 통해서 실재를 알게 되기보다는 오히려 실재를 알고 있어야 교사가 말하는 것의 의미를 배울 수 있다. 그렇다면 우리는 도대체 어떻게 아이들에게 앎 또는 지식을 전달할 수 있다는 말인가? 이러한 난관이 이른바 '가르침의 역설'이다.

다시 말하면 교사가 학생으로 하여금 무엇인가를 가르치기 위하여 말로 일러 줄 때, 학생은 교사의 말이 무엇을 뜻하는지 알고 있거나 모르고 있거나 둘 중 하나이다. 만약 학생이 교사의 말이 무엇을 뜻하는지 이미 알고 있다면, 교사의 말을 통해서 새로 배우는 것은 없다. 또한 만약 학생이 교사의 말이 무엇을 뜻하는지 모르고 있다면, 교사의 말을 듣고서도 여전히 그것을 알 수 없기 때문에 학생은 교사의 말을 통해서 아무것도 배울 수가 없다. 그러므로 교사가 학생에게 무엇인가를 가르쳐 주려 하는 것은 항상 불완전할 수밖에 없는 시도이다.

그렇다면 교사의 말을 통해 무엇인가를 배우기 이전에 학생이 그 말이 무슨 뜻인지를 이미 아는 일이 어떻게 가능한가? 이에 대한 아우구스티누스의 답은 한편으로는 '신체 감각'을 통해서 '감각적 대상'에 대한 지식을 가지게 되고, 다른 한편 '신의 조명'을 통해서 '지성적 대상'에 대한 지식을 갖는다는 것이다. 그러므로 학생의 배움은 교사의 말을 통해서 일어나는 것이 아니라, 그 이전에 학생 자신의 체험적 지각이나 그의 내면에 존재하는 초월적 힘인 '신의 조명'(신이 비추는 진리의 빛)을 통해서만 가능하다. 그러므로 교육은 기본적으로 학생의 체험과 학생 내면을 비추는 신성한 빛에 기초해서 일어나는 것이다. "밖으로 나가지 말라. 그대 자신 속으로 돌아가라. 인간 내면에 진리께서 거하신다."(『교사론』) 결과적으로 아우구스티누스에서 교사의 가르침은 보조적 역할 이상일 수 없다는 것은 분명하다.

5. 아우구스티누스 교육사상의 의의

아우구스티누스의 삶과 사상 전체를 규정하는 특징은 '서로 다른 입장의 통합'이 있다. 그는 33세에 회심하기 이전에는 주로 수사학과 철학을 공부했지만 회심 이후에는 하나님, 성경, 영혼, 선과 악, 죄와 자유의지 등의 기독교 사상으로 관심을 바꿨다. 그러나 이 두 개의 학문 영역은 그의 사상 속에서 통합되고 있다. 왜냐하면 그는 자신의 삶을 구성하는 두 개의 대립적인 원리와 가치를 통합할 수 있는 가능성을 끊임없이 찾아 나갔기 때문이다. 그리하여 그는 고대 그리스철학의 형식을 계시에 근거를 둔 기독교의 입장에서 발전적으로 수용하는 데에 성공하였다. 즉, 고대 사상은 이교적인 것으로 단순히 배척된 것이 아니라 기독교 교리를 설명하는 도구로서 긍정적 의미가 부여되었다. '서로 다른 성격의 공존과 조화'라는 사상적 특징은 그의 교육사상에서도 나타난다. 그는 세속적이고 인본주의적인 요소와 기독교적인 요소를 통합하였고, 고대 그리스교육의 전통과 기독교적 교육형식을 통합하였다. 이러한 아우구스티누스의 작업은 중세 교육의 형식과 내용을 결정하는 데에 큰 영향을 미쳤다.

또한 중세 교육의 한 축인 수도원 교육에서 아우구스티누스의 영향은 매우 크다. 그는 철학의 중요성을 강조함으로써 수도원 교육이 3학(문법, 수사학, 변증법)의 좁은 틀에서 벗어나 4과(천문, 기하, 음악, 산술)를 포괄하도록 하였고, 이리하여 고대 교육의 이상이었던 '원환적 교육'(일반교양교육)이 실현될 수 있는 기틀을 마련했다.

마지막으로 그의 사상은 단지 중세 기독교의 종교적인 틀에 매몰되지 않고 고대 그리스의 인문주의적 성격을 포용하고 있었다는 점에서 고대와 중세를 연결 짓는 사상가이면서 동시에 그의 인문정신이 근대의 사상가들에게도 큰 영향을 미쳤다는 점에서는 중세와 근대를 잇는 사상가이기도 한다.

생각할 문제

1. 아우구스티누스는 신학과 철학에 대해 사유한 학자이다. 인공지능과 디지털 세상에서 종교가 가지는 교육철학적 의미는 무엇일까?
2. 철학과 종교의 차이점과 공통점은 무엇일까?

CHAPTER

05

요한 아모스 코메니우스의 교육사상과 철학

05 요한 아모스 코메니우스의 교육사상과 철학

1. 요한 아모스 코메니우스의 생애

요한 아모스 코메니우스(Johann Amos Comenius, 1592~1670)는 모라비아(지금의 체코)의 니브니체(Nivnice)에서 아버지 마틴과 어머니 안나 사이에서 태어났다. 코메니우스의 원래 이름은 얀 코멘스키(Jan Komenský)였고, 이것을 라틴어로 표기한 것이 요한 코메니우스(Comenius)이다. 그는 열한 살에 부모를 잃고 고아가 되었다. 코메니우스는 보헤미아 형제교단의 초등학교와 라틴어학교를 다녔으며, 나중에 이 교단의 감독이 되었으며 이 형제교단의 중등학교 교사로 일하기도 하는 등 평생 동안 이 보헤미아 형제교단의 영향을 받았다. 보헤미아 형제교단의 신앙 전통은 코메니우스의 사상적 모체가 되었고, 코메니우스는 이 교회 소속 교인의 아들로 태어나 이 교회의 공식적인 마지막 총감독이 되기까지 평생을 이 교회 공동체의 운명과 함께하며 살았다(최진경, 2019 : 15).

보헤미아 형제교단은 15세기 종교개혁가 얀 후스(Jan Huss)에서 기원한다. 후스파 교도들은 급진적 후스파와 온건한 양형영성체파[1] 그리고 작은 그룹이기는 하지만 1457년에 설립된 보헤미아 형제교단이다. 보헤미아 형제교단은 양형영성체파가 로마 가톨릭교회와 가까워지자 이에 반대하여 형성된 교단이다. 이 교단은 신양성경의 가르침을 엄격하게 행위로 옮기는 공동체로 성경의 원리가 가장 우위를 차지하고 있다. 즉, 최고의 권위는 성경이며, 무엇보다 신약성경이며, 믿음 그리고 믿음을 통한 칭의가 형제교단의 신학적 토대였다(Dieterich, 2008 : 25–26).

코메니우스는 헤어보른에 있는 칼빈주의 아카데미와 하이델베르크 대학에서 신학 공부를 했다. 헤어보른에서는 알슈테드와 피스카토어, 그리고 하이델베르크 대학에서는 파레우스의 영향을 받았다. 철학자이자 신학자였던 알슈테드로부터 백과사전 작업과 세계 조화의 사상에 인상을 받았다(Dieterich, 2008 : 33). 하이델베르크 대학의 파레우스는 코메니우스에게 평화주의적 사고로 도전을 주었고(양금희, 2001 : 21), 이 하이델베르크 대학에서 라트케의 교수학적 방법을 접하게 되었다.

1618년 30년 전쟁의 발발은 코메니우스에게 커다란 시련을 안겨주었다. 30년 전쟁은 구교인 로마 가톨릭을 믿는 국가와 루터와 칼빈을 비롯한 종교개혁을 통해 형성된 신교를 믿는 국가 간의 전쟁이다. 그 당시 보헤미아 지역은 가톨릭교도인 합스부르크 가문이 통치하고 있었다. 가톨릭교도인 페르디난드 2세가 황제가 되자 보헤미아인들은 팔츠선제후(選帝侯) 프리드리히 5세를 국왕으로 선출하여 대항하였지만 패배하게 되었다. 코메니우스는 형제교단 사람들과 함께 폴란드의 레즈노(Leszno, 리사Lissa라고도 함)로 망명하게 되었다.

---

1) 성만찬 때 신자들에게 떡과 잔 둘 다 수여하는 것을 말한다.

레즈노로 망명한 코메니우스는 이 시기에 오늘날까지 영향을 미친 생산적인 작품들을 저술하였다. 어머니를 위한 교육적인 안내서인 『어머니학교의 소식(Informatorium der Mutterschul)』과 라틴어 교과서 『언어의 열린 문(Janua linguarum reserata)』이며, 이 중 『언어의 열린 문』은 유럽 전역에서 사용되었으며 코메니우스를 널리게 알리게 된 작품이다. 이 시기에 코메니우스는 그의 가장 중요한 저술 중의 하나인 1657년에 출판된 『대교수학』을 위한 준비 작업을 했다. 코메니우스는 교사용 교수학 지침서로 1628년부터 1632년까지 『보헤미아 교수학(혹은 체코 교수학)』이라는 책을 저술하였고, 이 책을 다시 다듬어서 라틴어로 번역한 책이 『대교수학(Didactica magna)』이다(Dieterich, 2008 : 76−77).

1632년에 코메니우스는 형제단의 마지막 총감독으로 임명되고, 1636년에는 형제단 학교의 교장으로 임명되었다. 그 후 그는 고향으로 돌아갈 수 없는 상황에서 유럽의 여러 나라에서 초청을 받는다. 영국을 방문하여 자신의 '범지학' 사상을 소개하였고, 스웨덴의 총리의 초청을 받아 스웨덴을 위한 교과서와 교수학 이론을 저술하였다.

1648년에는 30년 전쟁을 끝내는 베스트팔렌 조약이 조인되었지만, 보헤미아 왕국은 가톨릭 합스부르크 왕가의 땅으로 귀속되어 형제단은 독립교회로 승인받지 못하게 되었다. 1650년에는 헝가리 트란실바니아 왕자 라코치의 학교개혁가로 일하였고, 이 시기의 코메니우스의 가장 중요한 저작인 『세계도해(Orbis sensualium pictus)』를 저술하였다. 1654년 레즈노로 돌아왔지만, 1656년 폴란드 가톨릭교도들이 레즈노시를 파괴하면서, 코메니우스와 가족들은 네덜란드 암스테르담에 머물게 되었고, 형제교단은 각지로 흩어지게 되었다. 코메니우스는 1657~1658년에 암스테르담시의 위촉으로 그의 교수학 저작을 모아 4권의 『교수학전서(Opera didactica omnia)』를 편찬하였는데 이 책은 역사상 최초의 체계적이고 근대적인 교수학 총서라고 할 수 있다. 코메니우스는 1670년 암스테르담에서 삶을 마감했다.

(2)

Invitatio. Einleitung.

M. Veni, Puer! disce Sapere.	L. Komm her/ Knab! lerne Weißheit.
P. Quid hoc est, *Sapere?*	S. Was ist das/ Weißheit?
M. Omnia, quæ *necessaria*, rectè *intelligere*, recte *agere*, rectè *eloqui*.	L. Alles/ was nöhtig ist/ recht verstehen/ recht thun/ recht ausreden.
P. Quis me hoc docebit?	S. Wer wird mich das lehren?
M. Ego, cum DEO.	L. Jch/ mit GOtt.
P. Quomodo?	S. Welcher gestalt?

M. Du-

코메니우스의 『세계도해』 일부

2. 요한 아모스 코메니우스 교육사상의 기초 : 범지학 (Pansophia)

코메니우스의 교육사상은 범지학에 기초하고 있다. 범지학을 이해하기 위해서는 17~18세기의 백과사전주의를 이해해야 한다. 17세기 유럽은 과학적이고 합리적인 사고가 발전한 시기라고 할 수 있다. 르네상스 이후 현세적 인간 삶으로의 관심의 전환이 가속화되기 시작하였다. 특히 신대륙의 발견은 유럽 중심의 세계관에서 벗어나 새로운 대륙에 대한 지적 호기심을 높이게 되었고, 자연과학의 발달은 지식의 폭발적인 증가를 가져오게 되었다. 사람들은 급증하는 지식을 체계적으로 정리할 필요성 때문에 백과사전이 편찬되기 시작하였다. 특히 인쇄술의 보급으로 인쇄된 책의 증가는 서적을 매개로 하는 새로운 지식 전달 수단을 제공하였고, 그 결과 17세기에 이르면 식자계층이라고 부를 만한 집단이 등장하게 된다(오춘희, 2001). 이러한 식자계층을 백과사전파라고 부르고, 이러한 백과사전파는 모든 지식을 완전히 체계화해서 분류하려고 했으며 이러한 노력의 결과가 백과사전의 편찬이다.

앞서 언급했듯이 헤어보른에서 만났던 알슈테드 역시 백과사전을 저술했으며, 코메니우스는 그의 영향을 받아 백과사전적 지식에 관심을 가지게 되었다. 그러나 코메니우스는 그의 스승처럼 단순히 여러 지식을 나열하는 것에서 벗어나 통합적으로 연결시키는 내적인 원리를 성경과 신학에서 찾기를 원했다(양금희, 2001 : 37). 코메니우스는 하나님이 창조한 이 세계의 모든 것을 아는 것을 인간의 근본 과제라고 생각했으며, 이러한 하나님이 창조한 이 세계를 아는 지식을 '범지학'이라는 단어로 제시하였다. '범지학(Pansophia)'은 모든 전체를 뜻하는 그리스어 pan과 지혜를 뜻하는 그리스어 sophia의 합성어이다. 코메니우스에 따르면, 'Pansophia'는 보편적인 지혜를 뜻하며, 존재하는 모든 것에 대해 그것이 존재하는 목적과 용도에 따라 어떤 방식으로 존재하는지에 대한 지식을 뜻한다고 정의하고 있다(Schaller, 2004 : 32). 보편적인 지혜란 이 세계의 모든 총체적인 지식, 즉 하나님과 하나님의 피조된 사물 세계인 자연, 그리고 인간의 삶 전체를 포함하는 문화 전체를 아는 지식이라고 말할 수 있다. 코메니우스는 이 세 가지 영역의 세계는 서로 일치되고 조화를 이루고 있는데, 그 이유는 세 가지 영역 모두가 하나님으로부터 나왔기 때문이라고 하였다. 하나님은 원형이고 그 형상의 모상이 자연이고, 문화는 그를 반사하는 상이라고 할 수 있다(양금희, 2001 : 42).

코메니우스는 이 세 가지 영역과 관련하여 하나님께서 인간에게 세 가지 책을 주셨다고 하였다. 즉, 하나님은 인간을 둘러싸고 있는 자연의 세계, 인간 안에 있는 정신의 세계 그리고 하나님께서 직접 말씀하시고 계시하신 성경의 세계(오춘희, 2001 : 38)를 주셨다. 이러한 세 가지 책을 인간이 이해하기 위해서는 세 가지 눈이 필요한데, 그것이 감각, 이성, 신앙의 눈이다. 또한 하나님께서는 인간에게 세 가지 씨인 지식, 덕성, 경건을 심어두셨고 이러한 세 가지 씨를 발현시키는 것이 코메니우스 교육론의 핵심이다.

3. 대표 저서로 보는 요한 아모스 코메니우스의 교육사상

코메니우스의 교육학적 관련 저서는 네 가지 영역으로 나눌 수 있다. 『언어의 열린 문(Janua linguarum reserata)』이나 『세계도해(Orbis sensualium pictus)』 같은 교과서, 『보헤미아 교수학』이나 『대교수학(Didactica magna)』 같은 교수학적인 저작, 『범교육학(Pampaedia)』 같은 교육학 이론에 관한 저작 그리고 세계의 미로와 마음의 낙원 같은 종교적 위로의 글(Treml, 2005 : 228)이다. 이 중에서 코메니우스의 대표적인 교육학 저서로 『범교육학』, 『대교수학』, 『세계도해』를 살펴보고자 한다.

코메니우스는 흩어지고 갈라진 사물에 대한 지식을 하나님의 지혜를 바탕으로 통전적이고 종합적으로 볼 수 있는 길을 제시하고자 범지학적인 목표를 위해 『인간 사물의 개선을 위한 포괄적인 제언(De rerum humanarum emendatione consutatio catholica)』이라는 대작을 계획한다(양금희, 2001 : 28). 이 저서는 1권 범각성학, 2권, 범조명학, 3권 범지학, 4권 범교육학, 5권 범언어학, 6권 범개혁론, 7권 범훈계론의 일곱 권으로 구성되었다. 이 책은 1634년에 서문을 쓴 후 그 가 사망한 1670년까지 쓰고 있었지만 살아있을 때 출판되지 못하였다. 코메니우스는 일곱 권 중에서 『범교육학(Pampaedia)』을 가운데에 배치해 범지학의 중심이 범교육학에 있음을 강조하였다. 『범교육학』은 오랫동안 유럽에서 사장되었다가 우연히 독일 할레의 프랑케도서관에서 발견되어 1960년에 독일어와 라틴어로 출판되었다. 범교육학의 발견은 대교수학 중심의 교수학자로만 알려지던 코메니우스를 체계적이고 조직적인 교육이론을 세운 교육학자로 인식을 바꾸게 된 사건이었다.

코메니우스는 『범교육학』의 첫 장을 '모든 사람에게 모든 것을 철저하게(Omnes Omnia Omnino)'로 시작한다. 그리고 두 번째 장, 세 번째 장, 네 번째 장을 각각 '모든 사람', '모든 것', '철저하게'에 대해 설명하고 있다. 여기서 모든 사람은 신분, 나이, 직업 등에 대한 차별 없이 평등하게 교육받아야 함을 말하고 있다. 인간으로 태어난 모든 사람은 인간이 되고자 하는 동일한 목적을 가지고 태어났기 때문에 신분이나 계급을 초월하여 하나님 앞에서는 모든 인간이 평등하다라는 기독교적 신념에 기초하여 주장한 것이다. '모든 것'은 인간이 배울 수 있는 전체적인 것들을 배워야 함을 말한다. 코메니우스는 인간이 알 수 있고, 할 수 있고, 말로 표현될 수 있는 모든 것을 배워야 함을 주장한다. 즉, 백과사전적 지식처럼 나열되는 모든 지식을 배워야 하는 것이 아니라 인간이 가지고 있는 세 가지 능력, 이성, 언어 그리고 행위라는 능력을 온전하게 계발할 때 사물을 바르게 이해하고 사용할 수 있다고 보았다. 따라서 '모든 것'을 교육한다는 것은 인간의 능력을 바르게 이해하고 사용할 수 있도록 총체적으로 계발한다는 의미를 가지고 있는 것이다. 또한 코메니우스는 '모든 것'을 교육한다는 것을 구체적으로 올바른 인식의 기초가 되는 지식(지식교육), 윤리적 삶을 위한 도덕성(도덕교육), 종교적 신앙심에 의해 나타나는 경건(종교교육)이라는 세 가지 영역으로 나누어 설명하고 있다. 하나님이 인간에게 심어두신 세 가지 씨인 지식, 도덕성, 경건을 교육하는 것이 범교육의 목적이라고 할 수 있다.

마지막으로 '철저하게'는 교수학적인 방법론을 말하고 있다. 코메니우스는 '모든 것'을 이렇게 표현하고 있다. "단편적인 지식이 아닌, 손상되지 않은 전체적인 지식, 피상적이거나 외형적인 것이 아닌, 확고하며 사실적인 지식, 어렵거나 강요된 것이 아닌, 호의적이고 편안해서 지속적일 수 있는 지식"이라고 설명하고 있다. 아동이 쉽고 편안하게 배울 수 있는 방법을 코메니우스는 '철저하게'라고 표현하고 있는 것이다. 코메니우스는 『대교수학』에서 더 구체적으로 '철저하게'라는 방법을 제시하고 있다. '철저하게'는 자연에 따르는 교수학적인 원리로 '일반적인 것에서 특수한 것으로, 쉬운 것에서 어려운 것으로, 가까운 것에서 먼 곳으로'와 같은 학습의 순서를 가리키고 있는 것이다.

코메니우스는 초기의 『대교수학』에서는 네 단계의 학교를 제시하지만, 후기의 『범교육학』에서는 이 세상의 삶 전체가 학교로 보고 일곱 단계의 학교를 제시하고 그 특징을 서술하고 있다. 탄생전 학교, 유아학교, 소년학교, 청소년학교, 청년학교, 성인학교, 노년학교이다. 이 학교들의 덧붙여 코메니우스는 죽음조차도 교육의 끝이 아니고 영원한 하늘나라에 가기 위한 준비라고 하면서 죽음의 학교를 언급한다. 죽음의 학교는 일곱 학교의 모든 단계에서 이행하는 것이 가능하다. 이러한 8단계의 학교는 수백 년을 앞서서 평생교육의 구상을 내놓은 것으로 평가되고 있다.

17세기는 교수학의 시대였다. 17세기 초 교수학운동은 인쇄술의 보급과 우주나 세계를 기계적 모델로 간단한 법칙으로 표현할 수 있다는 확신 속에서(오춘희, 2001 : 34) 등장하였다. 자칭 교수학자들이라고 부르는 사람들이 새로운 교육의 원리와 방법을 제안하고, 그 당시 시민 계급의 교육적 관심 속에서 교수학에 대한 관심이 증가되었다. 특히 라트케(Ratke)는 자신을 '교수학자'라고 칭할 정도로 교수학적 자의식을 가지고 있었고, 새로운 교수법으로 학교 운영을 바꾸어 보려고 하였다. 그 당시 라틴어 교수법은 라틴어 문장을 실제 삶과 상관없이 무조건 암기하는 '키케로주의'였다. 이러한 키케로주의에 반대하여 코메니우스는 언어를 가르칠 때 사물과 함께 가르칠 것을 주장하였다. 코메니우스는 교사용 교수학 지침서로 『보헤미아 교수학』을 저술했는데 이 책을 다듬어서 라틴어로 번역한 책이 『대교수학(Didactica magna)』이다. 위에서 언급했듯이 코메니우스는 라트케 교수학을 이미 알고 있었다. 코메니우스의 교수학은 실제 사물의 지식과 자연과학 분야, 자연 질서에 따른 수업방식, 수업 시에 실물 관찰의 중요성, 사물과 언어의 연결, 모국어의 가치 등을 강조하였다(Dieterich, 2008 : 77).

코메니우스의 『대교수학』에는 『범교육학』에서 강조하였던 것과 마찬가지로 "모든 사람에 모든 것을 가르치는 완전한(철저한) 기술"이라는 부제가 붙어 있다. 즉, 『대교수학』 역시 코메니우스는 범지학에 기초한 교수학이라고 볼 수 있다. 다르게 말하면 모든 사람들에게 모든 것을 철저한 방법으로 가르쳐야 한다는 범지학적인 평등사상에 기초해 있는 것이다. 이러한 범지학 사상은 『대교수학』 처음에 "각 기독교 국가에서의 모든 공동체와 도시와 마을에 학교를 세우고, 그곳에서 어떤 사람도 예외 없이, 아이들이 빠르고, 즐겁고,

철저하게, 모든 지식으로 가르침을 받으며, 선한 덕성으로 이끌어지고, 신앙으로 채워지며, 이러한 방식으로 젊은 시절에 현세와 내세의 삶에 필요한 모든 것이 가르쳐지도록 확실하고 탁월한 방법이다"라고 구체적으로 표현하고 있다.

코메니우스는 『범교육학』과 다르게 초기 『대교수학』에서는 네 단계의 학교를 제시하고 있다. 가정교육 단계인 어머니 무릎학교, 6~12세의 초등교육 단계에 해당하는 모국어 학교, 6년제의 중등교육 단계인 라틴어 학교, 그리고 마지막 대학이다. 이 중에서 6살까지의 어머니 무릎학교와 7~12살의 모국어 학교는 작은 마을에 이르기까지 모든 곳에서 설립되어야 한다고 주장하였다. 이것은 루터 이래로 제기되어 오던 초등교육의 대중화 또는 의무화 사상을 발전시킨 것이다.

마지막으로 『세계도해(Orbis sensualium pictus : 그림으로 이해하는 세계)』는 그림으로 세계를 묘사한 최초의 실물도서이다. 코메니우스는 "세상이라는 전체 학교는 그림으로 구성되어야 한다"는 그의 교육적인 요구를 행동으로 옮긴 것이다. 그림책과 단어책이 결합된 이 작품은 여러 번 훑어보도록 되어 있다. 먼저 아직 글을 읽을 수 없는 어린이는 그림을 보게 된다. 두 번째로 읽을 때 어린이는 가장 중요한 단어들을 중심으로 읽는다. 세 번째 읽을 때에는 전체가 연결되어 있는 것을 모국어로 된 설명으로 읽는다. 그리고 마지막으로 마침내 라틴어 교본을 읽는 것이다. 그래서 학생들은 항상 동일한 것을 배우되, 단지 점점 더 어려운 단계로 심화학습을 하는 것이다(Dieterich, 2008 : 131－132).

4. 요한 아모스 코메니우스 교육사상의 의의

코메니우스의 교육사상은 고전중심의 인문주의 교육과 대비되는 사물 중심 교육이었다. 코메니우스는 감각적 리얼리즘(실학주의)의 대표자로서 감각적 리얼리즘은 자연과학적 지식과 실생활의 결합 도모, 교수의 모든 원리를 자연에서 찾고자 하였다. 당시의 학교교육은 자연과학의 지식을 존중하고 감각에 의해서 사물의 관찰을 중시하는 직관적 방법을 활용함으로써 오늘날 교육방법의 원리인 직관교육 또는 시청각 교육의 모태가 되었다. 또한 코메니우스가 『범교육학』에서 제시한 인간 발달 단계에 따른 교육은 코메니우스를 오늘날의 평생교육의 아버지라고 부를 수 있는 특징을 보여주고 있다. 또한 탄생전 학교는 오늘날의 태아교육과 유사하며, 성인학교와 노년학교는 각각 성인교육과 노인교육과 유사하다. 또한 죽음의 학교는 오늘날의 죽음준비교육을 이미 코메니우스가 이미 400년 전에 제시한 것으로 볼 수 있다.

생각할 문제

1. 요한 아모스 코메니우스의 교육사상은 지금 이 시대에 어떠한 의미를 가질 수 있을까?
2. 요한 아모스 코메니우스 교육철학을 이미지로 표현한다면 어떻게 할 수 있을까?

CHAPTER

06

장 자크 루소의 교육사상과 철학

06 장 자크 루소의 교육사상과 철학

1. 장 자크 루소의 생애

한 시대의 풍운아였던 장 자크 루소(J. J. Rousseau, 1712~1788)는 1712년 6월 28일 캘빈주의가 지배적이었던 스위스 남부의 도시 제네바에서 출생했다. 어머니는 루소를 낳은 직후 산후열로 인해 일주일 만에 세상을 떠났다. 그러므로 어린 루소는 시계 기술자였던 홀아버지의 슬하에서 양육되었는데, 아버지는 독서를 좋아했으며 어린 루소에게도 다양한 소설과 고전을 읽게 하고 또 아들과 대화하는 일을 즐겨 하였다고 한다. 그러므로 어린 루소는 경제적으로나 문화적으로나 그런대로 만족스러운 환경에서 자랐던 것으로 보인다. 그러나 그가 8세가 되던 해 아버지가 상해죄를 짓고 경찰의 눈을 피해 잠적한 후부터 그의 삶은 그다지 편안하지 않았다. 고아 신세가 된 루소는 친척집에 맡겨져 생활하였으며, 이어서 제네바를 떠나 전원에 있는 기숙학교에 다녔다. 약 2년간의 평화롭고 행복한 전원생활은 그의 성격 형성에 매우 큰 영향을 미쳤다.

『고백록』에서 루소는 자신이 소심하면서도 상상력이 풍부하였고, 불의를 보면 참지 못하는 성격이었다고 말한다. 처음에는 장래의 직업을 위해서 별로 마음에 내키지 않는 상업 중개인 일을 배우기 시작했으나 곧 중단하였고, 다시 견습공(조각사) 수업을 받았으나 공장의 억압적인 환경으로 인해 반항적으로 되었고 불량소년의 길로 들어섰으며 마침내 무작정 가출을 단행했다. 하지만 이런 불우한 시절에도 그는 독서를 게을리하지 않았다고 한다. 이후 그는 평생 동안 확실한 직업(음악교사, 작곡가, 작가)을 갖지 못한 채 유럽을 떠돌아 다녔다. 그런 점에서 그는 현실 사회에 능숙하게 적응하지는 못했던 사람이라고 할 수 있다.

그는 체계적인 학교 교육을 제대로 받지 못했으나 스스로 학습하는 (자기주도적) 스타일이어서 혼자서 방대한 양의 독서를 하였고 또 부지런히 노트 정리를 해 놓았다고 한다. 특히 그의 『고백록』은 위대한 사상가들에게서는 보기 드문 솔직한 이야기들을 담고 있다. 예를 들면, 어릴 때 여교사에게 엉덩이를 맞으면서 일종의 성적 쾌감을 느꼈고, 그래서 은근히 맞는 것을 기대했다고 고백했다. 또한 그는 11세 때에 한참 연상인 22세의 처녀와 동시에 또래 여자아이에게 느꼈던 사랑에 대해 고백하면서 이렇게 이야기한다. "나는 두 종류의 사랑을 알고 있다. 서로 뚜렷이 다르지만, 두 가지가 모두 진실하며, 양쪽이 다 강렬하지만, 공통점이라고는 전혀 없으며, 둘 다 정다운 우정과는 다르다. 나의 한 평생은 아주 다른 성질의 이 두 가지 사랑으로 나뉘어 있다."

앞서 말했듯이 견습공 시절이던 16세 때 그는 무작정 제네바를 떠나 방랑의 길로 들어섰다. 당연히 그는 어려운 처지에 놓였다. 이때 만난 한 가톨릭 신부(퐁베르)를 통해서 가톨릭으로 개종하였다. 이 가톨릭 신부는 루소를 다시 부유한 젊은 미망인이었던 귀족 부인(바랑 부인)에게 맡겼다. 13살 위였던 이 부인에게 루소는 처음부터 깊은 애착과 신뢰("영혼의 공감!")를 느꼈고, 평생 동안 자신의 후견자였던 바랑 부인을 '엄마'라고 불렀다. 『고백록』에 자세히 서술되어 있듯이 루소는 바랑 부인에 대해서 매우 복합적인 감정을 가졌고 보통 사람들로서는 이해하기 힘든 미묘한 관계를 유지했다(때로는 거기에 "육감적인 감정"이 섞여 있기도 했다고 루소는 고백한다). 루소는 일찍부터 많은 여성들과 때로는 일방적인 사랑을 때로는 상호적인 사랑을 경험했다. 그가 아름다운 여성들에게 쉽게 이끌리는 성격이었던 것은 분명해 보인다. 그러나 그가 성적으로 방탕하거나 집착적인 인간이었던 것은 아닌 듯하다. 그의 연애관계는 대체로 긴 정신적이며 인격적인 단계를 거쳐서 육체적 관계로 발전하였다.

루소는 한편으로는 지배계층과 귀족 사회를 통렬히 비판하면서도 동시에 귀부인들과 사귀었고 또 권력에 쫓기는 상황에서는 자신에 우호적인 권력자의 보호를 받아들이는 등 모순적인 행동을 보이기도 하였다. 특히 충격적이었던 사건은 식당의 하녀였던 테레사와 결혼하여 다섯 아이를 낳은 것 그리고 다섯 아이를 모두 고아원에 보냈다는 것이다. 그는 이 일로 계몽주의자이자 친구였던 볼테르로부터 많은 비판을 받는다. 그는 『에밀』에서 이 일에 대해 간접적으로 양심의 가책과 후회를 표명하였으며, 또 다른 곳에서는 당시 자신이 아이를 기를 만한 정신적 능력도 경제적 형편도 갖추지 못했었다고 변명하기도 하였다.

2. 프랑스의 계몽주의와 장 자크 루소의 사상적 지향점

프랑스 계몽주의는 민중을 계몽시키려는 강한 교육적 지향을 지닌 사상운동이었고, 실천적으로도 사회나 정치 분야에서뿐 아니라 교육에 있어서도 강력한 개혁 성향을 보여주었다. 백과전서파로 유명한 프랑스의 계몽주의자들 중에서 가장 호소력 있고, 투쟁적이며, 혁명적인 사상가를 꼽는다면 그 영예는 루소에게 돌아가야 할 것이다. 루소의 사상은 정치적으로는 프랑스 혁명의 토대를 마련했고, 문학과 철학에서는 질풍노도시대의 낭만주의에 깊은 영향을 미쳤으며, 독일의 계몽주의 교육학과 20세기 초의 개혁교육학에도 지대한 영향을 미쳤다.

루소는 인간의 본성(자연)을 자신의 사상(자연주의)의 중심개념으로 삼았는데, 이때 본성은 직접적인 본능과 욕구의 통제되지 않은 발현을 의미하는 것이 아니라 이성에 의해 촉발되고 완성되어 가야 하는 것이다. 사람들은 종종 루소의 자연본성 개념은 모든 이성적 판단과 개입을 배제하는 것으로 오해한다. 그러나 루소는 여전히 계몽의 아들이었으며, 모든 이성이 인위적인 것이며 따라서 자연본성에 반하는 것이라고 보지는 않았다. 그러므로 루소가 말하는 인간의 본성은 규범적, 심리적, 역사적 측면들을 포함하고 있는 복합적인 개념으로 이해되어야 한다(안인희 외, 1996). 루소의 '자연본성'은 순수함, 삶 자체, 근거, 참된 것, 인위적이 아닌 것 등등 다양한 의미를 지니고 있다.

물론 대체로 말해서 루소는 당시의 모든 문화, 사회, 과학, 국가제도를 타락의 증상이라고 격렬하게 비난하며, 그래서 종종 볼테르의 말마따나 '우리들을 다시 동물로 만들려고' 하는 듯이 보인다. 그러나 루소가 거부하고 있는 것은 당시의 타락한 문화, 비도덕적 사회, 조잡한 학문 그리고 억압적 국가인 것이지 모든 형태의 문화와 도덕을 거부하는 것은 아니다. 그러므로 그의 사상적 슬로건이라고 이야기되는 – 그러나 루소 자신의 문헌 어디에도 그대로 나와 있지는 않은 – "자연으로 돌아가라"라는 구호는 문명 이전의 원시상태로의 복귀가 아니라 문화와 도덕을 순화하고 개혁해야 한다는 의미로 이해해야 한다.[1)] 이는 특히 『사회계약론』과 『에밀』을 종합적으로 고려할 때 분명

1) 볼테르는 루소가 인류를 다시 원시림 속의 미개인으로 되돌리려 한다고 비난했다. 그러나 그것은 오해였다. 『에밀』에서 루소는 자신의 의도는 사람들을 다시 문명 이전의 원시적 상태로 되돌리는 데 있는 것이 아니라고 쓰고 있다. 인간은 현존하는 문명화된 사회에서 살아가는, 그럼에도 자연인의 특성을 간직한 자립적–독립적 인간으로 되어야 한다는 것이다.

하게 확인될 수 있다.[2] 『사회계약론』에서 개인들은 높은 차원에 있는 '일반의지'에 종속되지만, 이 일반의지는 개인의 고유한 이해를 침해하지 않는다. 이렇게 루소는 사회 전체의 이익과 개인의 이익은 본래 조화를 이루고 있다는 낙관적인 믿음을 근저에 깔고 있었던 것이다.

루소는 계몽주의 전통에 따라서 사회개혁을 추구했으며 특히 교육의 개혁이 새로운 사회를 건설하기 위한 전제조건이라고 보았다. 그는 인간의 행복과 미덕의 증진이 사회발전의 목표라고 생각하였다. 그러나 그는 프랑스 계몽주의가 취한 지나친 지성주의나 진보적 낙관주의에 대해서 분명한 거리를 두었다. 이러한 측면은 그의 역사관에서도 나타난다. 루소는 모든 것이 항상 진보한다는 사상을 신뢰하지 않았으며, 오히려 역사적인 발전은 인간이 지닌 본래적인 모습을 왜곡하거나 파괴할 수 있다는 강한 문명 비판적 시각을 가지고 있었다. 그는 역사가 항상 진보의 방향으로 나아간다는 생각을 거부하고, 현실의 역사를 하나의 악순환으로 이해했다. 그리고 이러한 악순환에서 빠져 나와 '선'(the good)을 향해서 나아가는 길은 교육과 국가제도를 진정한 자연본성에 맞게 개혁하는 것이라고 믿었다.

3. 두 개의 논문 : 사상가 장 자크 루소의 데뷔 작품

루소는 체계적이며 공식적인 교육 과정을 거의 밟지 못했다. 그러나 그는 37세인 1749년 당시 감옥에 갇혀 있던 친구 디드로를 면회하러 가는 길에 디종 아카데미의 현상논문 논제를 보는 순간 갑자기 눈과 귀가 열리고 자신의

---

2) 『사회계약론』은 "교육론에 대한 일종의 부록"이며 "양자는 합쳐져야 하나의 전체를 이룬다."(친구에게 보낸 루소의 편지에서). 『에밀』은 타락된 사회에서 사는 사람들이 거기서 벗어나는 길에 대한 논의이다. 『사회계약론』은 스스로 자유를 쟁취할 수 있는 민족들이 읽어야 하는 책이다.

고유한 사고가 확립되는 "대각성"[3]의 순간을 체험했다고 한다. 도대체 그 논제는 무엇이었을까? 무엇이 거의 무학이며 일개 음악 교사에 불과했던 루소에게 해탈과 같은 지적인 체험을 하게 했을까? 그것은 "예술과 학문이 도덕과 풍속의 발전에 기여했는가?"였다.

이 논제에 대하여 루소는 예술과 학문이 도덕과 풍속이 오히려 인간을 타락시키고 유약하게 만들었다고 주장하는 도발적인 글을 써서 제출하였다. 흔히 루소의 "제1논문" 또는 "학문예술론"이라고 약칭되는 이 논문은 다른 기라성 같은 프랑스 사상가들의 글들을 물리치고 당당히 장원으로 당선되었다. 시인 바이런이 '자고 나니 유명해졌다'라고 말한 적이 있는데, 루소도 바로 그런 경우라고 할 수 있다. 제1논문의 당선을 계기로 루소는 본격적으로 사상가이자 문필가로서의 길을 걷는다.

"학문예술론"은 과학과 예술을 모르는 사람들이 배운 자들 보다 오히려 더 도덕적이며 건강한 마음의 소유자라고 주장한다. 학문과 예술은 그 기원에서부터 인간의 인색함과 허영심의 발로였을 뿐 아니라, 결과적으로도 자기만족을 모르고 끊임없이 자신과 타인을 비교하는 사람들과 그들로 이루어진 사회를 만들어 냈다. 이러한 '비교사회'에서 사람들은 시기와 질투를 일삼으며 자기가 타인보다 더 잘났다는 것을 확인하고 또 타인으로부터 그렇게 인정을 받아야 비로소 만족을 느낀다. 이렇게 자기 자신에 대한 평가를 타인의 판단에 종속시키는 현대인들의 고질적인 병폐가 바로 과학과 예술에서 나온 것이라고 보았다. 그는 자신이 이 피도 눈물도 없는 황폐하고 냉담한 사회, 그리고 진솔한 마음은 없고 단지 공허한 예절과 겉치레의 공손함이 지배하는 사

---

3) 역사상에 등장하는 위인들에게는 종종 대각성의 체험들이 보고되고 있다. 사도 바울이 세리에서 예수의 충실한 제자로 변화될 때, 중세 철학의 기초를 놓은 아우구스티누스가 방탕한 탕자에서 신학자의 길로 들어설 때, 당나라로 가던 원효가 아침에 일어나 간밤에 마신 물이 해골의 진액임을 알았을 때, 구지화상에게 손가락을 잘린 동자승의 깨달음, 일본의 명궁인 아와 겐조가 경험했던 '대폭발'은 바로 이러한 대각성의 사례들이다.

회 속에 태어나고 살아가는 유일한 자연인이라고 종종 자처했다고 한다.

역시 디종 아카데미에 현상논문으로 투고한 그의 두 번째 논문(소위 "제2논문")은 인간의 불평등의 기원에 관한 것("인간불평등기원론")이었다. 이 글은 비록 낙선의 고배를 마셨지만, 학문적으로는 "제1논문"보다 훨씬 더 중요한 내용을 담고 있다. 이 글에서 그는 귀족들이 가진 재산과 권력의 기원을 비판했고, 빈부의 차이와 지배와 예속 등의 불평등이 성립하는 과정을 일종의 타락의 역사로서 서술했다. 이로부터 자연법과 자연 상태에 대한 루소의 고유하고 독창적인 서술이 등장한다. 루소는 법과 국가가 성립하기 이전의 자연 상태를 – '만인과 만인의 투쟁상태'라고 생각한 홉스와는 달리 – 목가적이고 평화로운 상태라고 상정했다.

루소가 상정한 자연 상태에서 살아가는 사람들, 즉 자연인은 자기 자신에게 만족하고, 타인의 불행에 본성적으로 공감할 줄 아는 자유로운 심성의 소유자들이다. 그리고 이 자연 상태에는 법과 국가의 성립을 통해 나타난 현재의 사회 상태를 특징짓고 있는 불안, 증오, 시기, 억압, 약탈, 침략 같은 것은 존재하지 않는다고 주장했다. "모든 법적 구속, 소유권 그리고 사회적 속박에서 자유로운 원시인만이 욕구와 능력의 조화로운 관계 속에서 살고 있다. 이런 인간은 걱정이 없으므로 자유롭고 초조해하지 않으며 넘쳐흐르는 삶의 활력을 지니고 있다." 이런 원시인들의 사회에서는 서로에 대한 적대도 시기도 투쟁도 그리고 어떠한 제도적인 불평등도 없었다.

그렇다면 현재 사회에서 발견되는 인간 간의 극심한 불평등은 어디에서 유래하는 것인가? 루소는 그 결정적인 원인을 과거의 한 시점에서 발생한 토지에 대한 배타적 소유에서 찾는다. 현대 사회의 불평등은 어느 시점에서 누군가가 주인이 없는 공유지에 무단으로 울타리를 치면서 시작되었다. 이로써 토지를 갖지 못한 자가 생겨나고, 이들은 토지를 소유한 자들에게 의존함으로써만 살아갈 수 있게 되었다. 이로부터 두 집단 간에 지배와 예속의 관계가 생겨나는 것은 필연적이다. 루소는 토지의 사적 소유가 근대 사회의 타락과 부정의의 원흉이 되었다고 주장했던 것이다. 그러므로 마르크스가 프랑스 혁명의 사상적 배경을 제공한 것은 루소였다고 평가한 것은 충분히 이해할 만하다.

그 밖에 루소의 주저로서는 『에밀 또는 교육에 대하여』(1762), 『사회계약론』(1762)과 서신형식의 소설 『줄리에 또는 신 엘로이즈』(1757, 순수한 사랑과 감정의 권리를 옹호, 연애결혼, 당시 최고의 베스트셀러가 됨), 그리고 자신의 삶과 심리에 대한 치밀한 분석을 기록한 『고백록』이 있다. 특히 『에밀』은 교육학을 전혀 새로운 차원으로 옮겨 놓은 기념비적인 저작이다.

4. 『에밀 또는 교육에 대하여』(1762)

1) 『에밀』을 쓸 때 루소의 문제의식

이 위대한 저작의 기본적인 문제의식을 한마디로 표현한다는 것은 불가능에 가까운 일이다. 그럼에도 어떤 저작의 기본 문제는 서론에서 가장 드러날 수 있을 것이다. 그러므로 『에밀』의 서론을 먼저 살펴보자.

먼저 루소는 이 책을 통해서 "훌륭한 교육방법"을 제안하고 싶어 한다. 교육의 중요성을 강조하거나 현재의 교육의 비판하는 일은 이미 많은 사람들이 했다. 그러나 훌륭한 교육방법에 대한 제안은 거의 이루어지지 않았다고 개탄한다.

두 번째로 루소는 사람들이 '유소년기' 또는 '아동기'에 대해서 전혀 무지한 상태라는 점을 비판한다. 그가 이 책에서 "가장 마음을 쓴 것"이 바로 우리가 '아동기'를 제대로 아는 일이었다. 그러므로 『에밀』은 "학생들을 잘 연구"하려는 의도를 가지고 있다. 아마도 이것은 첫 번째 문제인 훌륭한 교육방법을 마련하기 위해서 가장 필수적인 작업일 것이다.

세 번째로 루소는 어린 아이를 올바로 이해한 상태에서 훌륭한 방법에 의해 교육이 진행될 때 일어나는 "자연적인 진행과정"을 서술하려 한다. 이것은 철저하게 "체계적이며" 이론적인 과정이기 때문에 많은 사람에게는 "환상가의 몽상"으로 들릴지도 모른다고 루소는 걱정한다. 이런 점에서 『에밀』은 일종의 이론적인 사유, 사고실험의 성격을 띠며, 일종의 교육적인 유토피아로 간주된다. 그러나 루소는 교육 개혁을 단지 실현 가능성이나 현실 문제에 대한 구체적 대안 제시라는 관점에서만 접근할 경우 진정한 개혁은 오히려 더 어려워질 수 있다고 반박한다. "대강 절충된 개선책을 행할 바에야 차라리 현재 행해지고 있는 실행법을 그대로 따르는 편이 낫지 않겠는가? 그러는 편이 오히려 모순이 덜한 것이다."

그러므로 루소는 『에밀』에서 적당히 현실의 조건이나 문제와 타협하는 어정쩡한 교육 개혁의 계획을 제시하는 데보다는 "절대적으로 좋은" 계획을 제시하는 일에 전념하려 한다. 이 계획이 과연 현실에 실행될 수 있는가 그리고 구체적으로 어떤 방식으로 실행되는가는 실제의 상황에서 그것을 적용하는 과정에서 각기 다른 방식으로 실현될 수밖에 없다.

2) 『에밀』의 연구 주제

이상과 같은 문제의식에서 쓴 교육소설 『에밀』에서 실제로 연구되고 있는 내용을 간략하게 요약하면 다음과 같은 것이라고 할 수 있다:

원시인처럼 진지하며 자립적이고 열린 마음을 가지고 있으면서도 다른 사람의 판단에 휘둘리지 않는 자연인(자기 자신만을 위해 살도록 교육받은 사람, 위기지학의 인간)이 과연 어떻게 다른 사람들과 함께 조화롭게 살아갈 수 있을까? 만약 이것이 가능하고 또 실현되기만 하다면, 그것은 행복한 인간 사회로 가는 지름길이 될 것이다. 그러나 그것이 어떻게 가능한지를 알려면 먼저 그런 자연인이 우리의 앞에 있어야 하고, 그의 성장과정과 취향을 알아야 한다. 그런데 유감스럽게도 그런 예외적인 인간은 현실에 존재하지 않는다. 이런 상황에서 우리가 기댈 수 있는 것은 교육뿐이다. 그렇다면 우리는 그런 예외적인 인간 또는 완성된 인간을 길러내기 위해서 어떤 교육을 해야 할 것인가? 결국 『에밀』은 자립적이고 자기충족적인 성품을 가진 사람이 어떻게 사회적 관계 속에서 다른 사람들과 조화를 이루며 살아갈 수 있는가를 교육적인 측면에서 해명하려는 작업이라고 할 수 있다.

사회 속에서 조화로운 삶을 영위할 수 있는 인간을 교육하기 위해서는 물론 "여러 가지"가 고려되어야 할 것이다. 그러나 "가장 중요한 것은 그에게 어떤 〔자연에서 벗어난 인위적인 : 논자 삽입〕 일도 행해지지 않도록 방지하는 일이다." 이것이 바로 루소가 생각하는 새로운 교육의 대원칙이다.

3) 교육에서의 코페르니쿠스적 전환

그러나 이러한 루소의 기획은 당시까지 교육이나 교육학이 직면했던 것들과는 전혀 다른 차원의 문제 상황을 내포하고 있다. 지금까지 교육은 언제나 아동과 청소년들을 이미 가치 있는 것이라고 간주되고 있는 기성의 질서로 인도하려는 근본 목적을 가지고 수행되었다. 아리스토텔레스가 말했듯이 어른들은 어린이의 실현된 모습 또는 완성태이며 따라서 어린이가 어른을 모방하고 닮아가는 과정이 곧 교육이다. 교육의 방향과 운동을 추동하는 원리는 어른들의 생각과 판단에 있었고, 아이들은 당연히 여기에 복종해야 한다.

그런데 루소가 보기에 어른들이 아이들에게 전달/주입하려고 하는 기성의 질서는 사실상 타당한 것이 아니며 오히려 지극히 타락되고 혼란스러운 상태에 있다. 즉, 기성의 사회질서는 이제 시급하게 개혁되어야 할 대상으로 간주되고 있다. 만약 우리가 이러한 현실 세계의 타락을 극복하기를 원한다면, 그 열쇠는 다름 아닌 아직 사회의 때를 타지 않은 아이들의 자연적인 본성에서 찾을 수밖에 없다. 그러므로 아이들의 순수한 자연적 본성을 기성 사회의 타락으로부터 보호하면서 온전하게 성장, 발달시킴으로써 그들이 '자연인'으로서 사회적 공동생활을 훌륭하게 할 수 있도록 인도하는 일이 교육의 핵심적인 과제로 된다.

아이들의 자연본성을 온전히 길러 내려면 기성 사회의 나쁜 영향으로부터 아이들을 보호하는 것이 교육의 급선무가 된다. 따라서 루소가 어린 소년 에밀을 사회로부터 분리된 곳("한적한 시골")에서 기르고자 하는 것은 필연적인 귀결이다. 이렇게 사회적 영향으로부터 분리된 교육의 공간을 우리는 '교육촌(教育村, pedagogical province)'이라고 부를 수 있다. 이것은 루소를 통해서 교육과 교육학이 사회적 맥락에서 벗어나 자립화되기 시작했음을 뜻한다.

또한 그것은 교육에서 세대관계의 급진적인 – 또는 코페르니쿠스적인 – 전환을 의미한다. 즉, 아동과 청소년들은 이제 기존의 질서로 인도해야 할 무지하고 저급한 존재들이 아니라, 오히려 긴급히 요구되는 사회발전의 보루이자 희망이 되었다. 우리가 더 나은 사회를 달성하기 위해서는 아이들이 자신의 자연본성을 지키면서 성장하여 우리(성인들)가 지닌 결점들로부터 자유로운 사람이 되도록 해야 한다. 그리고 이러한 세대관계의 전환으로부터 다음과 같은 귀결이 뒤따른다. 이제 성인들은 아이들에게 무엇을 직접적으로 명령하거나 금지하고 위반 시에 가차 없이 처벌하는 일은 피해야 한다. 일단 우리는 그들이 자연적 본성에 따라서 자유롭게 행동하도록 허용해야 한다. 그렇지 않을 경우 아이들의 본성은 반드시 왜곡되고 비뚤어진다. 그렇다면 우리는 모든 교육을 포기하고 단지 수수방관하면 된다는 것인가? 물론 아니다. 왜냐하면 수수방관할 경우에도 아이들의 마음은 왜곡되고 삐뚤어지기 때문이다.

성인이자 교사인 우리는 아이들의 자연본성이 성장해 나가야 할 올바른 방향을 알고 있으며, 이런 방향으로 아이들이 자연스럽게 성장해 나가도록 그들의 주변 환경을 교육적으로 관리해야 한다. 직접적인 훈계나 꾸짖음을 통해서보다는 어떤 것은 할 수 있고 어떤 것은 할 수 없게 하는 주변 환경을 인위적으로 조직함으로써 아이들을 교육해야 한다. 거기서 아이들은 스스로 무엇인가를 할 수 있어야 하며, 자신의 활동에 대해 스스로 책임을 지도록 해야 한다. 그리고 이러한 과정에서 아동과 청소년들은 자신의 자연본성을 올곧게 발전시킬 수 있다.

이렇게 함으로써 루소는 직접적인 명령이나 질책을 통하지 않고서도 아동의 스스로 발전하는 힘을 이용한 자연적인 교육을 할 수 있다고 생각했다. 그리고 이를 통해서 우리는 아이들이 스스로 자립적인 실존에 이르도록 하며 또 그의 자연적인 소질인 자기 보존과 동정심을 타락시키지 않고 올바로 발전시킬 수 있다고 생각했다.

4) 자연적 교육 또는 소극적 교육

다시 말하면, 루소는 '자연적인' 교육프로그램을 제안한다. 이 프로그램은 그의 자연본성 개념과 더불어 심리적이고 인간적인 측면에 대한 통찰이 포함되어 있다. 자연적인 교육의 모든 측면들은 인간의 보편적인 자연본성에 근거해야 한다. 교육의 방법뿐 아니라 교육의 목적도 인간의 보편적 자연본성으로부터 규정된다. 교육의 방법과 목적에서의 자연본성은 다음의 인용문에 잘 나타난다.

"우리가 태어날 때 갖추지 못했지만 성인이 될 때 필요로 하는 모든 것은 교육의 산물이다. 이런 교육은 자연, 인간, 사물에서 얻어진다. 우리의 기관과 능력의 내면적 성장은 자연의 교육이며, 이 같은 성장을 어떻게 쓸 것인가를 가르치는 일은 인간의 교육이며, 우리가 환경에서 경험을 얻는 것은 사물의 교육이다. 이 교육의 세 요인(세 교사) 중에서, 자연은 우리의 힘으로 조정할 수 없는 것이다. 사물은 부분적으로 조정할 수 있다. 인간에 의한 교육은 우리가 조정할 수 있는 유일한 것이다. (...) 교육의 목표는 무엇인가? 앞서 논한 바와 같이 그것은 자연의 목표이다. 이 세 종류의 교육이 잘 조화가 되어야 좋은 교육이 이루어진다. 그러기에 우리는 조정할 수 있는 두 교육을 조정할 수 없는 자연(의 교육)에 따르도록 할 수밖에 없다."

루소에 따르면 자연적 교육은 직업교육이 아닌 '인간(전인)교육'을 목표로 삼는다. 바로 이점에서 루소는 계몽주의의 실용적 교육을 넘어서서 일반적인 인간교육 사상의 서곡을 울렸다. 그리고 자연적인 교육은 특히 어린 시절의 교육에서는 소극적 교육으로 구체화된다. 루소의 소극적 교육의 개념은 다음과 같은 몇 개의 인용문에 잘 나타나 있다.

"여기서 나는 교육 전체에서 가장 위대하고 가장 중요한 그리고 가장 유명한 원칙을 제시하겠다. 그 원칙이란 시간을 버는 것이 아니라 시간을 낭비하는 원칙이다.", "지식을 가르치기 전에 그 도구인 내부의 여러 기관을 완성하고 감각훈련에 의해 이성을 준비하는 교육을 나는 소극적 교육이라고 한다. 소극적 교육이 아무것도 하지 않는 교육은 결코 아니다. 그것을 미덕을 가르치지는 않지만 악덕을 막는다. 또한 진리를 배우게 하지는 않지만 오류를 예방한다.", "자연의 질서에 따르는 교육은 덕이나 진리를 가르치는 것이 아니라 마음을 악덕으로부터 보호해야 한다. (...) 왜냐하면 그래야 조기 교육에서 생겨나는 잘못된 편견이나 습성을 다시 제거해야 하는 쓸데없는 수고를 덜 수 있기 때문이다."

5) 성장단계에 따른 교육

루소는 전체 교육기간을 네 가지로 구분하고 각 시기의 주요 특징에 따라 거기에 맞는 교육 방안을 제시하고 있다.

(1) 유아기

첫째 시기는 출생 시부터 2년간의 유아기이다. 이 단계의 아동은 모든 면에서 동물과 다름없다. 아동은 미분화된 감정의 상태에 있으며 출생 이전과 거의 다름없이 자아를 의식하지 못한다. 이 시기의 교육은 육체적인 욕구를 채워주고 욕망이 자연스럽게 표현되도록 도와주어야 한다. 먹고 말하고 걷는 것 등의 초보적인 기술을 배우기 위해서는 아동 자신의 노력 이외의 다른 것이 필요하지 않다.

(2) 아동기

둘째 시기는 3세부터 12세에 이르는 아동기이다. 이제 아동은 야만인의 수준에 도달했다. 아동의 마음은 직접적인 감성에 의해 지배되며, 추상적인 추리능력은 결여되어 있다.[4] 이 시기를 루소는 "이성이 잠자는 시기"라고 부른다. 아이는 도덕에는 전혀 관심이 없으며, 오직 신체적 필요라는 법에 따른다.

이 시기에는 "아이를 오직 사물에의 의존 상태"에 머무르도록 해야 한다. 그렇게 하면 교육은 자연스럽게 자연의 질서에 따르게 되며, 따라서 소극적인 교육을 실현하게 된다. 소극적 교육은 "시간을 아끼는 것이 아니라 낭비하라는" 기본 규칙에 따르는 것이고, "미덕이나 진리를 가르치는 것이 아니라, 악덕으로부터 마음을, 오류로부터 정신을 보호하는 것"이다. 이 시기의 소년

4) 물론 아동기의 아이에게 어떠한 종류의 추리력도 없다는 말은 아니다. "아이가 알고 있는 일, 현재 그의 눈에 보이는 이익과 관계있는 일에 대해서는 언제든지 아주 잘 추리하고 있다..."

은 아직 도덕적 사실을 이해할 만큼 성숙하지 못했기 때문에 몇몇 꼭 필요한 경우(예를 들면, 소유권의 존중)를 제외하고는 도덕성을 가르치려는 시도를 해서는 안 된다. "마음이 아직 아무것도 느끼지 못하는 나이에서는 아이로 하여금 좋은 행위를 흉내 내게 하여 그것을 습관화하도록 함으로써, 이윽고 분별과 선에 대한 사랑을 가지고 그것을 행할 수 있도록 해야 한다."

마찬가지 이유로 학교의 교과를 가르치는 것도 무익하다. 언어, 지리, 역사는 물론 우화조차도 이 단계의 아동에게는 전혀 이해될 수 없는 사실들에 대해 억지 이해를 요구한다. 이런 공부는 "모두 아이들의 정신으로부터 멀고 아무런 인연도 없는 것들이다." 그럼에도 무리하게 가르친다면 아동은 그것을 단지 공허한 언어로만 배울 뿐인데, 그것은 단지 외적인 지식이 되어 오히려 아이의 마음에 혼란과 왜곡을 가져다주기 쉽다. "아무런 의미도 주지 못하는 기호의 목록을 아이의 머릿속에 집어넣어 준들 무슨 소용이 있겠는가?" 그것은 오히려 아이의 자립적 판단력을 망가뜨릴 수 있다. 그러므로 아동의 경험과 결부될 수 없는 지식 교육은 역효과를 초래할 위험이 있다.

이 시기의 아동에게 적합한 교육내용이 있다면 그것은 주로 신체적 활동을 통한 마음(지성)의 훈련이다. "끊임없이 그의 몸을 단련시켜라. (...) 일하게 하고 행동하게 하게 뛰게 하고 소리지르게 하여 언제나 운동 상태에 있도록 하는 것이 좋다. 체력에서 어른이 되게 하라. 그러면 이윽고 이성에서도 어른이 될 것이다." 사고능력은 팔다리와 감각과 그 밖의 신체 기관을 움직이는 속에서 움트고 그리고 그것이 충분히 성숙한 이후에 발달한다. 그러므로 이 시기에는 감각과 신체를 훈련시키는 활동을 하는 것으로 충분하다. 여기서 루소는 신체와 감각을 통한 경험이 언제나 판단하는 활동과 연결되어 있음을 강조하고 있다. "신체와 정신은 동시에 단련된다."

(3) 소년기

셋째 시기는 12세에서 15세에 이르는 소년기이다. 소년은 이제 성인의 삶의 문턱에 들어서며 로빈슨 크루소와 같은 자립적 생활을 영위할 수 있다. 체력이 왕성해지고 제법 발달된 지성도 출현하여 이제 아동은 비로소 상상력을 갖게 되고, 이를 통해서 자신의 행위를 미래의 결과에 비추어 조정할 수 있게 된다. 그러나 양심은 아직 발달되지 않은 상태이며 그의 행동을 유발하는 유일한 동기는 유용성이다: "'그것이 어디에 쓸모가 있습니까?' 이것이 이제부터 신성한 공식이 된다."

이 시기에는 호기심[5]과 함께 미래의 결과에 대한 예견 능력이 발달한다. 그러므로 아동은 이제 학문적 공부를 시작할 준비가 되어 있다. 공부를 시작하는 데서 두 개의 출발점이 있다. 하나는 아동의 주위 세계에 대한 관심(지리학)이고 다른 하나는 천체에 대한 그의 관심(천문학)이다. 이 두 가지는 나중에 물리학의 원리에 대한 학습으로 이어진다.

공부의 목적은 지식을 획득하는 데 있는 것이 아니다. "아이에게 학문을 가르치는 것이 문제가 아니라 학문을 사랑하는 취미를 가지게 하고 (...) 더 나아가 학문을 배우기 위한 방법을 가르치는 일이 중요하다." 이를 위한 교수 방법은 아동 자신이 스스로 과학적 진리를 깨닫도록 하는 것, 즉 아동의 능동적인 자기활동을 통한 학습이다. "아동은 학문을 배우는 것이 아니라 스스로 만들어내야 한다. 그의 머리 속에 이성 대신 권위를 집어넣는다면, 그는 이성을 작용시킬 수 없게 될 것이다." 이와 병행하여 아동은 미래의 직업적 삶을 준비한다. 루소가 추천하는 직업은 목수이다.

---

5) 이 시기에 학문을 가르치기 위해 교사는 학생의 '호기심'을 자극하고 스스로 생각할 수 있도록 하는 기폭제를 마련하는 일에 자신을 한정해야 한다.

이 단계의 마지막에서 달성된 에밀의 모습은 다음과 같다. 에밀은 자신의 이성을 사용하며, 관습의 권위에 복종하지 않는다. 그는 지식의 양은 적지만 아는 것은 확실하게 알고 있고, 더 나아가 진실을 추구하고 사랑하는 열린 마음을 가지고 있다. 사물과 인간의 관계는 잘 알지만 인간과 인간의 관계에 대해서는 아직 아무것도 모른다. 그는 근면하고 절제하며 인내심이 강하고 건강하며 용기가 있으며 필연의 법칙을 묵묵히 받아들이는 데에 익숙하다. 그러므로 그는 인간의 덕목들을 거의 모두 갖추고 있다. 이제 이 덕목들이 요구되는 인간관계를 알게 되면 그는 사회적인 덕목을 갖춘 사람으로 될 것이다. 그는 남을 생각하지 않고, 사회에서 고립되어 있고, 남이 자기를 어떻게 생각하는가에는 무관심하다.

(4) 청년기

넷째 시기는 사춘기인 15세에서 결혼적령기인 25세에 이르는 청년기이다. 통상적인 의미의 교육은 이 시기에 비로소 시작된다. "보통의 교육이 끝나게 되는 이 시기야말로, 정말로 우리의 교육을 시작하지 않으면 안 되는 시기이다."

성 기능과 정념[6]이 발현되면서 이제 청년은 "제2의 탄생"을 겪으며, '어쩔 수 없이' 사회적 삶으로 들어서게 된다. "무언가 영문을 알지 못하면서 욕망을 느낀다. 피가 용솟음치고 끓어오른다. 남아 돌아가는 생명력은 밖으로 뻗치려 한다. 눈이 생생해져 다른 존재를 바라보고, 우리 주위에 있는 사람들에게 흥미를 가지기 시작하며, 인간은 혼자서 살도록 만들어지지 않았다는 것을 느끼기 시작한다. 이리하여 인간적인 애정에 마음이 열리고, 애착을 가질 수 있게 된다." 이리하여 감각과 지성 이외에 영혼이 등장하고 사랑의 감정을

6) 가장 근원적인 정념은 '자기애'이고 거기서 나오는 두 번째의 자연스러운 정념은 '근린애'이다.

비롯하여 거기서 파생되는 우정, 경쟁심, 질투, 불화, 적대, 증오 등의 감정이 교사의 의도나 교육과는 무관하게 청년의 마음에 생겨난다. 그러므로 이 시기에 청년이 배워야 할 최초의 것은 영혼 속에서 용솟음치기 시작한 새로운 정념(passion)들을 사회적 정서에 의하여 통제하는 것이다. 반면 교사는 이 정념의 급격한 발현을 – 막을 수는 없기 때문에 – 최대로 늦추어, "생겨나기 시작한 여러 가지 정념에 질서와 규율"을 주어야 한다.

이렇게 정념에 질서와 규율을 부여하는 과정에서 "인간애"가 생겨나고, "동정심"[7)]이 생겨나며, 양심(=정신적 행복을 향한 자기애)이 형성되고, 도덕이 비로소 진정한 의미를 얻는다. 이러한 과정은 얼핏 자연적 교육의 범위를 벗어난 것으로 생각될지 모른다. 그러나 루소는 이것 역시 자연의 과정에 따르는 것이라고 본다: "이제 싹트기 시작한 이 감수성에 자극을 주어 그것을 길러가기 위해서는, 그것을 이끌어 간다기보다 그 자연의 경향에 따라가기 위해서는, 우리는 대체 무엇을 해야 하는 것일까?" 그것은 결국 친절한 마음, 인간애, 동정심, 자비심 등 상냥하고 온화한 정념을 자극해 주는 데에 있다.

18세의 청년은 에밀은 처음으로 역사에 나타난 인간의 모습을 공부하게 되며, 종교에 관한 추상적 사고를 처음 접한다. 스무 살에는 사교계에 입문하며 위대한 고전과 연극 등을 통해서 원만한 사회적 관계를 위해 필요한 예절과 처신 등을 배운다. 그러다가 이상적인 여성인 소피를 만나고 약혼한 뒤 유럽여행을 통해서 각 나라의 정치를 배우고, 세상 견문을 넓히며, 마침내 25세의 청년으로 귀국하여 약혼녀 소피와 결혼하면서 루소가 상정한 교육의 전 과정은 끝난다.

---

7) "동정심을 가지기 위해서는 아이는 자기가 고민했던 것을 고민하고 있고, 자기가 느꼈던 괴로움을 느끼고 있는, (...) 자기와 똑같은 사람들이 있음을 알아야 한다."

5. 장 자크 루소 교육사상의 의의

첫째로, 루소의 교육철학의 의의는 교육을 동시대인들과는 전혀 다른 시각에서 보려 했다는 데서 찾을 수 있다. 동시대인들이 기본적으로 어떤 교육적 이상을 설정하고 또 그것을 달성하기 위한 교육의 과정을 입안하기 위해 노력했던 데 반해 루소는 모든 인위적 교육적 기술이나 미리 정해진 틀을 폐기 처분하였다. “내가 그에게 가르치고자 하는 것은 삶이다. 그가 내 곁을 떠날 때 그는 판사도 군인도 성직자도 아닐 것이다. 그는 무엇보다도 먼저 인간일 것이다.” 이렇게 아이의 본성, 자연성에 포함된 소질과 성향을 – 사회적 삶에 적합한 방식으로 – 온전하게 발전시키는 데에 교육의 목적이 놓임으로써 이제 교육은 앞서 말한 코페르니쿠스적 전환을 맞게 되었다. 이제 기성세대의 판단과 의지가 중심이 되고 거기에 따라 아동의 내면을 변화시키는 것이 아니라 반대로 아동의 내면(의 자연적 성숙)이 중심에 놓이고 기성세대의 판단과 의지가 그 주위를 맴돌게 된 것이다.

둘째로, 루소의 교육철학의 의의는 첫 번째의 의의에 대해 좀 더 심층적인 질문을 던질 때 드러난다. 왜 루소는 자연성에 기초한 ‘인간’ 교육을 강조하게 되었을까? 이 의문에 답하기 위해서 우리는 먼저 당시의 사회질서에 대한 혁명가 루소의 비판적 태도에 주목해야 한다. 자본주의 질서의 등장과 함께 인간의 욕구는 해방되었다. 이에 따라 사람들은 봉건시대보다 더 강렬한 소유욕과 권력욕을 지니게 되었다. 종종 개인의 사적인 이익추구는 자연적 욕구의 한계를 넘어서서 전체 사회 조직을 왜곡시킬 정도가 되었다. 봉건사회에서 사적인 욕구를 통제하고 제한했던 정치 제도들은 이제 강자의 사사로운 권력을 보위하기 위한 수단으로 전락한 듯이 보였다.

이에 많은 프랑스 계몽주의자들은 과학과 예술의 급속한 발전과 전파, 즉 지식교육에서 유일한 희망을 찾았다. 그러나 루소가 보기에 인간의 학문적 지식, 즉 과학, 예술 및 철학은 기원을 살펴보면 각각 자기보존, 허례허식 그리고 지배욕을 위해서 태어난 것들에 불과하다. 한마디로 학문적 지식 그 자체는 구원의 도구가 아니며 자칫 진리의 허명 아래 우리를 기만하기 쉬운 것이다. 학문과 예술의 진보는 자동적으로 풍속과 도덕의 발전에 기여하는 것이 아니다. 이것이 바로 그의 제1논문의 테제였다. 현실이 이러하다면 루소가 꿈꾸었던 '평화로운 사회', '일반의지와 개별의지가 일치하는 사회'는 단지 가망 없는 꿈에 머무를 수밖에 없는 듯이 보인다.

그렇다면 이런 상황에서 우리가 할 수 있는 것은 세상의 시류에 영합하고 사회의 혼란을 어쩔 수 없는 것으로 받아들이면서 사사로운 이익을 추구하고 사회적 소용돌이에 몸을 맡기는 것뿐인가? 루소는 그렇게 생각하지 않는다. 그렇다면 어쩌자는 것인가? 이에 대한 대답이 바로 '나의 가장 중요하고 훌륭한 작품'이라고 자평한 책 『에밀』이었다. 여기서 루소는 문명적인 악순환의 돌파구가 바로 참된 교육에 있다는 생각을 피력하고 증명하려 하였다.

교육은 자율적인 인간 또는 스스로 법을 제정하고 거기에 스스로 복종하는 자율적인 인간을 길러 내야 한다. 바로 이런 인간이 양성되는 과정을 그는 『에밀』에서 보여주려 하였던 것이다.

그의 『사회계약론』이 개별의지와 일반의지가 일치되는 정치질서를 모색하는 것이었다면, 『에밀』은 그러한 사회 질서를 받아들일 수 있는 자연인으로서의 시민을 길러 내는 것이었다. 이렇게 해서 정치와 교육은 루소의 사상체계에서 동전을 양면을 이루고 있다.

셋째로, 지식과 경험의 내적인 연관도 루소 교육사상의 커다란 의의이다. 학문적 지식은 추상성과 객관성을 본질로 하기 때문에 개인의 구체적 경험에 포함된 자생적이고 예측 불가능한 측면을 포함할 수 없다. 그럼에도 지식은 각자의 문제를 해결하면서 계산적인 세계에서 살아가야 하는 사람들에게 필수불가결한 것이다. 즉, 교육에서 지식의 전달은 본질적이며 필수적이다. 그러나 동시에 지식 중심의 교육은 – 사회적 삶에 필요한 지식을 경험과 분리시켜 전달하는 경우 – 개인을 소외시킬 위험을 가지고 있다. 왜냐하면 지식은 우리를 해방시키기도 하지만 또한 새로운 형태의 지적인 획일성에 우리를 가두어 놓을 수도 있기 때문이다. 이런 점에서 경험이라는 요소도 역시 교육에서 본질적이며 필수적이다. 학습자의 경험과 분리된 지식은 그를 단지 지적인 속물로 만든다.

문제를 해결하기 위한 기본적 지침은 다음과 같다: 교육을 통해서 지식을 전달하되 그 과정을 아동이 스스로 경험하고 깨달음을 얻는 과정으로서 조직하는 일이다. 즉, 지식을 가르치는 과정은 단지 '메시지'를 '수취인'에게 전달하는 과정이 아니라, 학습자 개인의 관심과 경험에 입각해서 특정한 지식이 갖는 의미가 자각된 상태에서 진행되는 과정이어야 한다. 바로 이러한 근본적인 지침을 루소는 『에밀』에서 일관되고 설득력 있게 묘사하고 있다.

생각할 문제

1. 장 자크 루소는 자연에 대해 서술한다. 인간이 전혀 배우지 않는다면 어떻게 될까?
2. 진정으로 인간이 교육을 통해 배울 수 있는 영역은 무엇일까?

CHAPTER

07

임마누엘 칸트의 교육사상과 철학

07 임마누엘 칸트의 교육사상과 철학

1. 임마누엘 칸트의 생애

두말할 나위 없이 칸트(Immanuel Kant, 1724~1804)는 플라톤과 쌍벽을 이루는 위대한 철학자로 간주된다. 칸트 철학에 대한 현대인들의 깊은 관심과 존경은 아직도 식을 줄 모른다. 칸트의 철학에 대해서 지금도 쏟아져 나오고 있는 전문적인 그리고 대중적인 저작들은 그 증거이다. 어쩌면 그는 여전히 우리에게 매우 친숙한 철학자이며 지식인이고 일종의 문화적 아이콘이다. 우리는 시간과 공간을 훌쩍 뛰어넘어 칸트의 팬이 된다. 그리고 마치 팬들이 자신이 좋아하는 연예인에 대해서 관심을 갖듯이, 우리도 인간으로서의 칸트의 모습에 궁금증을 느낀다. 그래서 그가 어떤 사람이었는지를 아주 짧고 명료하게 설명해 주는 글을 찾아보았다.

"나는 한 철학자를 알게 되었는데, 그것은 큰 행운이었다. 그는 나의 선생님이었다. 전성기 때 그는 명랑한 청년이었고 늙은 나이에서도 그 명랑함을 유지했다. 사려 깊게 생긴 넓은 이마는 끝없는 쾌활함과 기쁨의 산실이었다. 풍부한 생각으로 가득 찬 말들이 그의 입에서 흘러나왔다. 장난기, 위트와 유머를 자유자재로 구사했으며, 무엇보다도 그의 강의는 가장 즐거운 담화였다. 그는 라이프니츠, 볼프, 흄 등의 사상을 검토했고, 뉴턴, 케플러 그리고 여러 물리학자들이 발견한 자연법칙들을 탐구했으며 또한 루소의 최근 작품들도 다루었다. 그는 이 모든 것들을 조사하면서 언제나 자연에 대한 지칠 줄 모르는 인식과 인간의 도덕적 가치로 돌아왔다. 인간과 민족의 역사, 자연사 그리고 과학, 수학 그리고 관찰들을 인용함으로써 언제나 자신의 강의와 대화에 생기를 불어넣었다. 그는 가치 있는 지식이라면 무엇이든 관심을 기울였다. 어떤 음모, 파당, 편견, 욕망도 그를 진리를 밝히고 확장하는 일로부터 한눈팔게 할 수 없었다. 그는 우리들에게 스스로 생각하도록 촉구하고 또 부드럽게 강요했다. 그의 마음은 전제적 태도와 거리가 멀었다. 내가 최대의 감사와 존경을 가지고 감히 부르고자 하는 그의 이름은 바로 임마누엘 칸트이다."(헤르더)

칸트는 1724년 동프로이센의 쾨니히스베르크(오늘날의 칼리닌그라드)에서 말안장기술자의 4번째 아이로 태어났다. 계층적으로 하층에 속했던 그의 가정은 경건주의(Pietismus) 분위기를 강하게 지니고 있었다. 어머니가 칸트의 교육에 대해 지대한 관심을 가졌기 때문에 그는 1732년 당시 프로이센의 명문 학교였던 프리드리히 콜레기움에 입학했다. 1740년부터 1746년까지 쾨니히스베르크 대학을 다녔다. 처음에는 신학과로 입학했지만 자연과학에도 큰 관심이 있었다. 그가 제출한 졸업논문 "생명력의 참된 평가에 대한 사색"은 지도교수에 의해 거부되었다. 그 후 10년 정도 가정교사로 생계를 이어 나갔다. 1754년 쾨니히스베르크로 돌아왔고 이듬해인 1755년 학업을 다시 시작하였고 『일반적 자연사와 천체의 이론』이라는 제목으로 박사학위를 취득했다. 그리고 같은 해에 『형이상학적 인식의 제1원리들』이라는 제목으로 교수자격논문(하빌리타치온)을 제출하고 쾨니히스베르크 대학 철학과의 사강사가 되었다.

1766년 대학 도서관의 사서로 취직되었고 1770년 드디어 철학과 교수가 되었다. 생애의 마지막 15년간은 프로이센 검열당국과 긴장 관계에 있었다. 이신론과 반 삼위일체론을 주장한다는 이유로 종교에 대한 글을 쓰지 말라는 행정 명령을 받기도 하였다. 1804년 80세의 나이로 타계했다.

칸트의 꼼꼼하고 철저한 저작들을 읽은 후세 사람들은 칸트가 굉장히 금욕적이며 의무에 충실하고 골방에서 연구에만 몰두했던 엄격한 학자 타입이었을 것으로 상상한다. 그러나 이것은 사실과 좀 다르다. 대학생 시절 칸트는 잡기를 좋아해서 카드놀이와 당구에 심취했었다. 교수가 되어서도 사교생활을 즐겨 했고 신사적이고 패션 감각이 있는 사람(“멋쟁이”)으로 통했다. 또한 위에서 인용했던 제자 헤르더에게는 너무 책만 읽지 말라고 말하기도 했다. 친구였던 하만(Hamman)은 칸트가 사교 생활에 빠져서 공부를 게을리하지 않을까 걱정하기도 하였다. 그러나 40살이 되어 건강을 챙겨야겠다고 마음먹은 이후부터 비로소 규칙적인 생활을 시작했다. 그는 새벽 4시 45분에 일어나고 밤 10시에 잠자리에 들었다. 주로 이른 아침에 강의를 시작하였고, 12시의 점심식사에 친구들을 초대하기를 좋아했는데, 대화는 종종 오후 5시까지 이어졌다. 연구 활동과 강의는 하루의 절반만 차지했다. 나머지 절반은 사회적 삶(점심식사모임, 당구, 카드놀이, 극장, 고급 살롱)에 할애되었다. 그러므로 알고 보면 생활인 칸트는 사실 딱딱한 의무론자가 아니라 “삶을 즐기는” 사람이었다.

1760년 이래 칸트는 루소, 흄, 피에르 베일의 영향을 받으면서 자연과학 대신에 인식론적 문제에 몰두하게 되었다. 1781년 그의 3 비판서 중 첫째 작품인 『순수이성비판』을 출판하여 일약 유명해졌다. 『순수이성비판』에서 칸트는 영국의 경험론과 대륙의 합리론을 종합하는 새로운 인식론적 패러다임을 제시하였다. 그 배경을 설명하면서 칸트는 “흄이 나를 독단의 잠에서 깨웠다”는 유명한 말을 하였다. 그러나 흄은 이성의 독단의 잠을 깨운 대신에 모든 과학적 인식의 가능성을 무너뜨리는 회의의 길로 들어섰다. 칸트는 영국의 경험론이 초래한 급진적 회의주의의 상황에서 어떻게 다시 확실한 지식을 복권시킬 수 있을까에 관심을 가졌다.

2. 임마누엘 칸트의 철학사상 소묘

칸트는 인간 인식의 가능성과 한계를 명확히 규정하기 위한 방법, 즉 '비판적 방법'을 발전시켰다. 그는 이렇게 말했다. "우리 시대는 진정한 이성의 시대이다. 모든 것은 이제 비판 앞에 무릎을 꿇어야 한다." 인간 이성에 대한 비판 속에서 칸트는 우리가 대상을 인식할 때 반드시 대상을 경험하는 통로인 감성(Sinnlichkeit)과 인간의 이성 속에 내재된 오성(Verstand)을 동시에 사용해야 함을 보여줌으로써 영국의 경험론과 대륙의 합리론이 갖는 일면성을 극복하였다. 그의 논지는 다음 문장으로 압축된다. "내용 없는 사유는 공허하고, 개념 없는 직관은 맹목적이다. (...) 오성은 아무것도 직관할 수 없고 감각은 아무것도 사유할 수 없다. 양자가 서로 통일됨으로써만 인식은 생겨날 수 있다." 그러므로 우리의 과학적 인식은 경험과 오성의 협력 과정으로부터 생겨날 수 있다. 이로부터 뒤따르는 귀결은 다음과 같다: 교육학을 위시한 모든 학문은 단지 경험에만 의존해서도 안 되고, 반대로 독단적으로 이성의 원리인 형이상학적인 가정에만 의존해서도 안 된다. 그러므로 칸트의 비판적 방법은 과학적인 인식은 감각적으로 경험 가능한 대상들의 영역에 한정되어야 한다는 점을 분명히 보여주었다. 신, 영혼 그리고 전체로서의 세계는 우리에게 감각적으로 경험될 수 있는 대상이 아니기 때문에 이에 대한 과학적 인식은 원천적으로 불가능하다. 그러므로 인간의 감각적 경험의 영역을 초월한 대상들에 대해서 엄밀한 과학적 지식을 추구하는 전통적 방식의 형이상학은 이제 폐기되어야 한다.

한편 교육적 행위의 목표는 칸트의 실천철학을 통해서 규정된다. 칸트에 따르면 인간은 두 세계, 즉 자연의 세계와 이성의 세계에 동시에 속해 있다. 자연적 존재로서 인간은 결코 자유롭지 못하다. 왜냐하면 자연 속의 모든 것은 생물학적, 물리학적 인과법칙에 의해 지배되고 있기 때문이다. 당연히 인간도 예외일 수는 없다. 그러나 동시에 인간은 다른 자연 사물들과 구분되는 이성적 존재로서 스스로 자기 자신에게 법칙을 부여할 수 있는 능력을 지닌다. 인간은 자신의 실천이성이 스스로에게 부과한 법칙, 즉 '정언명법'에 따라 삶으로써 자유로울 수 있는 자율적 존재이다. 정언명법은 "너의 의지의 준칙이 언제 동시에 보편적 입법의 원리로서 타당하도록 행위하라."는 무조건적인 - 즉, 정언적인 — 명령이다. 그것은 단지 나의 관점에서 옳은 것이 아니라 모든 다른 인간을 포함하는 보편적 이성의 관점에서 타당할 수 있는 방식으로 행동하라는 것이다. 달리 표현하면 타인 자유를 침해하는 방식으로 행위해서는 안 된다는 것이며 또한 다른 인간을 어떤 경우에서든 수단으로 취급해서는 안 된다는 것이다.

인간은 이렇게 자연적 필연성이 아니라 이성적인 판단에 따라 행동하는 능력(자유의지)을 갖는다는 점에서 다른 모든 자연물과 구별된다. 따라서 개인과 인류 전체의 목표는 (이론적 및 실천적으로 순수한) 이성의 사용을 완성시키는 데에 있다. 그리고 이것이 바로 계몽(Enlightenment)의 핵심 사상이다. "계몽은 인간이 스스로에게 책임이 있는 미성숙에서 벗어나는 것이다. 미성숙은 타인의 지도가 없이는 자신의 오성을 사용할 수 없는 무능력을 의미한다." 이제 인간은 이러한 미성숙에서 벗어나야 하며, 그것은 교육을 통해서 가능하다. 결국 교육의 최종 목표는 인간의 계몽에 있다. 그런데 여기서 계몽은 단지 이론적 이성(오성)에 한정되는 것이 아니라 스스로에게 도덕법칙을 부여하고 그에 따라 행동할 수 있는 도덕성의 함양을 포함하는 개념이다. 따라서 교육은 궁극적으로 인간을 계몽하여 도덕성에 이르게 하는 작업으로 간주된다.

칸트의 전체 철학은 네 개의 철학적 물음을 던지고 답하는 것으로 재구성될 수 있다. 첫째는 "나는 무엇을 인식할 수 있는가"이고, 둘째는 "나는 무엇을 해야 하는가"이고, 셋째는 "나는 무엇을 희망해도 좋은가"이다. 이 세 물음은 "인간이란 무엇인가"라는 네 번째 물음으로 귀착된다. 이 물음들은 그의 3비판서와 정확히 대응하지는 않는다. 첫째 물음은 『순수이성비판』에 의해 대답되고, 둘째 물음은 『실천이성비판』에 의해 대답된다. 세 번째 물음은 역사철학 및 종교철학적 저작들에서 대답된다. 네 번째 물음인 인간이란 무엇인가에 대해서 그는 인간학 관련 저작들을 집필하였다. 그의 『판단력비판』은 넓은 의미에서의 미학과 목적론을 다루고 있다.

3. 임마누엘 칸트의 교육철학 : 『교육학 강의』

1) 칸트의 교육인간학

칸트의 『교육학 강의』는 인간의 본질에 대한 규정으로부터 출발한다. 그의 이 인간학적 규정은 인간과 교육의 불가분한 연관에 관한 최초의 결정적인 선언이라고 할 수 있다. "인간은 교육받아야 하는 유일한 피조물이다."(Kant, 2003, A1) 왜 그런가? 인간은 동물과 다르기 때문이다. 동물의 삶의 방식은 태어나면서부터 이미 생리학적(physiological)으로 결정되어 있다. 그러므로 동물의 성장은 루소가 말한 '자연의 교육'에 맡겨도 된다. 동물은 자연적 성장 속에서 획득되는 힘을 '본능적으로' 정해진 규칙에 따라서, 즉 자신에게 해롭지 않은 방식으로 사용할 줄 안다. 이것은 갓 태어난 어린 동물에서도 마찬가지이다. 동물은 교육이 없이도 개체로서 자신의 본성을 완성시킬 수 있다.

그러나 동물과 달리 인간은 본능적으로 정해진 행동규칙을 거의 갖지 않으며 선한 소질과 악한 경향성을 동시에 지니고 있다. 그는 악인도 선인도 될 수 있다. 어느 쪽이 되느냐는 그의 이성 능력에 달려 있다. 인간은 스스로 자신의 태도와 삶을 기획하고 결정할 수 있으며 또 그렇게 살아야 인간답게 산다고 말할 수 있는 존재이다. 그러므로 인간은 스스로를 만들어(Selbstbestimmung) 가고 "스스로 설정한 목적에 따라서" 자신을 완성시켜야 할 책임을 갖는다. "그러나 인간이 처음부터 그런 능력을 갖지는 못하며, 단지 거친 상태로(roh) 태어나기 때문에 타인이 그것을 대신해 주어야 한다. 인류는 인간성의 자연소질 전체를 자신의 노력을 통해서 점차로 자신으로부터 산출해야 한다."(A 2) 결국 인간은 혼자서는 자신을 완성시킬 수 없는 운명을 지니고 태어났다. 이로 인해 인간은 교육을 필요로 하는 유일한 피조물이 된다. 인간의 자기형성 과정에서 교육은 특히 두 가지 과제, 즉 소극적인 과제와 적극적인 과제를 동시에 떠맡게 된다. 소극적인 과제는 '훈육'(Zucht)을 통해서 악덕의 씨앗인 야만성을 제거하는 일이다. 반면 '이끌어 줌'(가르침, Unterweisung)은 교육의 적극적인 과제이다(Kant, 2003, A 3).

이상으로부터 일견 당연해 보이지만 주목해야 할 교육학적 원칙이 등장한다. "인간은 교육을 통해서만 인간이 될 수 있다. 인간은 교육이 이루어 내는 결과 이외의 다른 어떤 것도 아니다."(Kant, 2003, A 7)

2) 최초의 교육의 문제(교육의 악순환)

그런데 일견 당연해 보이는 이 말은 어떤 악순환을 암시하고 있다. 미리 마련된 청사진을 가지고 진행되는 자연의 교육이나 신의 교육을 우리가 인정할 수 없다면, 인간의 교육은 언제나 그 자신 교육받은 인간에 의해서만 가능할 것이다. "인간은 단지 인간, 그 자신도 교육되어진 인간을 통해서 교육된다는 점을 지적해야 하겠다."(Kant, 2003, A 7) 따라서 이제 이 정식은 인간은 '교육받은' 인간을 통해서만 인간이 될 수 있다는 말로 수정되어야 한다.[1] 그러나 아직 인류 역사상 완전한 교육이 존재한 적이 없으므로, 교육을 담당해야 할 현실의 교사나 부모 역시 불완전한 인간일 수밖에 없다. 그리고 불완전한 교육을 받아서 그 자신 불완전한 인간인 교사는 학생을 기껏해야 불완전한 인간으로밖에는 기를 수 없을 것이다. 그렇다면 진정한 의미에서의 최초의 교육은 어떻게 시작될 수 있을까? 최초의 교육은 불가능한 것이 아닐까? 그리고 그렇다면 우리는 교육이 인간의 형성에서 필수적이라는 생각을 포기해야 할 것인가? 혹시 인간은 교육 없이도 자신을 완성할 수 있는 존재가 아닐까? 물론 칸트는 이러한 회의적 결론을 받아들이려 하지 않는다. 그는 교육의 악순환 문제를 풀 수 있는 가능성을 모색한다.

이것은 단지 칸트의 교육사상에 국한된 문제가 아니다. 그것은 불완전한 현실을 교육을 통해서 개선하고자 시도했던 교육사상가들이 항상 직면하는 문제이다. 장 자크 루소가 에밀을 마을 한 가운데서가 아니라 사회적 영향으로부터 고립된 '교육촌(教育村, pedagogical province)'에서 교육하려 했던 것은 어쩌면 칸트가 제기한 문제를 의식하고 있었기 때문일 수 있다. 한적한 시골로의 후퇴는 불완전한 사회에서 완전한 인간을 기르기 위한 궁여지책이었다. 하지만 루소의 시도는 나중에 헤르바르트가 『일반교육학』 서문에서 신랄하게 비판했듯이 너무 유토피아적인 기획이었다. 어차피 사회 속에서 살아야 하는 학생을 사회로부터 고립시켜서 기른다는 것은 공상적이며 최소한 비효율적이다. 루소와 달리 칸트는 '사회 속에서 교육'하면서 불완전 교육의 악순

1) 여기에는 당시 시민계급의 자기이해가 교육적으로 표현되어 있다. 우리는 자유롭고 자립적인 주체로서 우리가 스스로 만들어 내는 존재이다. 근대 시민사회의 시민 계급의 자기의식은 자신의 본질을 신도 자연도 아닌 바로 자기 자신의 이성적 결단에서 찾으려 했던 것이다.

환에서 벗어나는 길을 찾으려 한다. 바로 이 지점에서 칸트는 "인간의 모든 자연소질을 발전시키는 교육의 이념"(Kant, 2003, A 10)을 설정하여 그것을 향해 점진적으로 진보해 나가는 방식을 제안한다. 이념이란 '현실에는 없는 근원적인 모습 또는 완전성'을 말한다. 교육의 이념은 교육실천이 나아가야 할 올바른 방향을 제시하는 나침반이 될 수 있다. 그러므로 위에서 말한 '어떻게 최초의 교육을 시작할 것인가?'의 문제는 인간의 '모든 자연소질을 발전시키는' 방향으로 – 불완전하나마 – 교육적 노력을 끈질기게 경주함으로써 해결될 수 있다.

이와 더불어 칸트는 계몽주의자답게 교육적 낙관주의를 표명한다. "교육은 점점 더 개선되어 갈 것이다. 모든 후속 세대는 인류의 완성을 향해 더 가까이 다가갈 것이다. 왜냐하면 교육의 이면에 인간 본성의 완성이라는 커다란 비밀이 숨어 있기 때문이다. 지금 이후부터 이 일이 일어날 수 있다. 왜냐하면 이제야 사람들은 올바르게 판단하며, 무엇이 본래 좋은 교육에 속하는 것인지를 분명히 통찰하기 시작하고 있기 때문이다. 인간 본성이 교육을 통해 점점 더 개선되리라는 생각을 하면, 우리가 교육을 인간성에 맞는 형태로 바꿀 수 있다는 생각을 하면 황홀해진다. 이것은 미래의 더 행복한 인류에 대한 전망을 열어 준다."(상게서, A 9)[2)]

3) 실험으로서의 교육과 교육학

그의 진보에 대한 낙관적 신념은 학교와 연관될 때, '학교는 본질적으로 실험적이라는 통찰'로 인도한다. 이때 칸트가 염두에 두고 있는 것은 1774년 범

2) 여기서 이상주의자로의 칸트의 면모가 잘 드러난다. "하나의 교육이론에 대한 구상은 멋진 이상이며, 그러한 구상은 비록 우리가 그것을 실현할 수 없다고 하더라도 해로울 것이 없다. (...) 이념이란 경험 가운데서는 아직 발견되지 않은 하나의 완전성의 개념 이외의 다른 것이 아니다."(Kant, 2003 : 9–10)

애주의자(Philanthrop) 요한 베른하르트 바제도프가 세운 범애학교였다. “사람들은 교육에서 실험은 불필요하며, 어떤 것이 좋은지 나쁜지는 이성에 따라서 판단할 수 있다고 상상한다. 그러나 그것은 잘못이다. 경험이 가르쳐 주는 바에 따르면 우리의 실험에서 종종 기대했던 것과는 정반대의 결과가 나타나기도 한다. 따라서 우리는 교육이 실험적인 것인 한, 어떤 인간 세대도 완전한 교육계획을 제시할 수는 없음을 알 수 있다.”[3] 어떤 시대도 완전한 교육계획을 가질 수 없다. 교육은 교육의 이념을 향한 수많은 실험적 노력들 속에서 점점 더 완전한 모습을 띠게 될 것이다.

칸트는 이런 방향을 향해 첫걸음을 뗀 최초의 실험학교로 데사우(Dessau)에 있던 범애학교를 지목한다. 이 학교는 비난받아야 할 많은 오류를 범했지만 그럼에도 우리는 이 학교의 실험학교로서의 의의를 십분 인정해야 한다고 칸트는 말한다. 오류는 우리의 시도와 실험에 필연적으로 뒤따르는 것이며, 그래서 또 다른 새로운 시도가 거기에 뒤따르게 마련이다. 여기서 오류는 새로운 교육적 시도와 발견을 돕는 수단으로 변화된다. 범애학교는 교사들이 자신의 고유한 방법과 계획에 따라서 일할 자유를 가졌던 유일한 학교였다. 그리고 거기서 교사들은 자기들끼리 또한 동시에 독일의 모든 지성인들과 관계를 맺고 있었다(Kant, 2003, A 26/7 참조). 교사들은 교사회의를 통해서 교육의 방법과 실천에 대해서 공동의 모색을 했으며, 이러한 결과를 교육이론가들과 함께 분석하고 평가하여 새로운 교육의 방법과 실천을 찾아내려 했던 것이다.

이상의 논의는 교육에서의 이론과 실천의 불가분한 관계에 대한 칸트의 생각을 명백하게 보여준다. 그의 실험학교 사상에서 알 수 있듯이, 칸트는 주어진 교육 현실이나 실천을 교육학 이론과는 무관하게 고정되어 있는 현실이라

---

3) 이 부분에서 경험론과 합리론을 통일시킨 칸트의 철학적 기본입장이 교육학적으로 투영되고 있음을 알 수 있다.

고 생각하지도 또 언제나 불완전하게 있을 수밖에 없는 것이라고도 생각하지 않았다. 그는 교육학 이론은 현실과 분리될 수 없으며 언제나 실천적 측면을 지녀야 한다고 보았다. 교육적 실험 또는 실험적 교육은 현실에서 종종 완전히 단절된 채로 있는 이론과 실천을 매개해야 한다. 다시 말하면, '교육의 원리들을 해명하는 − 그러나 현실에 직접적으로 영향을 미칠 수는 없는 − 교육이론'(=교육학자들)과 '현실에 직접 영향을 미치기는 하지만 기계론(Mechanismus)에 빠지기 쉬운 교육실천'(교사들과 교육실천가들)을 매개하여야 한다(Kant, 2003, A 16−17 참조). 이것은 곧 교육학이 학문적 면모를 갖추는 것을 전제로 한다. "아동들이 좀 더 훌륭해지려면 교육술은 학문이 되어야 한다. 그렇지 않으면 교육을 통해 타락된 인간이 또 다른 인간을 교육하는(=타락시키는) 결과 외에는 교육술에서 기대할 것이 없다."(Kant, 2003, A 17) 그러므로 교육학적 실험은 교육의 이념 및 비전과 교육적인 일상에서의 실천 활동을 체계적으로 연관시키는 작업이다. 교육은 교육 실천 속에 내포되어 있는 이론적 측면과 교육 이론이 함축하고 있는 실천적 의미를 − 두 세계를 성급하게 조화시키는 일 없이 − 상호 연관 지어 논의하는 속에서 진행되어야 한다.

4) 자유로의 강제

교육의 이념에 따른 '인간성의 완성'에 기여하는 교육이 이루어지기 위해서, 학교는 실험적이어야 한다는 것을 주장한 이후에 칸트는 교육에서 강제와 자유의 관계에 대해서 논의한다. "교육의 가장 큰 문제점은 어떻게 하면 법칙적 강제에 대한 복종과 자신의 자유를 사용하는 능력을 통일시킬 수 있을까 이다. 왜냐하면 강제는 필요하기 때문이다! 어떻게 하면 강제 가운데에서 자유를 키워낼 수 있을까? 학생들이 자유에 대한 강제를 참아 내는 데에 익숙하게 만들어야 하고 동시에 자신의 자유를 잘 사용하도록 그를 인도해야 한다. 이것이 없이는 모든 교육은 단지 기계적 활동에 불과하며, 교육을 마친 자들도 자신의 자유를 사용할 줄 모를 것이다."(Kant, 2003, A32)

계몽주의자로서 칸트는 루소와 조금 다른 아동관을 가지고 있다. 아이는 미성숙할 뿐 아니라 야만성을 지니고 있다. 그러므로 "법칙에 대한 비의존성"(Kant, 2003, A 3)으로서의 아이의 야만성은 '훈육'되지 않으면 안 된다. 그러므로 교육에서 강제가 없을 수 없다. 그러나 동시에 교육은 성장세대를 자립적으로 키우고 자유롭게 해방시키는 데에 그 임무가 있다. 그러므로 교육에는 자유와 강제는 변증법적인 긴장 관계 속에 놓여 있다. 교육자의 강제적 개입이 없는 자유로운 교육은 무정부 상태 또는 야만성의 증대로 귀결된다. 반면 자유를 낳지 못하는 강제는 교육의 본분을 위반한다. 그러므로 교육의 가장 어려운 과제는 '법칙에 대한 복종'을 어떻게 아동의 '자유 능력의 성장'과 통일시키느냐에 놓여 있다. "교육자는 학생을 자유에 대한 강제에 잘 견디도록 적응을 시켜야 하며, 동시에 학생이 자신의 자유를 잘 사용하도록 그를 인도해야 한다."(Kant, 2003, A 32) 강제와 자유는 서로 배척하지만, 교육을 위해서 양자는 서로에게 필수적이다.

그렇다면 자유로의 강제를 달성하기 위한 교육의 방법적 원칙은 무엇인가? 칸트는 다음과 같이 설명하고 있다: ① 우리는 아이가 처음부터 자신이나 타인에게 해를 끼치지 않는 한 모든 자유를 누리도록 허용해야 한다. ② 우리는 아동이 다른 사람이 원하는 바를 들어줌으로써만 아동 자신도 그가 원하는 바를 이룰 수 있다는 것을 아동에게 보여주어야 한다. ③ 우리는 아동에게 강제는 앞으로 자신의 자유를 올바로 사용하도록 만들기 위해서 가해진다는 것을 납득시켜야 한다(Kant, 2003, A 33). 루소와 달리 칸트는 가정교육이 아니라 공교육이 이런 교육을 실행하기에 적합하다고 본다. "왜냐하면 공교육에서는 아동들은 자신의 능력을 측정하는 것을 배우며, 타인의 권리에 대한 존중을 통해서 자신의 권리가 제한되는 것을 배우게 되기 때문이다."(Kant, 2003, A 34) 가정교육보다는 공교육에서 아이들은 다른 사람들과 어떻게 함께 살아갈 것인가를 잘 배울 수 있다는 것이다.

교육적 강제가 필요하기는 하지만 그것은 언제나 자유의 완성을 위해서만 허용된다는 칸트의 통찰은 현대사회처럼 다원주의적이고 급변하는 현실 속에서 더욱 절실한 의의를 가진다. 교육을 '훈육', '강제', '규율의 부과'로 생각하는 것은 단지 교육의 본질에 대한 곡해 또는 오해일 뿐 아니라 시대착오적이 되었다. 단지 필요한 기본 지식과 삶의 기본 규칙을 숙지하면 한 평생을 별 문제 없이 살 수 있던 시대에는 '강제'와 '훈육'은 나름대로 의미가 있었다. 그러나 그런 시대는 지나갔다. 단지 '강제'와 '훈육'을 통해서는 학생을 디지털화되어 가는 현실사회에 대해 준비시킬 수 없다. 현대 사회는 스스로 새로운 지식과 규칙을 만들어 내고 타인과의 피드백 속에서 자신을 끊임없이 '미세 조정'해 나가는 자율적 인간을 요구한다. 칸트의 자유로의 강제는 결국 '자율성을 지닌 인간'을 기르라는 요청이다.

4. 교육의 단계와 도덕성

18세기 유럽의 철학자들은 종종 교육(철학)과 역사철학을 밀접한 연관성 속에서 논의하였다. 예를 들어, 레싱의 가장 중요한 역사철학 관련 저작은 『인류의 교육』이라는 제목을 달고 있다. 또한 루소의 교육론은 그의 『학문예술론』이나 『인간불평등기원론』에서 제시된 역사철학을 고려하지 않으면 이해될 수 없다.

마찬가지로 칸트에서도 그의 철학의 대표영역인 인식론보다는 역사철학이 칸트의 교육이론을 뒷받침해 준다. 『교육학 강의』에서 칸트는 "우리가 개인을 교육시킬 때 인류 전체 차원의 교육(=역사)과정이 밟았던 과정을 모방해야 할 것인가?”라는 물음을 던진다. 거기서 이에 대한 명시적인 대답은 제시되지 않는다. 그러나 그의 역사철학을 참고해서 생각해 보면 칸트의 생각이 무엇이었는지는 분명하다. 그는 개인의 삶의 연령별 단계들이 세계사의 단계들에 대응해야 한다고 보았다.

이것은 칸트의 『인간 역사의 시작에 대한 추측』을 보면 잘 드러난다. 칸트에 따르면 창세기 2~6장은 ① 인간이 자유롭게 자신의 본능에 따라 살아가는 자연의 상태(낙원에서의 삶)로부터 벗어나서 ② 사회 속에서 이성에 따르면서 노동의 고통과 사회적 불화를 느끼는 상태로 이행하는 것을 묘사하고 있다. 이로부터 사려분별이 본능의 작용에 개입하고, 그리하여 인간은 미래를 예견하거나 준비할 수 있게 된다. “현재의 삶의 순간을 즐기지 않고 닥쳐올, 매우 먼 미래를 떠올릴 수 있는 능력은 인간 진보의 결정적인 특징이다.” 인간은 고된 노동에 종사한다. ③ 이와 더불어 인간은 자신이 사실은 “자연의 목적”임을 깨닫게 된다. 즉, 인간은 “자연의 자궁으로부터 빠져나와” 스스로 목적적인 존재로 된다. 그래서 본래 자연적 목적의 달성을 위해서 자연에 의해 산출된 이성은 이제 스스로 목적을 산출하게 된다. 그리하여 인간은 도덕성의 단계로 이행한다.[4)]

---

4) 『보편사의 이념』에서도 이와 유사한 역사적 전개과정을 찾을 수 있다. 칸트에 따르면 자연은 한 피조물의 모든 자연적 능력들이 완전히 발전하여 그의 자연적 목적과 완성에 도달하도록 운명지어 놓았다. 그러나 이러한 완성은 개체 속에서가 아니라 단지 전체 종 안에서만 가능하다. 이러한 과정 속에서 자연은 “인간이 스스로 (...) 기계적 질서를 넘어서 있는 모든 것을 생산하도록 그리고 그가 스스로 모든 본능에서 독립하여 순전히 자신의 이성에 의해 창조해 낸 행복이나 완성에만 참여하도록” 만들어 놓았다. 자연은 인간의 악덕과 지성을 사용하여 문명을 창조한다. 도덕성은 자연의 생산물이 아니라 새로운 시작이다. 그럼에도 도덕성은 문명에 도달하는 자연적 과정을 전제로 한다.

이러한 역사철학적 발전과정을 배경으로 칸트의 교육학을 바라보면 칸트가 교육을 세계사와 마찬가지로 3단계로 구분하고 있음이 분명해진다. 그것은 1) 양육, 2) 훈육-문화화-시민화, 3) 도덕화의 단계이다.

1) 양육

교육의 첫 번째 단계에서 양육은 아이를 순전히 자연의 일부로서 다루는 것이다. 즉, 아이는 본능에 따라 사는 자연적인 상태에 놓여 있다. 이때 교육의 과제는 아이를 먹이고 입히고 보살피는 일이다.

2) 훈육-문화화-시민화

교육의 두 번째 단계에서 아동은 동물과 다르다. 그들은 본능과 함께 사려분별을 갖기 시작하며 현재를 미래와 연관 지어 생각할 줄 알게 된다. 그는 자신의 자유를 아직 완전히 계발시키지는 못했지만 이미 어느 정도 자유로운 존재로 간주되어야 한다.

① 훈육은 마음과 육체의 '야만성(wildness)'을 이성적 숙고의 지도 아래 두는 것이다. 훈육은 아동의 이성이 아직 충분히 형성되지 못한 상황에서 지배적으로 된다. 십대 소년은 단순한 본성이나 욕구에 의해서가 아니라 교육받은 어른에 의해서 지도되어야 한다. 아이에게는 자신을 올바르게 교육받은 상태로 인도하는 본능 같은 것은 없기 때문이다. 이 단계에서 아동은 마음과 육체의 올바른 사용에 대해서 배운다. 그것은 아동의 "동물적 본성"이 그의 "인간됨/인성"을 지배하여 망가뜨리지 않도록 하기 위해서이다.

② 훈육에 이은 문화화의 과정은 역사적 과정 속에서 인류가 획득한 인식과 기술들을 습득하는 과정이다. 여기서 칸트는 학습, 놀이, 읽기, 쓰기,

음악, 수영, 복종, 예절 그리고 모든 종류의 목적 달성을 위해 도움이 되는 지식과 능력들(숙련성)에 대해 이야기한다. "인간은 그의 모든 목표에 도달하는 데에 능숙하게 되기 위하여 학술적인 양성 또는 교수를 필요로 한다."(Kant, 2003, A 36) 이를 통해 그는 한 사람의 개인으로서 확립된다.

③ 시민화는 교육을 통해서 인간이 영리해지며 사회에 적응하게 되고 남들의 호감을 살 수 있게 되고, 남들에 대하여 영향력을 행사하면서 자신의 이익을 추구하게 되는 것을 말한다. 여기에는 예의범절과 현명함 등이 속한다. "영리함을 위한 교육을 통하여 인간은 시민으로 양성되며, 여기에서 인간은 공적인 가치를 얻게 된다. 또한 여기서 인간은 시민사회를 자신의 의도를 위하여 움직이는 것을 배울 뿐 아니라, 자기 자신을 사회에 적응시키는 것도 배우게 된다."(Kant, 2003, A 36) 이를 통해 그는 시민으로서 확립된다.

교육의 두 번째 단계인 훈육－문화화－시민화는 인류역사의 두 번째 단계에 대응한다. 이 단계에서 전체 인류와 개체로서의 아이는 순수한 자연 본성의 상태는 벗어났지만 아직 도덕성의 단계를 달성하지는 못한 상태에 있다. 이 단계를 칸트는 역사적으로 문명(civilization)의 단계로 규정한다. 문명의 단계는 아직 도덕성을 달성하지 못했다. 그래서 여기서 등장하는 외적인 예의바름과 명예심은 "도덕성의 모조품"이다. 도덕성이 없는 문명화는 단지 "외화내빈(外華內貧)"에 불과하다고 칸트는 말한다.

3) 도덕화

인류 역사와 인간 교육의 세 번째 단계는 도덕성의 단계이다. "인간은 단지 모든 종류의 목적들을 달성하는 데에 능숙하기만 해서는 안 되며, 순수하게 선한 목적을 선택하는 심성과 태도를 지녀야 한다. 선한 목적이란 필연적으로 모든 사람에게 승인되며, 동시에 모든 사람의 목적이 될 수 있는 것을 말한다."(Kant, 2003, A 23) 여기서 칸트는 문명화의 단계에서 보이는 이성적인 숙고는 도덕화의 단계에서만 가능한 순수한 선의지로 발전되어야 한다고 주장하고 있다. 문명화 단계에서 인간은 이성적 사고를 할 수 있지만 여전히 자연적인 인과 질서 속에 머물러 있다. 즉, 자유롭지 못하다. 이제 인간은 도덕화의 단계로 도약함으로써 순수한 자유의지에 따라 행동할 수 있어야 한다. 이것은 인간이 필연의 왕국에서 해방되어 자유의 왕국으로 들어섬을 뜻한다. 그러나 두 왕국 사이에는 건너기 힘든 매우 깊은 심연이 가로놓여 있다. 그래서 인간이 도덕성의 단계로 이행하는 과정은 이론적으로 해명하기 어려울 뿐 아니라 그것을 교육적으로 실현하기도 어렵다.

도덕성의 단계로의 이행이 교육적으로 실현되기 어려운 이유를 좀 더 자세히 살펴볼 필요가 있다.

칸트는 인간이 본성적으로 도덕적으로 될 자연 필연성 같은 것은 없다고 생각한다. 또한 지속적인 교육을 통해서 자연스럽게 실현될 수 있는 필연적인 도덕적 성향 같은 것도 인정하지 않는다.[5] 이 점에서 칸트는 루소와 다르

---

5) 인간성에 대한 칸트의 전체적 견해는『실용적 관점에서의 인간학 강의』에서 잘 나타난다. "실천적 이성능력과 자기의 선택의지라는 자유의 의식이 부여된 존재자(인격)는 이 의식에 의해, 불분명한 표상에서라 하더라도, 자신이 의무의 법칙하에 있다는 것을 자각하고, 또한 자신이 정당 혹은 부당하게 다루어진다는, 또는 자신이 다른 사람을 정당 혹은 부당하게 다룬다는 감정(그 때문에 이것은 도덕적 감정이라 불린다)을 가지고 있기 때문이다. 그러나 이것은 그 이미 인간성 일반의 가지적 성격이며, 그런 한에서 인간은 그의 생득적 소질에 따라서 선하다. 그러나 또한 경험은 다음과 같은 점을 보여준다. 즉, 인간에게는 허용되지 않는 것을, 그것이 허용되지 않는다는 사실이 잘 알려져 있다 하더라도, 열심히 추구하고자 하는 성벽, 즉 악에로 향하는 성벽이 있다. 그 성벽은 인간이 자신의 자유를 사용하자마자 반드시 조속히 일어나며 그 때문에 생득적으로 간주될 수 있다. 그러므로 인간의 그의 감성적 성격에 따르면 본성상 악이라고 판정되지 않으면 안 된다. 그리고 이것은 인류의 성격이 문제일 때는 자기모순이 아니다. 왜냐하면 인류에 있어서는 그의 자연적 사명은 보다 선한 것을 향한 부단의 진보를 본질로 하고 있다는 점이 가정될 수 있기 때문이다."

다. 루소는 도덕성의 '맹아'가 선을 향한 자연적 성향으로서 애초부터 (잠재적으로) 존재한다고 생각하며 이것은 마치 도토리가 참나무가 되듯 일정한 교육적 조건이 갖추어 지면 자연스럽게 발현되는 속성이라고 간주한다. 그러나 칸트가 보기에 도덕성은 – 물론 인간은 도덕성을 이룰 수 있는 선한 소질을 타고 나지만 – 적절한 조건만 갖추어 지면 자연적, 필연적으로 나타나는 것이 아니라, 아동 자신의 자유로운 주체적 결단을 통해서, 칸트의 용어로 말하면 "마음의 혁명적 전환"을 통해서 생겨난다. 이러한 주체적 결단 그리고 거기에 기초하는 도덕적 행동은 완전히 자유로운 것(외적인 영향에 의해서가 아니라 아동의 순수한 내면에서 솟아나는 것)이어야 한다. 그렇기 때문에 우리는 아이의 경험적이고 심리학적인 발전과정 속에서 그것을 일으키는 어떤 외적인 원인을 상정할 수도 찾아낼 수도 없다. 자유는 직접적으로 강제될 수 없는 성질의 것이기 때문이다.

이러한 칸트의 논리를 따라가다 보면 도덕교육에 대한 독특한 입장에 도달한다. 즉, 교사는 직접적인 교수(teaching)나 훈육(discipline)을 통해서는 아동을 도덕적으로 만들 수 없다는 결론에 도달한다. 왜냐하면 아동은 원리적으로 자신의 주체적 결단과 자유를 통해서만 도덕적으로 될 수 있기 때문이다. 따라서 칸트에 따르면 교사는 학생을 도덕적 완성으로 이끌 의무를 갖지 않는다. 그것의 교사의 권한과 능력을 벗어난 곳에 있기 때문이다. 교육의 완성단계인 도덕성으로 이행하는 결정적 과정에 교사는 단지 '동반'할 수 있을 뿐이다. 그래서 『교육학 강의』에서 칸트는 이렇게 말하고 있다. "도덕성은 너무도 신성하고 숭고한 것이다. 그러므로 우리는 그것을 훈육과 동등한 수준에 두는 평가절하를 행해서는 안 된다." 말하자면 직접적 훈육의 방식을 통해서 아이를 도덕적인 인간으로 만들겠다는 생각은 교사의 교만이며 월권이다. 물론 "아직 교육받지 못한 또는 타락한 마음을 도덕적 선의 길로 인도하기 위해서 어떤 예비적인 지도가 필요하다는 것을 부정할 수 없다. 즉, 우리는 그들 자신의 이익을 통해서 유혹하거나 불이익의 가능성을 통해서 두렵게 할 필요가 있다. 그러나 이런 방법, 즉 길잡이 끈이 얼마간 성공을 거두면 이어서 순수한 도덕적 동기가 마음에 고취되어야 한다." 따라서 당근과 채찍을 통한 훈육은 필요하지만, 도덕성의 성장을 돕기 위한 하나의 보조 수단, 즉 길잡이 끈이 될 수 있을 뿐이다.

그렇다면 교사는 아이들이 순수한 도덕성으로 이행하는 결정적 과정에서 단지 수수방관할 수밖에 없는가? 아이들이 스스로 마음의 혁명적 전환을 일으키도록 간접적으로나마 도와줄 수 있는 방법은 없는가? 다행히 칸트는 교사가 할 수 있는 얼마간의 역할에 대해서 언급하고 있다. 칸트는 누명을 쓰고 처벌된 사람의 이야기에 기초한 수업이 하나의 좋은 방법이 될 수 있다고 주장한다. 그가 제시하는 사례는 앤 불린(Ann Boleyn)의 이야기이다. 앤의 이야기를 해주고, 아이들로 하여금 '이성적 숙고'가 지시하는 것과 '도덕성'이 요구하는 것의 차이에 대해 스스로 생각하게 하며, 그러고 나서 아무런 현실적인 위험도 없는 현재의 상황에서 너는 어떤 길(왕의 명령에 복종 또는 순수한 정의로움)을 선택하겠느냐고 물음을 던진다. 이런 딜레마 상황의 이야기와 거기에 기초한 문답 훈련을 통해서 아이는 자기 자신 속에서, 자연(인과적 질서)에서 오는 것이 아닌 어떤 성향(도덕성)을 스스로 감득할 수도 있으리라는 것이 칸트의 주장이다.

5. 임마누엘 칸트 교육사상의 의의

결론에 대신하여, 칸트의 교육사적인 의미를 몇 가지 살펴보려 한다.

① 칸트는 과학적 교육학의 수립에 결정적인 영향을 주었다. 교육사에서 과학적 교육학의 아버지로 불리는 사람은 물론 19세기의 신인문주의 교육학자인 헤르바르트이다. 그러나 교육이 주어진 조건과 상황에 대한 우연적이고 대증요법적인 처방이어서는 안 되고 체계적이고 이론적인 기초 위에 서야 한다고 생각했던 사람들은 이미 칸트 이전에도 있었다. 앞에서 보았던 루소는 『에밀』에서 단지 파편적이고 우연적인 교육 방법을 제시하기보다는 언제 어디서나 고려되어야 할 완전한 그리고 보편적인 교육의 방법을 이론적으로 연구하려 했었다. 교육을 학문의 토대 위에 세워야 한다는 생각은 칸트에서 더욱 분명한 형태로 제시된다. 칸트는 당시 통용되던 "교육술의 기계주의"를 비판하면서 '교육술을 교육학으로 전환'시켜야 한다고 주장했다. 교육술에 기초한 교육은 결국 우연적이고 제한적인 경험들에 의존할 뿐이며 따라서 매우 불안정하고 취약한 토대 위에 서 있는 것이다. 이제 교육은 인간의 완전성의 이념에 기초한 체계적인(judizioes) 사고에 기초해서 진행되어야 한다. 칸트의 후임으로 쾨니히스베르크 대학에 취임한 헤르바르트는 칸트가 요구했던 과학적 교육학의 길을 완성했다.

② 칸트는 아이들은 현재의 상태에 적합하게 교육되어서는 안 되고 "인간성의 이념과 그 전체 내용에 맞게" 교육되어야 한다는 점을 분명히 하였다. 물론 이 인간성의 이념은 미리 주어져 있는 것이 아니라 인간 스스로가 모색하고 발전시켜야 하는 이념이다. 교육이 미래에 실현되어야 할 인간성의 이념에 기초한다는 주장을 통해서 칸트는 단지 현실에 사회에 적응적인 인간을 기르려는 부모와 국가의 입장에 대해 비판을 가했다. 부모는 출세에, 국가는 정치적 요구에 순응하는 인간을 교육하려 한다. 그러나 교육은 언제나 미래 인류의 보다 나은 상태를 설정하고 그

것을 실현시키려는 의도에 기초해야 한다. 여기서 칸트는 교육의 지평을 개인이나 집단으로부터 인류의 차원으로 확장시켰다. 이러한 칸트의 주장은 사회적 비전의 설정이 없는 교육이 얼마나 빈곤한 것일 수 있는 가를 상기시켜 준다.

③ 마지막으로 칸트는 교육학이 하나의 학문이 되기 위한 방법으로서 교육학이 이념뿐 아니라 실험(또는 경험)을 필수적 구성요소로 가져야 한다는 점을 강조하였다. 즉, 교육학은 인간의 이성과 경험의 혼합을 통해서만 학문으로서 자신의 정체성을 확립할 수 있다. 단지 경험적 자료와 통계에 기초하는 교육학도 문제지만 이념과 논리의 구름 위에 머물며 경험의 영역으로 하강하지 않으려는 교육학도 문제이다. 그래서 칸트 이래로 교육학은 이성적 측면과 경험적 측면의 '혼합학문'이라는 점을 감히 부정할 수 있는 사람은 없다.

생각할 문제

1. 임마누엘 칸트의 입장에서 도덕 교육은 어떻게 가능할까?
2. 지식과 지혜의 차이에 대해 임마누엘 칸트 교육철학 관점에서 이야기해 보자.

CHAPTER

08

요한 프리드리히 헤르바르트와 신인문주의 교육철학

08 요한 프리드리히 헤르바르트와 신인문주의 교육철학

1. 요한 프리드리히 헤르바르트의 생애

헤르바르트(Johann Friedrich Herbart, 1776~1841)는 1776년 5월 4일 북부 독일의 올덴부르크라는 도시에서 태어나 1841년 8월 11일 중부 독일의 대학 도시인 괴팅겐에서 세상을 떠났다. 현재 올덴부르크 대학은 국제 헤르바르트 학회를 만들어 운영하고 있으며, 매년 헤르바르트의 사상을 주제로 한 국제 학술대회를 개최해 오고 있다. 헤르바르트는 18세 때인 1794년 예나 대학에 입학하여 약 3년간 당대 철학의 거장이며 나중에 베를린 대학 초대 총장이 된 피히테에게 배웠다. 그러나 오래지 않아 그는 스승의 관념론적 학문이론 및 실천철학과 거리를 두면서 대신 실재론적 입장을 발전시켰다. 이로써 그는 19세기 유럽에서 진행된 관념론에서 실재론 철학으로의 전환을 선도하는 철학자가 되었다(Hirschberger, 1980b : 401 참조).

헤르바르트는 1797에서 1800년 사이에 스위스에서 당시 베른 시의 시장이었던 슈타이거 집안에서 가정교사 생활을 하였다. 이 시절의 교육경험은 헤르바르트의 교육사상의 성립에 큰 영향을 미쳤다. 또한 이때 페스탈로치를 알게 되었고 그의 학교를 견학했으며 그의 교육사상에서 큰 감명을 받았다. 스위스에서 주로 활동했던 페스탈로치를 처음으로 독일에 이론적으로 소개한 사람이 바로 헤르바르트이다. 가정교사 시기 이후 1800년에서 1802년 브레멘 대학, 1802년에서 1809년 괴팅겐 대학에서 강의했고, 1809년 칸트의 후임으로 쾨니히스베르크 대학 철학부 교수로 취임했다. 1911년 영국 출신의 메리 제인 드레이크와 결혼하였고, 슬하에 자녀는 없었다.

칸트가 세상을 떠난 뒤, 쾨니히스베르크 대학은 후임으로 정상급의 철학자이면서도 동시에 교육에 조예가 깊은 사람을 찾고 있었는데, 헤르바르트는 이러한 요구에 정확하게 맞아 떨어지는 사람이었다. 프로이센의 왕 프리드리히 빌헬름 3세는 헤르바르트의 채용을 승인하는 문서에서 다음과 같이 말하고 있다. "나는 괴팅겐 대학의 헤르바르트 교수가 우리 쾨니히스베르크 대학에서 철학을 가르치도록 승인한다. 헤르바르트는 페스탈로치의 원리들에 따라서 우리의 교육체제를 개선하는 데에 매우 유용한 역할을 할 수 있다고 여겨지기 때문이다." 헤르바르트는 프로이센의 교육개혁에 많은 기여를 하였다.

그는 1833년 다시 괴팅겐 대학으로 자리를 옮겨서 1841년까지 일했다. 이 때, 헤르바르트의 정치적 성향을 잘 보여주는 사건이 하나 있었다. 1837년 하노버 공국의 영주 에른스트 아우구스트(Ernst August)가 자유주의 성향의 헌법을 폐지하고 다시 왕권을 강화하는 반동적인 법을 채택했을 때, 괴팅겐 대학의 교수들은 이에 저항하는 사람들과 그렇지 않은 사람들로 구분되었다. 이때 저항을 주도하였다가 교수직을 박탈당하고 또 일부는 하노버에서 추방되었던 자유주의적 교수들을 '괴팅겐의 7인'이라고 부른다. 반면 당시 철학과

학과장이었던 헤르바르트는 저항 운동에 전혀 관여하지 않았다. 1년 뒤에 그는 이 사건을 "괴팅겐의 재난"이었다고 말함으로써 유감을 표명했다고 한다.

저서로는 1804년 『페스탈로치의 직관의 ABC 이념』을 필두로 하여, 1806년에 『교육의 목적에서 연역된 일반교육학』, 1813년 『철학입문 교과서』, 1816년 『심리학 교과서』, 1841년 『교육학 강의 개요』 등을 출간하였다. 여기서 보듯이 그의 학문 영역은 철학, 교육학, 심리학을 두루 포함하고 있는데, 이러한 특이한 학문적 지향은 존 듀이에서도 볼 수 있다. 헤르바르트가 죽은 후, 그를 추종했던 제자들(라인, 칠러 등)은 스승의 형식단계이론을 더욱 체계화하여 매우 정교하면서도 기계적인 교수학습론을 발전시켰다. 이들의 교육이론을 우리는 헤르바르트주의라고 부른다. 헤르바르트주의는 19세기의 서구의 학문적 교육학을 주도했다. 그러나 많은 현대의 학자들은 아동의 흥미를 중요하게 고려했던 헤르바르트의 원래 사상과 효과적인 지도 및 교수방법에만 집중했던 헤르바르트주의 간에는 깊은 차이가 있음을 지적하고 있다(예를 들면, Dietrich Benner).

2. 요한 프리드리히 헤르바르트의 철학

헤르바르트는 실재론자이다. 그는 칸트의 선험적-구성적 관념론이 발생시킨 단절, 즉 물자체(존재)의 세계와 표상(가상)의 세계 간의 단절을 거부한다. 헤르바르트에 따르면 가상들은 언제나 존재 자체를 함축하며 또 암시하고 있다. 그러나 보통 사람들은 이러한 가상들에 사로잡혀 있으며, 따라서 거기로부터 존재 자체를 파악하는 데로 나아가지 못한다. 그러므로 철학의 역할은 바로 이러한 경험적 개념들에 포함된 허점과 모순 그리고 숨겨진 전제들을 '비판'하고 제거함으로써 존재 자체에 대한 인식으로 나아가는 것이다.

이렇게 경험의 세계에 대한 심층적 탐구를 통해서 그 이면의 존재 자체의 세계를 인식할 수 있다고 본 점에서 헤르바르트는 당당히 아리스토텔레스의 뒤를 잇는 실재론자였다.

예를 들어, '사물'에 대한 우리의 경험적 표상을 보자. 우리는 사물은 여러 가지 특성들과 그것을 담지하고 있는 하나의 단일한 실체로 이루어진 것이라고 – 경험적으로 – 표상한다. 일상적으로 우리는 '이 얼음골 사과는 달콤하면서 부드럽고 향긋하다'고 말한다. 그러나 이 표상은 스스로 모순을 범하고 있는데, 왜냐하면 단일한 것(一)이 동시에 여럿(多)이라는 주장이 거기에 담겨 있기 때문이다. 단일한 것이 동시에 여럿이라는 것은 자기 모순적이다. 그러므로 하나의 단일한 것이 여러 개의 상이한 특성을 갖는다는 자기모순된 전제를 함축하고 있는 사물(개별적 존재자)에 대한 경험적 표상은 '비판'되어야 한다. 철학은 바로 이런 비판의 작업을 수행한다. "개별적 존재자는 단순하며 각 개별자는 단지 하나의 – 말하자면 우리에게는 알려지지 않은 – 성질을 갖는다. 다수의 특성들은 가상이며 이 가상은 동일한 존재가가 여러 상이한 타자들과 접촉함으로써 생겨나는 것이다."(Hrischberger, 1980b : 402) 예를 들어, 얼음은 하나의 단일한 성질을 갖는 것이지만, 우리의 눈에는 희고, 손에는 차가우며, 송곳과 만나면 깨지기 쉬운 것이다. 이런 방식으로 우리의 경험적 표상들은 철학적 비판을 통해서 명료하게 되며 그 결과 우리는 존재 자체에 대한 참된 인식을 획득한다.

동시대의 철학자였던 헤겔은 모순을 모든 것에 필연적으로 내재하는 것이며 모든 것을 발전시키는 동력이라고 보았다. 이에 반해 헤르바르트는 철학의 목적은 경험적 개념들에 내재한 모든 모순을 제거하여 궁극적으로 모순 없는 통일적 개념의 체계로서 현실을 제시하는 데 있다고 보았다. 철학사에서의 지위로 보면 헤겔이 훨씬 더 위대한 철학자일 것이다. 그러나 이 거대한 산맥에 대항하여 헤르바르트가 자신의 고유한 철학적 사유를 전개했다는 점은 높이 평가할 만하다.

이상에서 헤르바르트의 이론철학의 개요를 간단히 살펴보았다. 이제 그의 실천철학에 대해서도 간단히 언급해야 하겠다. 실천철학은 원래 '선(the good)'을 둘러싼 철학적 논의이다. 그런데 헤르바르트의 실천철학의 고유한 특징은 이 '선'의 문제를 '미'의 문제와 긴밀하게 연관시켜 논의한다는 데 있다. "그의 도덕론과 교육학은 미학이다."(Hirschberger, 1980b : 404). 그가 실천철학을 미학적으로 접근하는 것은 칸트의 윤리학의 한계를 비판하려는 의도에서 나온 것으로 보인다.

제7장에서 살펴보았듯이, 칸트의 도덕론은 '의무'에 기초한다. 즉, 『실천이성비판』에서 칸트는 우리의 마음속에 도덕법칙이 존재한다는 바로 그 사실로부터 우리는 반드시 그리고 무조건 그 도덕법칙에 따라서 살아야 한다는 데로 나아갔다. 그러나 잘 생각해 보면 하나의 의문이 떠오른다. 내 마음에 이성의 명령으로서의 도덕법칙이 있다고 해서 내가 반드시 거기에 복종해야 할 이유가 있을까? 헤르바르트에 따르면, 반드시 그래야 하는 분명한 이유는 없다! 그런데 칸트의 윤리학은 인간으로서 반드시 지켜야 할 도덕적 명령이 있다는 사실을 입증을 하는 데서 머물렀다. 달리 말하면 칸트는 당위의 사실(도덕법칙)로부터 당위의 실천(도덕적 삶)으로 비약했다.

헤르바르트는 칸트에서 한걸음 더 나아간다. 즉, 그는 왜 우리는 그 도덕적 의무를 실제로 지켜야만 하는가를 탐색한다. 그리고 그 해답을 '도덕적 의무와 명령이 미적인 판단'에 속한다는 데서 찾는다. 말하자면 우리가 어떤 도덕적 명령에 따르는 것은 그것이 단지 이성의 명령이기 때문이 아니라, 그것이 나에게 '아름답다'라는 감정을 불러일으키기 때문이다. 그리고 미적인 판단은 사실에 대한 판단이 아니라 취미(취향)에 대한 판단이므로, 그의 윤리학은 결국 "도덕적 취미에 관한 이론"(ibid, 404)이 된다. 다시 말하면 그의 실천철학은 올바른 도덕적 취미가 무엇이며, 그런 취미의 형성에 필요한 조건은 무엇인가를 규명하는 작업이다.

물론 사람들은 각자의 일상적 삶 속에서 나름대로의 도덕적 취미판단(취향)을 가지고 있다. 그러나 거기에는 종종 오류와 모순, 불충분함이 섞여 있다. 실천철학은 이러한 숙고되지 못한 판단들을 비판하여 순화시켜야 한다. 헤르바르트는 올바른 도덕적 취미를 형성하는 데에 필요한 5개의 궁극적인 윤리적 이념을 제시한다.

- 내적인 자유(자신의 통찰에 따라서 확고하고 일관되게 행위하기)
- 완전성(강하고 굳센 성격)
- 호의(선하고 온화함)
- 정의(분쟁이 생기지 않도록 주의하고 생겼을 경우에는 원만하게 해결함)
- 공정(상이나 벌을 통해서 되갚음)

이 다섯 개의 이념에 따라서 인간의 내면의 여러 가지 힘들이 형식적인 조화를 이룰 때, 거기서 우리는 직관적으로 아름다움을 느끼며 동시에 무엇을 행해야 하는가를 인식한다. 그러므로 헤르바르트는 자신의 윤리학에서 우리가 지켜야 할 도덕률들을 직접적으로 제시하지 않는다. 도덕적 행위는 각자의 마음의 여러 가지 힘들이 5개의 실천 이념에 따라서 미적인 조화를 이루는 순간에 떠오르는 바로 그것이다. 각자는 자신의 올바른 취미판단에 따라서 행동할 때, 도덕적인 삶을 살 수 있다. 요약하자면, 헤르바르트는 – 칸트의 이성적 도덕론에 반대하면서 – 도덕적 판단을 미적인 판단의 일종으로 간주했다. 도덕적 판단은 단지 이성적인 보편성, 즉 정언명법에 따르는 것이 아니라, '마음에 떠오른 의지'를 미적으로 승인하거나 거부하는 데서 성립하는 취미판단인 것이다.

3. 요한 프리드리히 헤르바르트 교육학의 배경

이 장에서는 헤르바르트의 철학에서 그의 교육이론, 즉 특히 '교육적 수업'의 이론으로 넘어가는 징검다리가 될 수 있는 내용을 몇 가지 다루려 한다. 첫째, 아동기에 대한 생각, 둘째, 그의 표상심리학을 다루고, 셋째, '세계의 미적인 제시로서의 교육'이라는 그의 독특한 견해를 설명할 것이다.

1) 아동기

헤르바르트는 현실 사회에의 적응을 강조하는 로크의 시민(신사, gentleman) 교육과 교육적 유토피아를 상정할 때만 가능한 루소의 '자연인' 교육을 모두 비판한다. 그의 아동기에 대한 생각은 칸트와 매우 유사해 보인다. 헤르바르트에 따르면 아동은 아무런 구체적 의지도 갖지 않은 채, 아무런 특정한 윤리적 태도도 지니지 않고 태어난다. 그러나 완전히 백지로 태어나는 것은 아니고 각자 특수한 기질과 성향을 가진다. 그러나 이 기질과 성향이 어떤 방향으로 발현되고 또 조정되는가는 대부분 교육에 달려 있다. 헤르바르트는 아동이 결단력 있는 의지를 발달시키기 전까지는 아동은 '야만적인 난폭성'에 지배된다고 본다. 이러한 무질서는 부모나 교사가 가르치려 하는 것들을 파괴하고 아동의 미래의 인격형성 자체를 위협할 수 있다. 그러므로 이러한 난폭함은 외적인 힘, 즉 강제를 통해서 제압되어야 한다. 그러나 동시에 강제를 통한 제압이 아동의 자발성을 완전히 질식시킬 정도가 되어서는 안 된다. 아동의 자발성이 제거되면 교육은 시작될 수조차 없기 때문이다. 그럼에도 아동의 자발성은 아직 확고한 의지가 제공하는 질서를 결여하고 있기 때문에 세심하게 관리될 필요가 있다.

2) 표상심리학

헤르바르트의 교육이론은 그의 표상심리학을 모르고는 온전히 이해될 수 없다. 헤르바르트가 창안한 표상심리학은 심리학의 역사에서 하나의 이정표를 세웠다고 평가된다. 그는 자신의 심리학을 정립하기 위해서 경험적 관찰, 철학적－형이상학적 사유 그리고 수학을 끌어들이고 있다. 그는 특히 현대적인 미적분학의 방법을 심리학 연구에 활용했던 최초의 인물이었다. 어쩌면 그는 뉴턴이 물리학에서 행한 것(물리법칙의 정립)을 심리학의 영역에서도 성취(심리법칙의 정립)하려 했다고 볼 수 있다. 물론 이어지는 19세기의 경험심리학이 표상심리학의 전통을 따르지는 않았지만, 빌헬름 분트나 프로이트의 심리학에 대한 그의 영향력은 부인할 수 없다. 그렇다면 그의 표상심리학의 내용을 간단히 살펴보자.

갓 태어난 인간의 최초의 마음은 어떠한 구체적인 내용이나 형식도 없는 백지 상태와 같다. 물론 백지들의 재질이 다 다르듯이, 각 개인의 마음의 소질도 다를 수밖에 없다. 다만, 거기에 쓰인 무엇인가가 없다는 점에서는 모두 백지이다. 그러나 태어난 순간부터 외부 세계로부터 끊임없이 감각적 자극이 들어와 마음속에 '표상'이라 하는 것들이 무수하게 생겨난다. 표상이라는 말이 생소하다면 '마음에 포함되어 있는 모든 내용들' 쯤으로 이해하면 된다. 그런데 좀 괴상하게 들리지만, 헤르바르트는 표상들이 자신이 속해 있는 사람의 마음에서 망각되는 것을 극도로 싫어하는 일종의 '힘'으로서 존재한다고 본다. 표상들은 무의식의 영역으로 가라앉기보다는 계속 의식된 영역에 머무르고 싶어 한다. 그러나 상대적으로 힘이 강한 표상만이 의식된 영역에 머무를 수 있다. 힘이 약한 표상은 경쟁에 밀려서 의식 밑으로 사라진다. 그러나 결코 완전히 사라지는 것이 아니라 의식의 저변에 영원히 머물면서 다시 의식 위로 떠오를 기회를 노리고 있다. 그래서 우리 마음의 무수한 표상들은 물리적인 원자들처럼 각자의 '힘'에 의거해서 서로 반발하거나 결합하고 방해하거나 촉진하면서 움직이고 있는 것이다. 거기에는 일종의 물리적인 법칙성이 작동하고 있다.[1] 결국 우리의 모든 감정과 판단 그리고 행위는 결국 이러한 물리적 법칙성에 의해서 존재한다.[2]

이렇게 인간의 의식 속에 있는 것이 단지 표상들과 그것들의 운동뿐이라면, 기존의 심리철학에서 주장했던 부소능력설(즉, 인간의 마음은 판단력, 추리력, 상상력, 의지력, 지각력, 기억력, 집중력, 정서능력 등등 타고난 기능들을 가지고 있다는 이론)은 반박된다. 헤르바르트에 따르면 소위 '부소능력'이란 의식에 들어 있는 표상들의 상호 관계 및 작용으로 형성되는 특정한 배열, 연합, 복합의 상태와 다른 것이 아니다. 예를 들어, '의지'는 여러 가지 방해가 되는 표상들과 그들을 물리치고 굳건하게 등장하는 표상 간의 관계이며, '지각'은 의식 밑에 가라앉아 있던 낡은 표상이 표면에 떠올라 새로운 표상을 맞아 결합하는 과정이다. '쾌락'은 표상들의 독립적인 활동이 서로서로를 강화하는 데서 나타나는 결과이며, '고통'은 그 활동들이 각기 다른 방향으로 어긋나게 끌어당길 때 나타나는 결과이다.

---

1) 헤르바르트는 근대 인식론의 핵심적 문제 중 하나였던 의식의 통일성 또는 '자아'의 문제도 표상심리학으로 해명해 낸다. 우리가 흔히 '자아' 또는 '통각'이라고 부르는 의식의 통일성은 과연 어디에서 오는 것일까? 끊임없이 새로운 경험을 하고 또 새로운 생각을 떠올리면서도 항상 내가 나를 동일한 나로서 느끼는 것은 어떻게 가능할까? 데카르트나 칸트 같은 철학자는 그것을 의식에 내장된 독특한 능력이나 기능이라고 보았다. 그러나 표상심리학에 따르면 그것은 단지 의식 속에서 지배적인 위치를 차지하고 있는 '일군의 표상'을 의미한다. 이 지배적인 표상의 집단은 새로 들어오는 자극이나 표상들을 자신의 틀 속으로 통합(통일)해 들이는 기능을 수행한다. 따라서 하나의 실체로서의 '자아' 같은 것은 없다. 자아는 서로 교차하는 표상의 계열들(통각하는 계열과 통각되는 계열)의 교차점일 뿐이라고 헤르바르트는 주장한다.

2) 그러므로 이 의식의 표상들의 운동은 물리적인 입자들의 운동과 마찬가지로 엄밀한 수학적 계산을 통해서 파악될 수 있다. 따라서 표상심리학은 표상들이 인간의 의식과 무의식 사이에서 벌이고 있는 복잡한 움직임들 그리고 통각이나 기억 등을 법칙적으로 설명하려 한다. 즉, 인간의 심리도 정확히 측정되고 수량화될 수 있다고 보았다. 물론 헤르바르트는 이러한 수학적 심리학을 완성시키지 못했다.

헤르바르트는 자신의 표상심리학이 완성되면, 인간의 심리 내에서 어떤 자극이 어떤 결과를 일으킬 것인가를 미리 예측할 수 있을 것으로 기대했다. 그럴 경우 교사는 자신이 수업을 통해 의도적으로 제공하는 이런 저런 표상들이 학생의 지적, 도덕적, 정서적 발달에 어떤 영향을 미칠 것인지에 대해 분명히 파악한 위에서 완전한 교육할 수 있게 된다.[3] 헤르바르트는 심리학을 통해서 "교육적 인과관계"를 파악할 수 있다고 생각했던 것이다. 그러나 이런 태도는 '인간 심리에 대한 결정론적 사고'라고 비판받기도 하였다. 이와 연관해서 표상심리학이 갖는 또 하나의 교육학적 의미는 교육을 내적인 소질이나 능력을 발달시키는 과정이 아니라, "외부로부터 제시된 교과를 수단으로 하여, 내용의 연합 또는 관련을 확립함으로써 마음을 형성해 주는 일" (Dewey, 2007 : 131)로 간주하게 된다는 데 있다. 그리고 이 일은 보편적인 수업의 절차, 즉 명료, 연합, 체계, 방법의 과정을 엄정하게 적용할 때 효과적으로 달성될 수 있다.

3) 세계의 미적인 제시로서의 교육

이 문제는 앞에서 다룬 헤르바르트의 실천철학과 긴밀히 연관되어 있다. 헤르바르트에 따르면 도덕적 선은 우리에게 복종할 것을 명령하고 있는데, 우리는 자신의 자유로운 결정에 따라서 이 명령에 따를 때에만 도덕적일 수 있다. 그런데 경험론자인 로크는 인간이 도덕적 선에 복종해야 하는 근거를 실제적 '유용성'에 기초해서 정당화했다. 공동적 삶을 원활히 하기 위해서 우리는 거기에 맞는 행동방식에 반드시 따라야만 한다는 것이다. 칸트는 이성적 존재라면 결코 거부할 수 없는 이성적 필연성, 즉 정언명령에 기초해서

---

3) "헤르바르트의 덕택으로 이제 가르치는 일은 순간순간 일어나는 교사의 영감과 전통에 대한 맹종으로 뒤범벅된 상태에서 이루어지는 것이 아니라, 명확하게 결정된 목적과 절차에 다라 진행되는 의식적 노력으로 되었다."(Dewey, 2007 : 134)

우리는 무조건적으로 도덕적 선의 명령에 복종해야 한다고 말한다.

그러나 헤르바르트에 따르면 우리는 자신의 자유로운 결정에 기초해서 도덕적 선의 명령에 따를 때만 도덕적일 수 있는 것이다. 그러므로 도덕적 선에 대한 복종은 로크에서처럼 인과적-기계적 강요에 기초해서도 안 되고, 그렇다고 칸트처럼 절대적인 논리적 필연성 기초해서도 안 된다고 주장한다. 물론 칸트는 정언명령이 인간 이성의 명령이기 때문에 거기에 따르는 것은 외적 강제에 복종하는 것과 다르다고 주장했지만, 헤르바르트가 보기에는 그것도 역시 인간의 자유로운 결단에 따른 것은 아니라는 점에서 강제성을 띠는 것이다.

그렇다면 인간이 도덕적 선을 '현실적 요구'나 '순수 이성의 명령'이 아니라 자유로운 결단을 통해서 수용하고 거기에 복종할 수 있는 길은 어디에 있는가? 헤르바르트는 이러한 '자유와 필연성의 문제'를 해결하기 위하여 윤리적인 판단을 미적 판단의 일종으로 분류하는 전략을 택한다. 이제 교사는 도덕적 선을 학생들에게 - 현실적 또는 이성적 필연성이 아니라 - "미적인 필연성"으로서 제시해야 한다. 그럴 경우 도덕적 선은 학생들에게 '미적'으로 - 올바른 것으로 - 지각되는데, 이 미적 지각은 동시에 학생의 마음에 그 도덕적 선에 따라 살고자 하는 뜨거운 마음을 생성시킨다. '미'란 바로 그런 마음을 움직이는 특성을 갖는 것이기 때문이다. 그러므로 이때 학생은 스스로의 자유로운 결단에 기초해서 도덕적 선을 선택하게 된다. 이런 방식을 통해서 비로소 순수한 기계적 인과성도 순수한 이성적 필연성도 아닌 어떤 상호적인 운동(내적인 정신적 활동과 외적인 경험 간의 관계)이 우리의 도덕적 결단에서 일어날 수 있다.

요약하자면 헤르바르트는 로크에서처럼 우리를 압박하는 현실적인 필요성에 복종하거나 칸트에서처럼 절대적으로 필연적인 이성 법칙에 복종하는 것을 모두 거부한다. 그는 제3의 길을 모색한다. 그것은 행위하는 사람이 스스로의 마음에서 우러나와서 하는 복종이다. 이 제3의 길을 택할 때, 복종하는 사람은 제시된 도덕적 선을 스스로 검토하고 반성함으로써 비로소 그것을 자신에 대한 명령으로 받아들이고 그리하여 스스로의 결심을 통해서 도덕적 선에 복종한다. 그렇다면 이렇게 자신의 마음의 결정을 통해서 도덕적 선에 복종하는 사람을 교육하기 위한 방법은 무엇인가? 헤르바르트는 "세계의 미적인 제시가 교육의 주요 과제"라고 말한다. 여기서 '세계의 미적인 제시'란 세계를 감각 가능한 방식으로 제시함으로써 학생을 도덕적 선에 대한 미적인 판단으로 그리하여 결과적으로 도덕적 의지의 형성으로 인도하는 것을 말한다.[4] 이것이 중요한 이유는 미감(미적 감각)과 결합된 도덕 판단만이 인간의 자의적인 욕구를 통제하는 참된 의미의(다시 말하면 학생 자신의 자유의지를 통한) 도덕적 의지를 형성할 수 있기 때문이다. 그러므로 이제 세계의 미적 제시는 그의 교육이론의 핵심인 "교육하는 수업"의 핵심적인 과제로 된다.

4. 요한 프리드리히 헤르바르트와 근대적 교육학의 성립

헤르바르트는 교육학의 아버지이다. 즉, 헤르바르트는 학문적 교육학을 처음으로 성립시킨 학자이다. 그는 『교육의 목적에서 연역된 일반교육학(Allgemeine Pädagogik)』과 『교육학 강의 개요(Umriß pädagogischer Vorlesungen)』 등 교육학에 관련된 저서를 남겼다. 그의 『교육학 강의 개요』는 생애 마지막 저서로 "학문으로서의 교육학은 실천철학과 심리학에 의존한다. 실천철학은 교

---

4) 세계가 미적으로 제시된다는 것은 학생들의 영혼 속에 형성된 세계가 다음과 같은 "실천적 이념들"에 부합하는 모습을 띤다는 것이다: 내적인 자유, 완전성, 호의, 정의 그리고 공정. 이런 실천적 이념들은 궁극적인 의지의 태도로서 자연스럽게 우리의 마음을 끌며 마법처럼 우리를 사로잡는다 – 마치 음악의 아름다운 화음이 그렇게 하듯이!!

육의 목적을, 심리학은 교육의 길, 즉 교육의 수단과 장애요인들을 제시한다."고 학문으로서 교육학을 언급한다. 헤르바르트는 실천철학으로부터 교육의 목적을, 심리학으로부터 교육 및 수업의 방법을 도출하여 독립된 학문으로서의 교육학을 성립시켰다. 헤르바르트는 교육의 목적을 실천철학, 즉 윤리학으로부터 도출했기 때문에 교육의 목적은 도덕성을 실현하는 것을 보았다.

헤르바르트는 심리학, 즉 앞서 언급한 표상심리학에 기초하여 교육방법론을 구축하고자 하였다. 헤르바르트는 도덕성이라는 교육 목적을 실현하기 위한 방법으로 훈육(Regierung, 관리/감독),[5] 수업(Unterricht), 도덕적 지도(Zucht, 훈육)[6]를 제시한다. '훈육'은 교육의 전단계로서 아동의 욕망을 억제하고 외적 질서를 유지하는 훈련을 하고 자연적이고 맹목적인 충동과 난폭한 행동을 통제하여 교육을 받을 수 있는 조건을 형성하는 것이다. 그렇기 때문에 훈육은 본래의 교육을 시작하기 위한 전제조건을 마련하는 방법이다. 대표적인 훈육의 방법으로는 위협, 감시, 권위, 사랑 등이 있다. '수업'은 본격적인 교육에 해당한다. 특히 헤르바르트는 학습자의 인성에 영향을 미치는 교육적 수업을 강조하였다. '도덕적 지도(Zucht)'는 수업 다음에 오는 교육으로서 수업이라는 매개체가 없이 아동에게 직접적으로 작용하여 아동의 심정에 영향을 줌으로써 도덕적 품성을 도야하는 것이다. 도덕적 지도는 학습자가 스스로 질문하기 시작하여, 도덕적 자기-관계 속으로 진입하는 방식으로, 사고를 확장시킬 수 있는 능력을 구축함으로써, 도덕적 학습을 함양시키는 것을 목적으로 하는 대화적 상호작용의 형태이다. 즉, 학습자가 스스로 자기의 경험을 통해

---

5) 헤르바르트의 Regirung은 보통 관리나 감독으로 번역한다. 그러나 Regierung은 영어의 discipline에 가깝다. 왜냐하면 헤르바르트는 Regierung은 본격적인 교육이 아니라 교육받은 조건을 형성하는 것이라고 언급하였기 때문이다. 즉, 아동이 교육을 받을 수 있도록 훈육하는 것이 Regierung이기 때문에 여기서는 훈육이라고 번역한다.

6) Zucht는 보통 훈육이라고 번역한다. 그러나 Zucht는 훈육이라기보다는 아동에게 직접적으로 작용하는 도덕 교육이다. 그렇기 때문에 여기서는 도덕적 지도라고 번역한다.

서 도덕적인 문제 상황에 대해 질문하고 토론하고 대화하면서 스스로 선택하고 판단할 수 있도록 교사가 도와야 한다.

5. '교육적 수업'(교육적 교수, educational teaching)

1) 교육적 수업의 개념

교육학에 관한 그의 저작들은 1802년부터 나오기 시작했다. 그 첫 번째가 『페스탈로치의 직관의 ABC 이념』이었고 이어서 1804년 『교육의 주요 과업으로서의 세계의 미적인 제시에 대하여』가 발표되었다. 그의 교육론의 핵심인 '교육적 수업'의 이론은 1806년 『교육의 목적에서 연역된 일반교육학』에서 주로 다루어진다. 그런데 그의 교육적 수업의 이론을 정확히 이해하기 위해서는 먼저 약간의 용어 설명이 필요하다. '교육적 수업'에서 '교육'(education)은 일반적인 의미의 교육이 아니라, 인격 또는 인성을 육성하고 계발하는 교육(도덕교육, 인성교육)이라는 좁은 의미로 이해해야 한다. 그리고 '수업'(teaching)은 세계를 알려주기 위해 새로운 지식을 전달하고 이미 존재하는 능력을 발전시키며 유용한 기술들을 전수하는 일(교과교육, 지식교육)을 가리킨다. 그렇다면 교육적 수업은 인성과 인격을 발전시키는 교과교육 또는 지식교육을 뜻한다. 결국 그는 교과교육은 반드시 인성의 계발과 결합되어야 한다는 주장을 하고 있는 것이다.

헤르바르트 이전에도 '교육'(인성/도덕 교육)과 '수업'(교과교육)이 분리될 수 없다는 점을 강조했던 교육사상가가 없었던 것은 아니다. 플라톤을 위시해서 칸트까지 위대한 교육사상가들은 지식 교육과 도덕 교육을 분리시켜서 생각하지 않았다. 그러나 지식 및 교과내용을 가르치는 과정이 어떻게 직접적으로 인간의 마음을 도덕적으로 만드는 데 기여할 수 있는가에 대해서 치밀한 분석을 했던 사람은 헤르바르트가 처음이라고 할 수 있다. 지금도 '교과수업'과 '도덕성의 형성'은 대체로 별개의 영역으로 간주되는 경우가 많다. 반면 헤르바르트는 '교과수업'을 '도덕성의 형성'이라는 교육 목적과 내적으로 결합시키는 새로운 교육적 패러다임을 제시한다. 그는 상벌이나 직접적인 훈시 또는 강한 도덕적 자극과 같은 일시적이고 외적인 영향들을 통해서는 교육의 목적을 달성하기 어렵다고 본다. 단지 적절하게 구성되고 실행되는 '교과수업'만이 교육의 목적을 달성하기 위한 중심적인 수단이라고 보았다. 그래서 그는 '수업이 교육의 중핵을 이루는 활동'이라고 말한다.

그는 자신의 사고와 경험 그리고 실험을 통해서 '교육적 수업'이 갖는 놀라운 효과를 확신하게 되었다. 그의 확신은 간단히 이렇게 요약될 수 있다: "수업을 통해서 '다면적 흥미'를 획득한 사람은 그가 심사숙고 후에 원하게 되는 모든 것을 내면적인 동요 없이 행할 수 있다." 수업을 통해서 '다면적 흥미'를 획득한 사람은 언제나 5가지의 윤리적인 실천이념들을 명심하며, 지속적인 배움에서 느끼는 기쁨과 자신의 성격적 안정성에 의존하여 스스로 그 실천적 이념들을 완성해 나갈 수 있다고 헤르바르트는 생각한다. 대학교수로서 그리고 쾨니히스베르크 대학 부설 실험학교 교장으로서 활동하면서 그는 언제나 '교육적 수업'을 중심에 놓고 사고했다.

2) 교육적 수업에 대한 착상의 성립과정

헤르바르트가 '교육적 수업' 또는 '수업을 통한 교육'을 처음으로 구상하게 되는 것은 청년시절 스위스의 베른에서 했던 가정교사 경험에 기초한다. 그는 베른에서 가정교사로서 14세, 10세, 8세의 세 남자아이를 수년간 가르쳤다.7)

---

7) 헤르바르트에 앞서서 2~3년간 이 아이들을 가르쳤던 가정교사는 철학자 헤겔이었다. 그러나 이 시기에 헤겔은 헤르바르트와 달리 아이들 교육에는 별 관심이 없었고, 친구 횔덜린이나 셸링 등과 서신을 교환하면서 속히 독일로 돌아갈 기회를 찾고 있었다.

이때 가정교사로서 그의 과업은 두 가지였다. 하나는 아이들에게 고전어, 역사, 수학, 자연과학 등의 교과를 '가르쳐야'(수업) 했고 동시에 그들을 올바른 인성을 갖춘 사람으로 '길러내야'(교육해야) 했다. 약관 20세의 청년 헤르바르트가 아이들의 부모에게 정기적으로 제출한 보고서를 보면 그가 이미 이 시기에 '교육적 수업'의 착상을 발전시키고 있음을 알 수 있다.

부임 초기에 헤르바르트는 계약 조건에 명시된 대로 교과를 가르치는 한편 훈계나 설득, 질책 등과 같은 '직접적인 영향력을 행사하여' 학생들의 성격(인성)을 계발하려고 시도했다. 그러나 그는 곧 자신의 시도가 별로 효과가 없다는 사실을 깨달았다. 특히 14살짜리였던 루드비히의 경우에 그것은 매우 명백했다. 타이르거나 꾸짖는 방식으로 루드비히의 인성을 올바르게 변화시키기는 어려워 보였다. 이에 헤르바르트는 루드비히의 인성발달을 위해서는 이제 '루드비히 자신의 이성'에 기초할 수밖에 없다고 결론 내린다. 그 이외의 방식의 인성교육은 루드비히를 기껏해야 '영리하고 합리적인 이기주의자'[8]로 키우는 데 그칠 위험이 있다는 것이다.

그러나 이성에 기초한 도덕교육이라는 것이 과연 가능할까? 어떻게 냉철한 이성을 통해서 학생의 내면에 따스한 도덕적 온기를 형성시킬 수 있을까? 바로 이런 문제를 해결하려는 과정에서 헤르바르트는 다음과 같은 희망을 피력한다. 루드비히의 인성계발을 위해 이용할 수 있는 교육적 자원은 "① 신중한 준비를 통해서 천천히 제시된 관념들을 흡수하는 그의 수용적인 이성 능력과 ② 그 작은 불씨들이 언젠가는 그에게 능동적인 인격적 사고를 그리고 자기 자신이 통찰한 바에 따라 살고자 하는 노력을 점화시키리라는 희망뿐이다."("교육의 주요 과제로서의 세계의 미적 제시에 관하여") 이러한 교육적 희망을 실천적인 교육의 이론으로 체계화한 것이 바로 '교육적 수업'의 이론이라고 할 수 있다.

---

8) 칸트 식으로 말하자면 훈육, 문화화, 시민화의 단계를 훌륭하게 거쳐서 누가 봐도 능력 있고 세련되며 경우 바른 시민으로 보이지만 내면의 인격이나 도덕성은 전혀 형성되지 않은 사람을 말한다.

3) 교육적 수업의 내용과 표상심리학

청년 헤르바르트의 '교육적 수업'에서 교과 내용은 크게 봐서 '예술적이고 문학적인 영역'과 '수학적이고 자연과학적인 영역'으로 이루어졌다. 그는 한편으로 뛰어난 언어적 기술과 역사 및 문학 지식을 학생들에게 전수했고 또한 높은 수준의 수학과 자연과학을 가르쳤는데, 그것은 동시에 '강한 도덕적 품성의 형성'이라는 교육 목표와 긴밀하게 결부되어 있었다. 역사, 문학, 수학, 자연과학 등을 통해서 세계에 대한 넓고 또 균형 잡힌 지식을 습득한 사람은 도덕적 선에 대한 올바른 미적 판단을 내릴 수 있고 또 온갖 유혹에도 불구하고 자신이 옳다고 판단한 바에 따라 행동하려는 강한 도덕적 품성을 지닐 것이다.

이렇게 균형 잡힌 이성적인 마음을 길러 줌으로써 도덕적 품성을 지니게 만들려는 헤르바르트의 교육적 기획은 표상심리학에 의해 지지된다. 앞서 보았듯이 그의 표상심리학은 지식, 감정, 욕구, 의지를 독립된 기능이나 능력으로 간주하지 않는다. 그것들은 '개인의 마음에 들어 있는 표상들과 그들의 상호작용 및 관계'[9]에서 흘러나오는 것이다. 예를 들어, 도덕성의 기초인 강한 의지력과 행동의 신뢰성은 다름 아닌 마음의 구조적 안정성에 기초하는 것이라고 간주된다. 반면 마음이 혼란스럽고 불안정한 사람은 충동적거나 변덕스럽게 행동하기 쉽고, 비도덕적인 행동을 저지를 가능성이 높다. 그러므로 인간의 도덕적 품성의 기초는 지성적으로 구조화된 마음상태(즉, 사고권)에서 나오는 것이다. 이러한 표상심리학 이론을 배경으로 할 때, 수업(teaching)이 인성(성격)을 강화하는 중요한 수단이라는 그의 주장이 이해될 수 있다.

---

9) 이것을 헤르바르트는 '사고권' 또는 '표상권'이라고 부른다. 이 생소한 용어들은 우리의 의식이 표상들의 물리적-공간적 관계에 의해 존립한다는 사실을 강조하기 위해 헤르바르트가 만들어 낸 것이다.

그런데 문제는 어떻게 도덕성의 기초가 될 수 있는 조화롭고 균형 잡힌 사고권을 교과수업을 통해서 학생의 마음속에 형성할 것인가에 있다. 먼저 분명한 것은 수업을 통해서 학생들에게 불어넣어지는 표상들의 상호작용이 사고권을 형성하는 힘이라는 사실이다. 따라서 어떤 내용을 어떻게 가르칠 것인가가 교육의 핵심적인 문제로 등장한다. 수업의 내용과 방법이 헤르바르트 교육이론의 중요한 문제가 된 것은 필연적 귀결이었다.

4) 교육적 수업의 목적 : 다면적 흥미

헤르바르트는 이 문제를 해결하기 위해서 먼저 '다면적 흥미'라는 개념을 제시한다. 헤르바르트에 따르면 흥미는 욕망과 마찬가지로 우리의 마음을 활동적, 능동적으로 만드는 힘이지만 욕망과는 다른 특성을 갖는다. 흥미는 우리의 주관을 대상과 연결시키는 최초의 끈이며, 세계에 대한 우리의 '관점'을 형성한다. 이에 반해 욕망은 어떤 대상을 직접적으로 추구하며 따라서 반드시 행위로 발현된다. 이와 달리 흥미는 아직 직접적으로 대상을 추구하고 있는 상태가 아니며 구체적 행위를 요구하지도 않는다.

도덕적 품성을 준비하기 위해 학생이 지녀야 할 흥미의 이상적인 구조는 '다면성'이다. 다면적 흥미는 한 개인이 많은 다양한 대상들과 깊이 있게 관계하고 거기에 대한 경험들을 포괄적인 연관성 속에서 기억하고 있을 때 형성된다. 또한 역으로 흥미의 다면성을 통해서 개인의 새로운 경험들이 균형 잡힌 그리고 통일적인 전체로 통합될 수 있다.[10] 그러므로 수업의 내용은 학생들이 지식의 영역(인식)과 사회적 감성(공감)의 영역 등 전반적인 삶의 영역에 대해 폭넓은 흥미를 갖도록 조직되어야 한다. 폭넓은 흥미를 가진 학생들

---

10) 여기서 헤르바르트의 '다면적 흥미'는 당시의 신인본주의의 이념이었던 '인간 능력의 조화로운 훈련'의 심리학적 대응물로 간주될 수 있다.

은 폭넓은 정신을 가진 '개방적 교양인'이 될 뿐 아니라, 변화하는 삶의 상황에 유연하게 대처할 수 있는 능력을 획득한다.

'교육적 수업'에서 '흥미'는 두 가지 측면에서 고려되어야 한다. 첫째로, 다면적 흥미를 가진 사람으로 기르는 것은 교육적 수업의 중요한 목적이다. 다면적 흥미를 가진 사람만이 자신의 이성적이며 도덕적인 판단에 따라서 행동할 수 있는 내적인 안정성을 가질 수 있다. 둘째로 흥미는 '교육적 수업'의 목적일 뿐 아니라 동시에 수단이기도 하다. 즉, 연속적인 흥미를 통해서만 교사는 학생들이 '사고권'을 끊임없이 확대하고 또 세계에 대한 '인식'과 다른 인간의 운명에 대한 '관여(공감)'를 조장할 수 있다. 흥미가 결여되어 지루하게 되는 것은 "수업이 범할 수 있는 최악의 죄"이다.

5) 교육적 수업의 방법

수업을 통해서 우리가 학생의 내면에 안정성과 다면적 질서를 형성시키려 할 때, 우리는 내용뿐 아니라 방법에도 주목해야 한다. 수업이나 교육의 과정이 파행적, 비약적이어서 학생들의 마음에 혼란을 일으키는 것은 도덕적 인성을 형성하는 데에 악영향을 미친다. 그러므로 수업의 과정은 학생의 사고가 항상 내적인 명료함과 통일성을 유지할 수 있도록 세심하게 조직되지 않으면 안 된다. 이를 위해서 헤르바르트는 사고의 보편적인 단계인 '명료', '연합', '체계', '방법'이라는 4단계 과정에 맞게 수업을 조직하는 것이 바람직하다고 본다. 명료의 단계는 학습할 대상을 세부 요소로 쪼개고, 각각의 요소들을 다른 것들과 분리된 상태에서 분명하게 이해하는 과정이다. 연합의 단계는 어느 정도 정확히 이해한 요소들을 이미 알고 있는 지식들과 연합시키는 과정이다. 체계의 단계는 다양하게 연합된 관계들 중에서 필연적이며 올바른 관계들을 골라내어, 이미 알고 있던 것과 새로운 지식을 하나의 통일적인 체계로서 확립하는 단계이다. 방법의 단계는 체계의 단계에서 습득한 새로운 지식이나 능력을 새로운 과제의 해결을 위해서 적용해 보는 과정이다. 수업이 철저히 이러한 과정을 통해서 진행될 경우에만 학생의 마음은 안정적으로 다면성 흥미를 풍부하게 만들고 또 확장시켜 나갈 수 있다. 이러한 4단계는 나중에 헤르바르트의 제자들에 의해서 기계적인 수업 단계 이론으로 고착화 되었다.

6. 요한 프리드리히 헤르바르트의 실험학교

헤르바르트의 교육학이 나중에 수많은 추종자를 얻을 수 있었던 것은 그의 이론이 사변적 측면을 가지고 있으면서도 동시에 많은 부분 실제의 교육 경험에 준거하고 있었기 때문일 것이다. 그는 1809년 쾨니히스베르크 대학 철학 및 교육학부에 부임하자마자 철학 및 교육학을 가르치는 것과 병행하여 작은 실험학교를 만들어 운영하고 싶다는 적극적 희망을 피력했다.

"나의 많은 과업들 중에서 내 마음은 특히 교육이론을 가르치는 일에 쏠린다. 그러나 교육이론은 단순한 학술적인 문제가 아니다. 그것은 동시에 검증되고 실천되어야 한다. 또한 이 분야에서 (지난 10년간 획득한) 나의 경험을 확장하고 싶다. 그래서 나는 선발된 소수의 소년들을 하루 한 시간 정도 가르치고 동시에 그 자리에 나의 교육학을 추종하는 젊은이들을 참석시켜서 내가 시작한 프로젝트를 나의 감독 아래 점진적으로 발전시키려는 생각을 일찍부터 했었다. 이런 식으로 해서 교사는 점차로 훈련되고, 그들의 교수방법은 상호관찰과 의사소통에 의해 완벽해질 것이다. 어떤 수업계획도 그 계획을 잘 이해하고 있는 그리고 그 방법의 실행에 숙련된 교사가 없이는 무용지물이다. 그러므로 내가 생각하고 있는 작은 실험학교는 나중에 대규모의 시행을 위한 최선의 준비일 것이다. 칸트가 말했듯이, 먼저 실험학교를 만들고 그 다음에 일반 학교를 만들자."

헤르바르트의 이러한 제안은 1809년의 프러시아의 상황에서 설득력을 가진 것으로 간주되었다. 1806년 예나에서 나폴레옹 군대에게 패배한 프러시아는 내부적 제도 개혁에서 국가발전의 새로운 전기를 찾고 있었다. 그리고 여기서 교육개혁은 국가 체제 개혁의 핵심적인 부분으로 간주되고 있었다. 프러시아의 교육 개혁은 특히 1809년에서 1810년 사이에 빌헬름 폰 훔볼트에 의해 정력적으로 추진되고 있었다. 이런 상황에서 헤르바르트는 시급히 요구되는 교사 양성에 기여하도록 쾨니히스베르크 대학에 채용되었던 것이다. 그러나 헤르바르트는 이러한 정치적 상황을 넘어서 자신의 교육적 수업의 기획이 앞으로 공교육의 참되고 지속적인 원리로 되어야 한다고 믿었다.

그의 계획은 재정적 문제로 인하여 단지 부분적으로만 시행되었다. 1818년 프로이센 정부의 지원을 받음으로써 비로소 헤르바르트는 소수의 어린 학생들을 입학시켜 정식 실험학교(역사상 최초의 대학 부속학교)에서 학생들을 가르칠 수 있었다. 그는 여기서 자신의 '교육적 수업'의 효과를 입증하고자 하였으며, 실험학교의 교육과정도 베른의 가정교사 시절에 그가 실행했던 것과 비슷하게 문학과 수학으로 구성되었다.

5년 뒤인 1823년 그는 '자신의 방법이 이제 명확한 형태를 갖추었다'고 프로이센 정부에 보고했다. 그는 자신의 방법이 모든 중등학교들에서 채택되리라는 희망을 가지고 있었다. 당시 프로이센의 중등학교는 학생들의 흥미를 동기부여 차원에서도 또한 교육의 목적 차원에서도 활용하지 못하고 있었다. 당시의 중등학교에서는 형식적이고 언어주의적인 고전교육이 주류를 이루고 있었고, 수학 및 자연과학 교과의 중요성은 간과되었다.

그는 쾨니히스베르크 대학 부설 실험학교의 운영을 통해서 자신의 방법이 공교육제도의 틀 내에서도 광범위하게 사용될 수 있다는 결론에 도달하였다. 그러나 1809년에서 1813년에 타올랐던 교육 개혁 열기는 이후 급속히 냉각되었고, 헤르바르트의 교수방법은 프로이센에 정부에 의해 공식적으로 받아들여지지 않았다.

7. 요한 프리드리히 헤르바르트 교육학의 영향

헤르바르트의 교육학은 당대의 학자나 정부 그리고 대중들로부터 그렇게 큰 인정을 받지는 못하였다고 평가된다. 그의 철학적 저작들은 대체로 무시되었으며 특히 수학적 심리학은 완전히 거부되었다. 이것은 교육자로서의 삶에서도 마찬가지였다. 물론 추종하는 제자들이 있긴 했지만, 그가 생존하던 당시에 '교육적 수업' 이론은 전국적인 차원에서는 물론이고 지역적으로도 당시의 교육과정에 실질적인 영향을 미치지 못하였다.

그런데 그가 1841년 세상을 떠난 이후에 그의 교육학은 헤르바르트주의라는 강력한 교육운동을 탄생시켰다. 헤르바르트 교수법을 연구하는 연구소가 라이프치히, 예나, 비엔나 등에 설립되었고 그의 철학과 교육학을 다룬 글들이 대거 출판되었다. 그러나 20세기 초에 들어서 개혁교육학이 강세를 보임에 따라 헤르바르트주의도 서서히 퇴조했다. 개혁교육학자들의 견해는 당시의 헤르바르트주의자들과 상당히 대조적이었다. 개혁교육학은 헤르바르트가 학생의 마음(정신)을 외적 영향을 통해서 기계적으로 형성하려 하며 이런 목적에 필요한 수업내용과 방법을 학생들에게 일방적으로 강요했다고 비난했다(Dewey, 2007 : 131－145 참조). 그러나 이런 비판들은 대체로 헤르바르트주의자들에 대해서는 올바른 것이지만 헤르바르트 자신에게는 적합하지 않다. 그의 교육적 수업 이론은 상당 부분 오해되고 곡해되었다. 비판자들은 헤르바르트의 교육적 수업에서는 학생 자신의 경험이 중심적인 기능을 하며 학생의 독립적인 정신적 활동인 흥미는 교육적 수업의 목표일 뿐 아니라 주요한 수단이기도 하다는 사실을 간과했다.

생각할 문제

1. 요한 프리드리히 헤르바르트의 교육학은 우리에게 어떠한 의미를 가지는가?
2. 교육학의 학문적 역할은 무엇일까?

CHAPTER

09

엘렌 케이의 교육사상과 철학

09 엘렌 케이의 교육사상과 철학

1. 엘렌 케이의 생애

엘렌 케이(Ellen Key, 1849~1926)는 1849년 12월 11일 스웨덴 남부 지역에 있는 순스홀름(Sundsholm)에서 6남매의 장녀로 태어났다. 케이의 아버지는 진보적인 성향의 정치가이자 부유한 귀족으로서 자녀들에게 기본적인 예절이나 생활태도를 엄격하게 가르치면서도 동시에 그들의 자유로운 성장과 발달을 위해 노력과 관심을 아끼지 않았다. 케이는 학교교육을 전혀 받지 않았고, 어린 시절부터 여러 명의 가정교사로부터 교육을 받았다. 그의 관심은 주로 역사, 철학, 문학에 걸쳐 있었다고 한다. 18세 때부터 케이는 정치가였던 아버지의 비서로서 일하면서 사회, 정치 문제에 대해서 눈을 뜨게 되었다. 자유와 정의에 대한 남다른 감각을 가졌던 케이는 불과 20세 때 당시 스웨덴의 유력한 여성지에 논문을 기고하기도 했고, 25세경에는 시민대상 학교에서 여학생들에게 역사와 문학을 가르쳤다. 그러나 곧이어 닥친 스웨덴의 농업 위기로 인해 가세가 기울면서 스톡홀름의 한 사립 여학교에 정식 교사로 취직하여 약 20년간(1878~1898) 봉직했고, 스톡홀름의 노동자 단체에서 문학과 문화사를 가르치는 등 사회활동도 활발히 전개했다. 1896년 『오용된 여성의 힘』이라는 책을 출판했다. 이 책에서 케이는 여성의 자연스러운 자리는 가정이며, 여성의 소명은 어머니가 되는 것이라고 주장하여, 당시의 여성운동가들로부터 비난을 받기도 했다. 20세기의 첫 해인 1900년에 『어린이의 세기』를 발표하여 일약 세계적인 베스트셀러 작가로 등장했다. 이 책은 즉시 여러 나라에서 번역되는 성공을 거두었다. 1903년 스톡홀름을 떠나 고향 근처의 한적한 마을로 이사하여 왕성한 저술활동을 하면서도 동시에 라이너 마리아 릴케, 마틴 부버 등 당대의 유명한 정치가, 문학자, 철학자들과 활발히 교류하였고, 강연과 발표를 위해서 유럽 여러 나라를 방문하였다. 1906년에는 『사랑과 결혼에 대하여』라는 유명한 책을 발표하였다. 이 책은 일본에서도 번역되어 출간될 정도로 세계적인 인기를 누렸다. 이후 다수의 저작들을 발표하였다. 1926년 4월 25일 세상을 등졌는데, 1926년 4월 28일자 동아일보에는 "엘렌 케이 여사 서거"라는 제목으로 다음과 같은 부고가 실렸다. "서서(瑞西, 스웨덴)의 유명한 여자 평론가요 렬렬한 자유연애 주창자인 엘렌 케이 녀사는 지난 이십오일에 서거하엿는데 향년이 칠십칠세더라."

한편 엘렌 케이가 한창 왕성한 저술 및 강연활동을 벌이고 있을 때, 미국 뉴욕 타임즈에는 다음과 기사가 실렸다.

"매우 평화롭고 행복한 가정에서 사랑을 듬뿍 받으면서 성장했다. 이런 경험이 얼마나 자신의 성장에 얼마나 긍정적이었던가를 반추하면서 엘렌 케이는 자신이 받은 교육을 철학적으로 정식화하기에 이른다. 『어린이의 세기』의 내용은 대부분 자신의 경험에 기초하고 있다. 엘렌 케이의 강한 개성, 딸과 딸의 성장에 대한 부모의 완전한 인정의 태도는 케이가 인격의 신성함을 왜 그렇게 중요시했는가를 설명해 준다. 그녀는 다양한 혈통적 배경을 지니고 있으며 귀족 출신이면서도 자유민주주의적 성향의 가정에서 성장했다. 또한 광범위한 독서를 통해서 서로 대립되는 사상들을 섭취하면서도 그것들의 근저에서 어떤 통일적인 토대를 찾아내려 하였다. 64세인 그녀는 '흰머리가 늘어가는 어린이로서' 이제 서로 대립적인 계급에 속하는 여성들을 위해서도 같은 일을 시도하고 있다."(N.Y. Times 1913. 7. 13일자)

엘렌 케이라는 인물은 20세기 초 우리나라에서 주로 자연연애와 모성보호 및 여성운동과 연관하여 매우 잘 알려져 있었던 것으로 보인다. 예를 들어, 스웨덴 스톡홀름 대학에서 조선인 최초로 경제학 학사학위를 받은 최영숙(1906~1932)이 스웨덴 유학을 결정하게 된 배경에는 사회운동가 엘렌 케이에 대한 존경이 가로 놓여 있었다. 그 밖에도 엘렌 케이가 『어린이의 세기』를 출간했을 때, 라이너 마리아 릴케는 이 책에 대해 극찬을 했고 직접 서평을 발표했다. 또한 『말괄량이 삐삐』를 쓴 저 유명한 아스트리드 린트그렌 여사도 18세 때에 직접 엘렌 케이를 방문한 바 있다. 린트그렌 여사의 작품세계는 케이의 아동관과 교육사상으로부터 큰 영향을 받았다고 할 수 있다. 특히 '말괄량이 삐삐'라는 특이한 어린이 상은 엘렌 케이가 예찬했던 아동의 모습을 근저에 깔고서 만들어졌던 것이다.

엘렌 케이의 교육사상은 1930년대 개혁교육학의 물결이 퇴조하면서 잊혀졌으나 최근 교육개혁의 바람과 더불어 새롭게 조명받고 있다.

2. 개혁교육운동과 개혁교육학

엘렌 케이를 다루기 위해서는 먼저 20세기로의 전환기에 시작하여 30, 40년 동안 위력을 떨쳤던 개혁교육운동 및 개혁교육학의 전통을 살펴볼 필요가 있다. 엘렌 케이는 이 운동의 창시자라고까지 할 수는 없지만 이 운동에 강한 드라이브를 걸었던 사람이라고 할 수 있다. 개혁교육운동은 '아동을 중심으로'(vom Kinde aus)라는 기치 아래 그리고 아동의 마음과 심리에 대한 더 나은 이해에 기초하여 '낡은(전통적)' 학교와 교육을 쇄신해야 한다고 주장했던 다양한 교육학적 흐름들을 총칭하는 말이다.

개혁교육운동은 물질문명 및 학교에 대한 비판에서 출발한다. 당시 물질문명의 진보가 급속하게 일어났지만 그것은 오히려 문화의 타락을 초래했다. 학교 교육은 단지 교과서를 통해서 삶과 동떨어진 지식을 가르치는 데 몰두하고 있었다. 이런 상황을 극복하는 길은 헤르바르트주의자들이 주도하는 '내용을 중심으로' 하는 교육을 이제 '아동을 중심으로' 하는 교육으로 전환하는 것이었다. 그리고 이를 통해서 학교는 학생들을 타락시키는 원인이기를 그치고, 새로운 사회 혁신의 원동력이 될 수 있다.

그러나 개혁교육운동은 자세히 들여다보면 매우 이질적인 교육적 경향과 원칙들이 혼재되어 있는 비 균질적인 집합체이다. 어디까지가 개혁교육운동의 범주에 속하고 그렇지 않은지를 명쾌하게 가르기는 어렵다. 대체적으로 개혁교육운동의 '가족유사성'은 다음과 같은 것들에서 찾을 수 있다.

① 교사는 아동을 깊이 이해하고 수용하고 또 존중해야 하며, 아동의 입장에서 생각할 수 있어야 한다. 즉, 교사는 지식의 전수자나 권위적 지도자가 아니라 무엇보다도 먼저 인격적인 동반자, 조력자가 되어야 한다.

② 교육은 아동의 다양한 재능들을 발견하고 계발시키는 데에 초점을 맞춰야 한다.

③ 성인은 아동에게 스스로 자립성을 키울 수 있는 시간적, 공간적 여유를 주어야 하고, 아동을 능동적이고 주체적인 학습자로 간주해야 한다.

④ 교육을 통해서 아동은 자립적인 인성과 개성을 발달시켜야 한다. 그러므로 학교 현장에서 아동의 개성과 자유가 절대적으로 존중되어야 한다.

⑤ 학교에서 학생은 경쟁과 배제가 아니라 연대성과 공동성을 경험하도록 해야 한다. 학교는 선발과 경쟁의 장소가 아니라 민주적이며 사회적인 협동을 배우는 장소여야 한다.

⑥ 학습은 파편적인 방식이 아니라 전체론적인 방식으로 그리고 학생의 경험적인 삶과 연관된 속에서 진행되어야 한다.

⑦ 교육은 문명의 위기를 극복할 수 있는 새로운 인간형을 만들어 내야 하는 임무를 갖는다.

⑧ 학습 성과에 대한 평가는 학생의 내면적 발달과 연관되어야 한다.

⑨ 단지 지성 중심으로 교육해서는 안 되고, 학생의 감각과 신체의 측면을 똑같이 중요하게 다루어야 한다.

개혁교육운동은 서로 영향을 미치면서 다양한 국제적인 흐름으로 발전하였다. 대표자들을 열거해 보면 다음과 같다.

- 스웨덴 : 엘렌 케이
- 이탈리아 : 마리아 몬테소리(1870~1952, 몬테소리 교육학), 레지오 교육학
- 미국 : 존 듀이(활동을 통한 학습), 윌리엄 킬패트릭(1871~1965, 프로젝트 수업), 헬렌 파커스트(1887~1959, 달톤플랜)
- 스위스 : 아돌프 페리레(1879~1935, 활동학교)
- 벨기에 : 오비데 드크롤리(1871~1932, 삶을 통한 삶을 위한 교육)
- 영국 : 세실 레디(1858~1961, 애버츠홈 학교), 알렉산더 니일(1883~1973, 섬머힐 학교와 반권위적 교육), 헨리 모리스(1871~1961, 공동체 교육)
- 프랑스 : 셀레스틴 프레네(1896~1966, 프레네 교육학)
- 독일 : 루돌프 슈타이너(1861~1925, 발도르프 학교), 헤르만 리츠(1868~1919, 전원기숙사학교), 파울 게헤브(1870~1961, 전원기숙사학교), 파울 외스트라이히(1878~1959, 생산학교), 페터 페터슨(1884~1952, 예나플랜 학교), 케르셴슈타이

너와 가우디히(노작교육 사상), 베르톨트 오토(가정교사학교, 통합수업) 등

그러나 오늘날 개혁교육학은 다음과 같은 비판에 직면하게 되었다.

① 아동과 아동기를 절대적이고 불가침적인 성역으로 격상시킴으로써 아동을 신화화(=낭만화)하였다.

② 아동의 자립성과 자기발전성을 강조한 나머지 의도적인 교육적 개입의 필요성을 과소평가했다.

③ 자신의 시대적 한계성을 의식하지 못한 채, 소위 아동의 '본질' 또는 '본성'에 따른 초역사적으로 타당한 교육의 원리들을 주장하였다.

④ 오늘날 일반교육학의 맥락에서 중요하게 제기되는 교육내용, 교과과정 이론, 교육의 제도적 문제 등에 대해서 별로 관심을 두지 않는다.

⑤ 교사에 대한 요구수준이 너무 높아서 현대 사회와 같이 시간이 곧 돈인 사회에서는 적용되기 힘든 측면이 있다.

여기서 우리의 관심은 엘렌 케이에 있으므로, 개혁교육운동에 대해서는 자세하게 다룰 수는 없다. 다만, 몇 가지 대표적인 개혁교육운동을 간단히 살펴보고 넘어가자.

먼저 노작학교 운동을 들 수 있다. 노작학교 운동은 책을 통한 학습에 치중하는 전통적 학교 교육에 반대하여 그리고 수동적인 수업형태에 반대하여 학생의 자기활동과 행동을 중심에 놓으며, 학습 내용에 있어서도 직업적인 요구나 한 국가의 시민으로서 살아가는 데 필요한 요구들을 반영하려 한다. 노작학교 운동의 선구적 형태는 페스탈로치, 18세기의 산업학교, 유토피아 이론들, 공상적 사회주의자들 그리고 학교수업과 생산적 노동을 결부시키라는 마르크스의 요구 등에서 발견된다. 그러나 20세기 초의 개혁교육운동 맥락에서 볼 때, 대표자는 '육체적인 수공 노동'을 중요시했던 케르쉔슈타이너와 '정

신적-방법적 노동'을 중요시했던 가우디히가 있다. 노작학교 운동은 육체적 노동 또는 작업 속에 포함된 교육적인 요소와 효과(지적인 동시에 도덕적 효과)를 강조한다.

두 번째로는 전원기숙사 학교를 들 수 있다. 헤르만 리츠는 영국인 레디(Reddie)가 세운 애버츠호움 학교를 모방하여 1898년 독일 일젠부르크에 '전원기숙사 학교'를 세웠다. 전원기숙사 학교는 학생들의 정신과 육체를 모두 건강하고 강하게 키우고 또 학생들이 실천적, 학문적, 예술적으로 능숙하도록 교육하려 했다. 따라서 이 학교의 모토는 "명쾌하게 생각하고, 따뜻하게 감각하며, 강한 의지를 갖는다."로 요약될 수 있다. 이러한 교육을 위해서 전원기숙사 학교가 동원하는 수단은 6가지 정도이다:

① 교육은 "교육村", 즉 교육에 적합한 한적한 전원 지역에서 이루어져야 한다.
② 학생과 교사가 함께 살고, 함께 놀고, 함께 일하는 공동체 교육이어야 한다.
③ 철저한 위생과 건강 위주의 생활을 실천해야 한다. 이를 위해서 금주, 건강식, 스포츠, 일과 놀이의 배합이 지켜져야 한다.
④ 학생들이 주도하는 학교 음악회, 연극 활동 등을 통해서 예술적 행위가 일상적으로 이루어져야 한다.
⑤ 학생의 도덕적, 종교적, 애국적 감각을 길러 준다.
⑥ 지식교육은 오직 학생의 흥미에 입각하여 진행되며, 학생은 학습한 지식을 실행하거나 적용할 수 있는 기회를 가져야 한다.

이와 같이 전원기숙사 학교를 통해 리츠는 학교를 단순한 교수-학습 기관이 아닌 인격적, 도덕적 교육의 장소로 바꾸려 하였다.

이 밖에도 리처드 바크의 예술교육운동, 독일에서 주로 전개되었던 청소년운동(철새운동, Wandervogel) 등이 있다.

3. 엘렌 케이와 '아동 중심 교육'

루소가 이미 『에밀』을 통해서 아동기의 고유성을 분명히 선언했지만, 아동기가 실험심리학, 발달심리학, 아동심리학 등에 기초해서 학문적으로 밝혀지고 또한 아동이 인류의 미래를 담보하는 적극적인 주체로서 부각된 것은 개혁교육운동을 통해서이다. 그리고 아동 및 아동기에 관한 고조된 관심과 기대는 20세기의 벽두인 1900년에 출간된 엘렌 케이의 『아동의 세기』에서 집약적으로 표현되고 있다.

엘렌 케이에 따르면 20세기는 어린이의 세기가 될 것이다. 이것은 이중적인 의미에서, 그러니까 한편으로는 성인들이 마침내 어린이의 고유한 특성을 이해하게 된다는 의미에서 그럴 것이며, 다른 한편으로는 어린이의 고유한 특성이 또한 성인들에 의해서도 보유된다는 의미에서 그럴 것이다. 그때에 비로소 낡은 사회 질서가 쇄신될 수 있다.

『어린이의 세기』를 읽고 큰 감동을 받은 라이너 마리아 릴케는 서평에서 "어린이를 중심으로(vom Kinde her)"라는 말을 사용함으로써 본의 아니게 개혁교육운동의 슬로건을 마련했다. 그는 또한 이렇게 말했다. "어쩌면 우리는 20세기의 인류를 평가할 때, 과연 케이의 꿈을 얼마나 현실화시켰는가에 따라 판단하게 될 것이다." 『아동의 세기』에서 엘렌 케이는 교육이 아동의 본질을 올바로 고려하고 또 촉진한다면 다가오는 세기는 엄청난 문화적, 인간적 발전을 이루게 되리라고 예견했다. 이 책은 "새로운 세기에 새로운 인간을 형성하려고 희망하는 모든 부모들에게" 헌정되었다. 그러므로 교육에 대한 케이의 관심은 – 개혁교육학 전체의 관심과 마찬가지로 – 학교나 교육제도에 한정되지 않고 사회 전체의 변화(진보)와 관련되어 있었다. 개혁교육학에서 아동은 인류의 구원자로서 등장한다.

기존의 "어른을 중심에 놓는" 교육학은 교육의 내용과 방법이 성인의 관점이나 의도에 근거한다. 아이와 청소년은 모자란 존재로 간주되고, 교육의 과제는 이러한 모자람을 보완, 보충하는 데 놓인다. 교육의 목적은 소위 완성된 인간인 성인에 의해서 결정되고 이에 반해 아동의 행동은 언제나 비이성적이고 미숙한 것이라고 간주된다.[1] 이에 반해 '아동 중심 교육'은 아동을 하나의 독립변수로 간주한다. 즉, 아동은 독자적인 심리구조와 행동방식을 가진 존재로 등장하며 더 나아가 창조와 역사발전의 동력으로 등장한다. 이렇게 아동기를 신성시하는 태도는 단지 개혁교육학의 독창적 발상은 아니다. 필립 아리에스는 『아동의 탄생』에서 중세사회는 아동기에 대한 어떤 관계도 갖지 않았다고 주장했다. 그것은 아이들이 방치되거나 버려졌다는 말이 아니다. 아동기에 대한 이해라는 문제는 아동에 대한 사랑이나 관심과 혼동되어서는 안 된다. 그것은 오히려 아동의 특수성, 즉 어른은 말할 것도 없고 청년과도 전혀 다른 아동의 특수성에 대한 의식적인 지각이 있느냐 없느냐의 문제이다.

필립 아리에스에 따르면 아동기에 대한 주목은 17세기 프랑스의 도덕론자들(예를 들면, 몽테뉴, 파스칼, 라 로슈코프 등)과 18세기의 유럽의 계몽주의자들(특히 루소)에서 나타나기 시작했다. 그에 따르면 아동을 중요하게 고려하는 페스탈로치의 교육사상도 이러한 선행 작업이 없이는 불가능했을 것이다. 이러한 경향은 19세기 말 개혁교육학의 낭만적 아동관으로 발전된다. 개혁교육학은 기본적으로 아동에서 출발해서 아동으로 귀결되는 교육학이라고 할 수 있다.

1) 이런 태도는 오늘날에도 역시 대부분의 어른들의 생각을 대변한다.

개혁교육학의 시대 이후 지금까지 많은 시간이 흘렀다. 그러나 현대의 교육자, 부모, 교사, 어른들이 현재 과연 아동기의 고유성과 아동의 고유한 권리에 대해서 충분한 인식을 가지고 있는가? 이 질문에 대해서 우리가 선뜻 긍정하기는 어렵다. 왜냐하면 여전히 아동기에 대한 낡고 전통적인 관점에 머물러 있는 사람들이 많기 때문이다. 아이들을 자신의 소유물로 생각한다든지, 아직 도덕적 관념 자체를 갖지 않은 아이들에게 성인의 도덕률을 일방적으로 강요한다든지, 중요한 일의 결정에서 아동의 목소리를 외면하거나 묵살한다든지, 등등의 사례를 주변에서 찾기란 그리 어렵지 않다.

그러므로 위에서 인용한 릴케의 주장에 따를 경우, 지난 20세기의 인류는 좋은 평가를 받기 어려울 것이다. 왜냐하면 아동의 권리와 고유성에 대한 말의 성찬에도 불구하고 어른들의 태도는 그다지 많이 바뀌지 않았기 때문이다. 이렇게 아동에 대한 전통적 태도가 바뀌지 않는 이유는 무엇인가? 이에 대한 수많은 가능한 설명들 중 하나는 다음과 같다. 즉, 아동에 대한 태도의 변화는 기나긴 인류사 속에서 성립된 성인들의 자기이해방식 — 즉, 나는 어린이에 대해 권위를 지녀야 하며, 미성숙하고 무질서한 어린이를 지배하고 통제하는 역할을 해야 한다 — 을 완전히 변화시키지 않고는 불가능하다. 그런데 이러한 전통적인 - 유전자에 깊이 각인된 — 자기이해를 포기하는 일은 생각보다 두렵고 힘든 일이다. 그렇기 때문에 많은 성인들은 이 문제를 진지하게 받아들이기보다는 회피해 버린다. 다시 말하면 어른들이 어린이의 권리와 자유 그리고 자립화에 대해 느끼는 두려움 — 그리고 어른의 전통적 자기이해에 기초하는 제도의 공고함 — 으로 인해 아동의 권리에 대한 진정한 인정은 아직도 많은 영역에서 유보되고 있는 것이다.

이런 점에서 한 세기 이전에 출간된 엘렌 케이의 책은 아직도 시의성을 잃지 않았다. 이 책은 우리에게 아동에 대한 실질적 태도 변화를 촉구하고

있고, 현대의 변화된 삶의 지형과 맞물려서 '새로운' 교육의 필요성과 가능성을 강조하고 있다.2)

4. 엘렌 케이의 교육사상

1) 아동관

엘렌 케이는 아동을 주로 두 측면에서 중요하게 바라본다. 한편으로 아동은 이미 사라진 먼 과거의 인간들의 순수함과 선량함을 간직하고 있다. 그러므로 아동은 교육과 점진적인 발달의 과정을 거쳐서 앞으로 한층 더 진보된 사회를 실현시킬 수 있는 소중한 존재들이다. 엘렌 케이의 이러한 아동관은 괴테의 『젊은 베르테르의 슬픔』과 니체의 "위버멘쉬 사상"으로 거슬러 올라간다.

먼저 괴테의 아동관을 살펴보자. 『어린이의 세기』의 첫 문장은 다음과 같이 시작된다. "괴테는 이미 『젊은 베르테르의 슬픔』에서 교육의 개성적이고

2) 그러나 지난 110년여의 세월 동안 아동에 대한 어른들의 태도가 전혀 개선되지 않았다고 한다면 그것은 지나친 과장이 될 것이다. 사실상 엘렌 케이가 주창한 아동의 해방은 여러 영역에서 부분적으로나마 실현되고 있다. 세계적인 체벌 금지 추세와 국제적인 차원에서 인정되고 있는 아동인권 헌장, 프랑스의 신데렐라법 제정 등은 그 대표적 사례일 것이다. 더 나아가 최근 상당 수 어른들은 아동과 청소년들이 기성세대의 사회적 의사 결정과정에 참여하는 것을 허용할 준비가 되어 있는 듯이 보인다. 예를 들어, 1992년 리오데자네이로 지구정상회담이 채택한 아젠다 21은 다음과 말하고 있다: "모든 나라는 자국의 청소년 및 청소년 조직과 협의 아래 모든 영역에서 청소년과 정부 간의 대화를 촉진하는 과정을 진행시켜야 하며 청소년들에게 정보에 대한 접근을 허용해야 하며, 정부의 결정에 대한 그들의 견해를 제시할 수 있는 기회를 주어야 한다." 또한 어린이(청소년) 자신의 주체적인 움직임도 눈에 띈다. 1997년 페루의 리마에서 열린 세계 근로아동 1차 회의는 다음과 같은 결정을 내렸다고 한다. "우리는 1998년 IAO 총회에 (어른과) 동등한 권리를 가지고 참가할 수 있게 해 주기를 요구한다." 이러한 긍정적인 발전들에도 불구하고 사회적 일상과 학교생활에서 어린이의 권리에 대한 엘렌 케이의 꿈이 실현되었다고 보기에는 아직 시기상조다.

심리적인 의미에 대한 명료한 통찰을 보여주었다. 괴테의 이러한 통찰이 『어린이의 세기』의 내용을 특징지을 것이다. 다시 말해서 괴테는 그 책에서 어린이의 고유한 성향 속에 어떻게 미래에의 강한 의지가 감추어져 있는지, 그리고 어린이의 모든 결함 속에 어떻게 전적으로 손상되지 않은 선한 싹이 포함되어 있는지를 설명하고 있다." 여기서 엘렌 케이는 아동의 선한 싹과 미래에의 강한 의지에 주목하고 있다.

한편 니체에 따르면 인간은 "아직 확정되지 않은 동물(ein nicht festgestelltes Tier)"이며 주어진 고정불변의 본능이 없기 때문에 (자기) 교육을 통하여 "위버멘슈"(전통적 가치로부터 완전히 독립해서 자유롭게 살아가는 가는 사람이며 그의 행동은 강함, 생명력, 힘을 추구한다. 그는 신의 명령에 복종하거나 약자나 동정심의 도덕에 굴복하는 양떼 같은 인간들에 대립한다)가 될 수 있으며, 되어야 한다. 그러나 이러한 위버멘슈의 개념을 통해서 니체는 소수의 탁월한 엘리트들을 통해서 실현될 수 있는 새로운 사회 질서를 꿈꾸었다. 물론 엘렌 케이에서 교육은 니체에서처럼 소수 엘리트를 위한 것이 아니라 대다수 민중을 위한 것이었다. 엘렌 케이는 모든 아동을 새로운 시작, 생명력, 왜곡되지 않은 생명의 권리, 삶 자체에 대한 열렬한 긍정으로 간주하고, 동시에 이들을 '위버멘슈'로 교육하여 '새로운' 사회질서를 이룩하려고 하였다.[3)]

19세기 말에 유럽에서 이렇게 집중적으로 아동과 청소년에 대한 높은 평가가 등장했던 것은 무슨 이유에서일까? 그것은 무엇보다도 19세기 말의 역사적 상황과 연관이 있었다. 19세기 말의 사람들은 새로운 세기, 즉 20세기가 인류의 삶에서 전적으로 새로운 시작, 근본적 전환을 이루리라는 희망을 가졌다. 엘렌 케이나 다른 아동중심 교육학자들은 이러한 세기말의 희망을 아동 및 아동에 대한 새로운 방식, 즉 자유주의적 교육에서 찾았던 사람들이다.

3) 니체는 아동을 다음과 설명하고 있다. "어린 아이는 천진난만함이요, 망각이며, 새로운 시작, 놀이, 스스로의 힘으로 굴러가는 수레바퀴이고, 최초의 운동이자 신성한 긍정이다."

"우리(=인간)는 우리의 의지나 선택과는 상관없이 우리 아버지들을 통해 우리의 고유한 존재의 가장 깊은 근저에까지 운명적으로 규정된 존재이다. 그러나 우리는 우리가 스스로 창조한 후세들을 통해서 어느 정도 자유로운 존재로서 인류의 미래 운명을 규정할 수 있다!"

운명적으로 규정된 존재로서 새로운 인류의 미래를 개척해야 한다는 역설적 상황 속에서 세기말의 유럽이 그리고 엘렌 케이가 주목한 것은 바로 어린이의 본성에 대한 신뢰와 미래를 새롭게 개척할 수 있는 어린이의 본래적인 성향과 힘이었다.

2) 소극적 교육과 오류에 대한 관용

아동기에 대한 엘렌 케이의 견해는 아동기를 발전 및 성장과 연관 짓는 데에 기초하고 있다. 그는 아이들이 모두 엄청난 잠재력의 소유자라는 사실을 절실하게 믿는다. 따라서 교육자의 핵심 덕목은 이 잠재력을 계발하여 가능한 한 최선의 인격을 갖도록 하기 위한 격려와 도움이다. 교육은 아동 자신의 개성적인 본성에 따른 것이어야 하며 보편적이고 집단적인 기준에 따라서는 안 된다. 인간은 본성적으로 지적인 호기심을 가지며, 생산적이며, 도덕적인 성향을 가진 존재이다. 모든 교육은 이러한 인간 본성이 개성적으로 발전, 실현되도록 도와주어야 한다.

"조용히 그리고 천천히 자연이 스스로를 돕도록 하고, 단지 주위 상황이 자연의 작업을 지원하도록 살펴보는 일, 그것이 교육이다. 어린이의 고유한 본질을 억압하고 그것을 다른 것으로 가득 채우는 것은 언제나 변함없이 교육적인 범죄 행위이다. 이런 범죄는, 교육은 어린의의 고유한 개성을 육성해야 한다고 떠벌리는 사람들에게서도 종종 발견된다."

여기서 엘렌 케이가 루소의 자연주의 교육에 어느 정도 기대고 있음을 부인하기 어렵다. 루소는 교육의 가장 위대한 비결은 바로 교육하지 않는 것이며, 교육이 자연의 지시에 따라야 한다는 사실을 인식하지 못한다면 교육은 실패할 수밖에 없다고 주장했었다.

그 연장선 위에서 엘렌 케이는 학생들에게 실수와 오류를 저지를 수 있는 여지를 최대한 허용해 주어야 한다고 주장한다. 니체는 전통적인 교육의 가장 큰 문제점을 올바른 것과 잘못된 것을 구별하는 태도에 있다고 보고, 그런 도덕적인 틀 대신에 생명적인 틀에 따라서 교육해야 한다고 주장했다. 생명적인 틀에 따른 교육에서는 올바른 것과 잘못된 것의 구분이 아니라 생동적인 것과 죽어있는 것의 구분이 중요해진다. 아이들에게 올바른 것을 가르치려는 나머지 아이들의 생명력을 손상시키는 것은 니체가 보기에 본말이 전도된 것이다. 그래서 다음과 같은 교육은 비판받아야 한다.

"교육자는 아이가 단번에 완성되고 완전해지기를 바란다. 그래서 교육자는 어린이에게 (성급하게) 질서와 자기관리를 요구하고 의무에 대한 충실성과 성실성을 요구한다."

처음부터 올바르고 그른 것을 철저히 구분하여 — 소위 — '올바른' 행동만을 강요하고, 잘못이나 오류는 그 즉시 벌주어 고치려는 태도는 결국 아이들의 자연적 생명력과 다양성을 훼손할 수밖에 없다. 엘렌 케이는 "아동 자신의 건전한 성장과 다른 사람이 지닌 권리의 확고한 경계에 이르기 전까지는" 자유롭게 생활하도록 놓아두어야 한다고 주장한다. 이것은 아이들의 타고난 생명력을 지켜줄 수 있을 뿐 아니라, 교사나 부모가 어린이의 내면세계에 대한 깊은 통찰을 할 수 있도록 하는 효과도 갖는다.

"어린이들의 실수 앞에서 열 번 중 아홉 번을 눈감아 주는 것, 즉각적인 간섭을 경계하는 것, 그 대신에 어린이가 성장할 수 있는 환경의 조성에 주의를 기울이는 것, 그리고 어린이가 스스로 행하는 교육에 주목하는 것, 이것이 자연적 교육을 실천하는 기술이다."

심지어 엘렌 케이는 어린이의 잘못이나 실수를 눈감아 주는 것에 그치지 않고 더 나아가 세상을 '비딱하게' 바라보는 것까지도 기꺼이 수용해야 한다고 말한다.

"인간(성인)은 이미 좋은 것으로 간주되고 있는 느낌이나 사상, 판단 등이 새로운 세대에 의해 재생산되기를 원한다. 그러나 교육자는 어린이에게 다른 모든 사람이 행동하는 방식을 모방하도록 충고해서는 안 되며, 그와 반대로 어린이의 엇나가는 성향을 볼 때 오히려 기뻐해야 한다."

여기서 우리는 엘렌 케이의 교육의 관심이 새로운 인류 사회와 문화를 만들어 나갈 '새로운' 인간형(니체의 용어로 표현하면 위버멘슈)을 만들어 내는 데 있었다는 사실을 상기해야 한다. 엘렌 케이가 생각하는 교육적 인간상은 규격화되고 몰개성적인 '엄친아(모범생)'가 아니다. 엘렌 케이는 집단의 논리에 순종하거나 타인의 의지에 자신을 굴복시키는 복종적인 인간이 아니라, 주어진 관습이나 통념을 넘어서 자신의 내면의 목소리에 귀 기울이고 또 거기에 따를 줄 아는 '강한 개성적인' 인간을 기르려 한다. 그러기 위해서는 실수와 오류에 대한 관용은 필수적이다.

3) 반 권위주의적 교육과 복종은 서로 배치되지 않는다.

엘렌 케이의 교육은 자유교육 또는 반 권위주의 교육(대표적인 예로 섬머힐 학교를 세운 알렉산더 닐)의 지향과 많은 부분에서 일치한다. 엘렌 케이는 교사가 어떤 주어진 일방적 교육 목표나 목적을 학생들에게 강요하는 교육에 반대한다. 그는 부모가 자녀를 통해서 자녀의 자립적인 성장보다는 자신의 은폐된 의도나 욕망을 대리 충족하려는 시도를 극도로 경계한다. 이런 사례에 대한 흥미로운 비유는 그리스 신화에 나오는 조각가 피그말리온에 대한 이야기이다.

그리스의 신화의 피그말리온은 살아 있는 현실의 여자들에게서는 사랑을 느낄 수 없었기 때문에, 어느 날 자신의 이상형이라고 할 수 있는 완전한 모습의 여인상을 조각하고, 이 조각상과 지극한 사랑에 빠진다. 이윽고 그는 이 조각상을 실제의 여인으로 바꿔게 해 달라고 여신에게 간청한다. 그의 사랑이 지극했기에 감동한 신은 소원을 들어 준다. 여기서 현실의 여자에 만족하지 못하고 자신의 이상적인 이미지에 따라서 대리석 여인상을 만들어 내는 피그말리온의 행동과 태도는 지배적인 위치에 있는 부모나 교사가 자신의 의도와 욕구에 따라서 아이들의 인성과 성격을 만들어 내려는 태도에 비견될 수 있다. 우리의 교육은 종종 부모나 교사 또는 국가가 설정한 표준에 맞는 인간을 만들기 위해 대리석 조각을 이리저리 파내고, 깎고, 잘라내는 피그말리온의 행동을 연출하고 있다.

“사람들은 개성적 발달에 관한 미사여구들을 늘어놓으면서도 실제로는 마치 아이들이 아무런 고유한 목적도 갖고 있지 않다는 듯이 행동한다. 아이들이 마치 부모의 기쁨, 자랑거리 그리고 만족감을 위해서 태어난 듯이 행동한다. 그리고 이런 것들은 아이가 다른 아이들(=소위 “엄친아”를 말하는 듯)처럼 될 때 가장 잘 이루어지기 때문에 사람들은 일찍부터 아이들을 사회에서 존경받고 유용한 인물로 키우려고 안달한다.”

그러나 아이들은 자신을 다른 아이와 비교하는 것을 극도로 혐오한다. 어쩌면 부모들은 바로 그런 점을 이용(악용)해서 자기 아이에게 충격요법을 쓰려고 하는지도 모른다. 그러나 부모들은 그런 충격 요법을 통해서 아이들의 자신감과 자발성 그리고 생명력을 짓밟아 놓는다는 사실을 깨닫지 못한다. 그런 요법을 통해서 아이들을 자신의 희망과 욕심의 노예로 전락시키고 있다는 사실을 깨닫지 못한다. 이런 노예적 관계에 익숙해진 어린이는 결코 새로운 시대를 가져올 개성적인 인간으로 성장할 수 없다.

이렇게 엘렌 케이는 교육이 평균화되고 획일화된 인간을 길러내는 데 머물러 있다고 비판하면서, 개성적이고 창의적인 인간을 길러내는 교육을 강조한다. 그러나 엘렌 케이가 생각하는 개성적이며 창의적인 인격을 지닌 인간은 단지 청개구리처럼 일탈적이거나 개인주의적인 사람이 아니다. 그는 값싼 나르시시즘에 빠진 인간과는 달라야 한다.[4] 아이들의 자아와 정체성은 흔히 생각하듯이 타자와 고립된 상태에서가 아니라, 오히려 다른 아이들과 교류하고 그 과정에서 유대감뿐만 아니라 갈등을 느끼는 속에서만 형성될 수 있으며 또 그런 방식으로 형성되어야 한다. 또한 자유를 강조하는 반 권위주의적인 교육에서 아동은 단지 온실 속의 화초처럼 아무런 외압이나 고통 없이 살아가는 것이 아니다. 어른들의 자의적인 개입과 강제 그리고 일방적 권위의 행사는 배제되어야 하지만, 실제적 삶의 현실과 거기서 자연적으로 수반되는 강제와 고통 그리고 처벌은 고스란히 아동에게 경험되어야 한다. 그러므로 엘렌 케이는 말한다. “결코 장미로부터 가시를 떼어내지 말아야 한다.” 이것은 아동 중심 교육의 중요한 모토 중 하나이다.

또한 엘렌 케이 및 개혁교육운동은 모든 종류의 교육적 개입 자체를 부당한 것으로 간주하는 철저한 ‘반 교육학(Antipädagogik)’의 입장과는 구분되어야 한다. 반 교육학은 개혁교육운동의 가장 극단적인 사례로 간주될 수도 있다. 반 교육학자들의 주장과 달리 엘렌 케이는 교육자는 학생들에 대해서 교육적인 지도의 기능과 함께 학생들의 신뢰에 기초한 권위를 가져야 한다는 것을 부인하지 않는다. 심지어 그는 어린이의 ‘복종’에 대해서 이야기한다. “어린

---

4) 과거 필자가 경기도 율곡연수원을 방문했는데, 본관 현관에 걸려있던 현판이 이 점을 매우 명확하고 적절하게 표현하고 있는 것 같다: “튀어라! 그러나 지지를 받아라!”

이는 아주 확실하게 복종하는 것을 배우지 않으면 안 된다. 더욱이 이 복종은 절대적인 복종이어야 한다." 그런데 여기서 배워야 할 복종은 단지 몇몇 기본적인 생활규칙이나 어쩔 수 없는 인생의 필연성들 대한 복종일 뿐이다. "예컨대 어린이들은 식탁이나 그 밖의 장소에서 예절을 지키는 습관을 들여야 한다." 엘렌 케이 자신도 16세까지는 식탁에서 입을 떼서는 안 되었다고 회고한다. 그러나 이러한 복종은 가장 기본적인 규칙과 필연적 법칙에 한정되어야 하고, 또 그것을 적용하는 방식도 강압이 아니라 진정한 의미의 '권위'에 기초하는 것이어야 한다.

같의 맥락에서 엘렌 케이의 반 권위주의 교육은 기존의 전통이나 문화적 유산을 학습하는 일을 거부하지 않는다. 어린이가 성장하여 한 인간으로서 가져야 할 개성과 독창성은 하늘에서 떨어지는 것이 아니라, 먼저 자신이 몸담고 있는 문화와 사회를 잘 알고 또 일차적으로 거기에 나름의 방식으로 적응하는 데서 마련된다. 다만, 이러한 적응의 과정이 어린이의 개성적 발달을 저해하지 않도록 학습의 과정에서 어린이의 자율성을 보장해야 한다.

"어린이는 선조들의 유산을 가지고 태어난다. 그리고 이런 유산은 환경에 대한 적응을 통해 변형된다. 그러나 어린이는 종족단위의 유형에 대해 개인적인 변이를 보여준다. 그리고 어린이의 개성적인 특성이 적응의 과정에서 유지되기 위해서는 동시에 어린이의 자기결정능력의 발달을 촉진해야 한다."

"새로운 의미의 교육자는, 계획적으로 조직된 경험들을 통해 어린이가 거대한 실존의 연관 속에서 자신의 자리를 찾도록 하고, 더 나아가 어린이 주변의 모든 것에 대해 어린이 스스로 책임을 통찰하도록 단계적으로 가르칠 것이다. 반면에 어린이의 개인적 삶의 외현적인 것들 가운데 어떤 것도 어린이 자신이 다른 사람들에게 해가 되지 않는 한, 억압되어서는 안 된다. 여기서 삶을 주변 상황에 대한 적응으로 보는 스펜서적인 정의와 삶을 힘을 획득하고자 하는 의지로 보는 니체적인 정의 사이의 올바른 균형이 산출되어야 할 것이다.”

학습과 적응은 필요한 과정이지만 그것이 일방적이거나 억압적인 것이 되어서는 안 된다. 스펜서는 사회진화론자로서 유기체의 환경에 대한 적응을 교육의 목표로 설정했다. 한편 니체에 따르면 자율적이고 창조적인 인간이 등장하기 위해서는 먼저 오랜 동안 ‘낙타’처럼 문화적 전통을 즐겁게 짊어지고 버티는 과정을 거쳐야 한다. 그 다음에는 ‘사자’처럼 전승된 문화를 갈가리 찢어 해체해야 하고, 마지막으로 ‘어린아이’처럼 놀이하는 속에서 문화를 새로 창조해야 한다.

4) 체벌 금지와 교육의 기예

전승된 윤리, 예절, 규칙, 관례를 먼저 수용할 필요가 있다는 주장에도 불구하고 엘렌 케이는 모든 형태의 폭력, 즉 육체적 훈육(체벌)이나 일방적인 권위의 행사를 거부한다. 엘렌 케이가 『어린이의 세기』 제1장 ‘교육에 관하여’에서 상세하게 논의하고 있는 것이 바로 체벌에 대한 비판이다. 예나 지금이나 체벌의 교육적 효과를 믿는 사람은 많은 것 같다. 엘렌 케이는 체벌의 교육적 효과를 믿기 때문에 교육적인 의무감에서 체벌을 하는 교사들에게 이렇게 말한다. “이 교육자들은 그러한 순간적으로 작용하는 수단을 통해서는 단지 악한 의지의 겉모양을 억제하는 것에 성공했을 뿐이라는 것과 의지 자체를 변형시키지 못했다는 사실을 깨닫지 못하고 있다. (...) 체벌을 통해 나쁜 습관이나 실수를 그만두게 하는 곳에서 진정한 윤리적 성과는 나타나지 않는다.” 엘렌 케이가 보기에 체벌을 통한 교육은 결국 교사가 지성, 자기절제, 인내심, 품위를 결여하고 있다는 사실을 보여 주는 명백한 증거일 뿐이다. 많은 교사들이 ‘사랑의 매’ 운운하지만, 정작 매를 맞는 학생들을 결코 그 말을 믿지 않는다고 그녀는 지적한다. “유일하게 참된 발달은 (체벌이 아니라) 천천히 어린이의 자기 통제를 위한 능력과 의지를 강화”하는 데서 가능하다.

그러나 마찬가지로 학생에게 마음에도 없는 지나친 칭찬(Lip Service)이나 아부를 하는 것도 옳지 않다고 본다. 그의 교육 실천의 핵심은 교사와 학생, 부모와 자식 간의 진지하고도 정중한 관계에 있다.

“어린이에게 명령조로 말을 해서는 안 되며 성인에게 하듯이 정중하게 말해야 한다. 그래야 아이들 스스로 정중함을 배운다. 어린이에게 강제로 애무해서도 안 되며, 입맞춤을 퍼부어도 안 된다. 그것은 일반적으로 아이를 괴롭게 하며 종종 성적인 과민증의 원인이 된다. 어린이는 용서를 청하기 위해서 후회하는 마음을 표현하도록 강요되어서는 안 된다. 그것은 기만을 가르치는 가장 확실한 길이다.”

그러므로 부모와 교육자는 어린이에 대한 일방적 강요와 비굴한 아부를 모두 피하면서 그 중간을 걸어 나가야 한다. 이러한 변증법적인 딜레마를 기성세대가 올바로 해결하지 못하면 다음 세대에서도 그것을 기대하기는 어렵다.

이러한 교육의 변증법적 딜레마를 해결하는 방법은 무엇인가? 이러한 물음에 대하여 엘렌 케이는 성장세대의 교육과 교육자의 교육 간에 존재하는 밀접한 상호작용을 강조한다. 그것은 교사와 학생 간의 관계가 어느 한쪽을 중심으로 하는 것이 아니라 공생적(symbiotic) 관계로 되어야 함을 의미한다. 공생적 관계에서의 교육은 일방적인 지배와 통제의 과정이 아니라, 모든 참석자가 각각 주체로서 상호 관계하는 속에서 ‘상호적인 교육’에 참여하는 과정이 되어야 한다.

그러므로 교사는 말하고, 벌주고, 꾸짖고, 욕하고, 칭찬하고, 가르치고, 강의하는 등의 능동적 활동을 통해서뿐 아니라 듣고, 가만히 바라보고, 내버려두고, 기다리고 하는 수동적인 활동을 통해서도 교육을 수행해야 한다. 이런 맥락에서 엘렌 케이는 '교육의 기예의 핵심'을 다음과 같이 요약한다: '어린이들을 평화 속에 머물도록 하고, 가능한 한 직접적으로 개입하지 말고 단지 거칠고 불순한 영향들을 제거하도록 노력하라. 그러면서 당신 자신의 고유한 인격과 삶 자체가 어린이를 교육하는 활동 속에서 명료하게 드러나도록 당신의 모든 주의력과 에너지를 사용하라! (...) 어린이를 성인과 마찬가지로 대하고 간주함으로써 교육은 난폭한 횡포와 지나친 방임으로부터 자유로워질 수 있을 것이다.'

이 밖에도 『아동의 세기』에서 엘렌 케이는 '교육의 매뉴얼'에 해당하는 많은 실제적인 교육적인 지침과 방안들을 제시한다. 그러나 그는 동시에 교육자는 일반적으로 적용할 있는 매뉴얼에 의존하기보다는 일회적이고 개별적인 교육적 상황에 항상 주목해야 한다고 주장한다.

이러한 일회적이고 개별적인 상황은 단지 일반적 지침 또는 매뉴얼을 적용함으로써 해결될 수 없다. 그것은 '교육의 기예'(art of education)를 통해서만 해결할 수 있는 것이다. '교육의 기예'는 스스로 개성과 인격을 발전시켜 나가고 있는 교사, 그래서 개개 학생의 삶에 내재하는 고유한 멜로디를 들을 수 있고 또 그 멜로디가 소리가 되어 흘러나오게 하려고 노력하는 교사만이 습득할 수 있다. 다시 말하면, '교육의 기예'는 학생에 대한 광범위한 주의와 심층적인 이해를 토대로 해서만 생겨날 수 있는 것이다. 따라서 교사는 밖으로 드러나는 학생의 말과 행동을 통해서 그의 영혼을 이해하려 노력하는 해석학자가 되어야 한다.

그러므로 엘렌 케이가 제시하는 교육관에 뒤따르는 귀결은 학생과 교사, 제자와 스승이 학습 및 교육의 과정을 하나의 실험의 과정, 어떤 고정된 규칙도 관례적인 길도 또 확정된 목적지도 없는 열려 있는 과정으로서 파악해야 한다는 것이다. 수업(교육)한다는 것은 마치 즉흥적인 여행길과 같아서 대체적인 방향이 있을 뿐 고정된 목적지 없이 그냥 출발하고, 종종 교사도 학생도 원래 생각지 못했던 목적지에 도달할 수 있는 유연한 과정이 되어야 한다. 엘렌 케이에 따르면 단지 이런 예술적이며 자유로운 교육만이 학생의 재능과 개성을 꽃피게 할 수 있다.

5. 엘렌 케이 교육사상의 의의

엘렌 케이의 교육학에서 추구하는 교육적 인간상은 주어진 관습이나 시류에 영합하지 않고 확고하고 자율적인 판단 능력을 가지고 있고 스스로 판단한 가치와 이상에 따라 자립적으로 살아가는 강한 개성을 가진 인간이다. 이런 사람은 권위주의적이거나 위계적인 관계 안에서도 자립적으로 판단하고 결정할 수 있는 주체성을 가진 사람이며 반 권위주의적인 사람이다. 엘렌 케이가 추구하는 교육받은 인간의 모습은 다음과 같은 말에 요약되어 있다: "단지 집단적인 양심이 현재 대부분의 사람들이 가지고 있는 유일한 종류의 양심이다! 개인적인 양심을 지킨다는 것은, 나 자신의 양심이 시험하고 발견한 객관적 법칙에 나를 자발적으로 굴복시키는 것, 내가 나 자신에게 부과한 내적 법칙을 철저하게 따르는 것, 그리고 세계 전체에 대해 나 홀로 대항해야 할 상황에서도 이러한 법칙을 따르는 것을 의미한다."

1996년 OECD가 발표한 "만인을 위한 평생교육"에는 다음과 같은 교육 혁신의 방향이 시급한 과제로 제시되어 있다. "학교는 (...) 학습자들이 좋아할 수 있는, 그리고 자기존중감과 학습에서의 흥분과 도전 그리고 성취감과 학습의 쾌감을 느낄 수 있는 학습 환경을 제공해 주어야 한다. (...) 많은 나라들은 오늘날 세밀하고 표준화된 교육과정, 나이 또는 학년이나 능력에 따라서 조직된 학급, 고정되고 빡빡한 시간표, 권위적인 교수 스타일과 평가 그리고 기계적 반복학습 등으로 특징지어진 관행에 적절한 유연성을 도입할 수 있는 방법에 대해서 고민해야 한다. 더 나아가 교과 중심의 이론적 지식을 그것의 실천적 적용과 결부시키고 청소년들이 인간 상호 간의 사회적 관계, 의사소통, 문제해결과 학습의 학습과 같은 비판적인 '간 교과적' 기술을 발전시키면서 학습을 즐길 수 있는 충분한 기회가 제공되도록 조치를 취해야 한다."(OECD : Lifelong learning for all, Paris 1996)

이러한 교육개혁의 방향이 올바로 진행되기 위해서는 거기에 합당한 교육학적 사고 및 행동방식에 대한 분명한 인식이 요구된다. 우리가 아동의 인간다움과 개성 그리고 창의성을 강조하는 새로운 AI 시대의 교육학과 교육실천을 모색하기 위해서는 20세기 초에 폭발적으로 제기되었던 개혁교육학의 이념과 실천에 대한 재검토가 필수적으로 요청된다. 엘렌 케이의 『아동의 세기』가 100년도 넘은 오늘날 다시 우리의 관심을 끌게 되는 것도 바로 거기에 연유하는 것이다.

생각할 문제

1. 교육과 자유의 관계에 대해서 엘렌 케이는 어떻게 보는가?
2. 엘렌 케이를 우리 집에 초대한다면 어떤 질문을 하고 싶은가?

CHAPTER

10

존 듀이의 교육사상과 철학

10 존 듀이의 교육사상과 철학

1. 존 듀이의 생애

존 듀이(John Dewey, 1859~1952)는 1859년 버몬트 주 벌링턴에서 상점주의 아들로 태어났다. 1879년 버몬트 주립대학을 졸업한 후 몇 년간 교사생활을 하다가 철학 연구에 뜻을 두게 되었다. 그는 과연 자신이 학문을 하기에 적합한 능력을 가지고 있는가에 대한 고민을 거듭한 끝에 자문을 구했던 해리스 교수의 격려에 힘입어 존스 홉킨스 대학 철학과 대학원에 진학하였다. 존스 홉킨스 대학은 미국 최초의 대학원 대학교로서 '연구중심'의 독일식 학제와 학풍을 가진 곳으로 유명하다. 그럼에도 존스 홉킨스 대학은 '철학' 중심의 독일 아카데미즘과 달리 '과학'을 중시하는 미국 아카데미즘의 특성을 가지고 있었다(반덕진, 1999 : 150f).

존스 홉킨스 대학에서 듀이는 신헤겔주의 관념론자 G. S. 모리스 교수의 영향을 많이 받았다. 주지하듯이 듀이의 철학적 탐구의 굴곡진 여정은 헤겔의 절대적 관념론의 입장으로부터 시작되었다. 또한 동시에 사회진화론자인 헉슬리 교수로부터 인간도 역시 하나의 유기체라는 생각을 받아들였다. 1884

년 칸트의 심리학을 주제로 박사 논문을 썼고 철학박사가 되었다. 그 직후 듀이는 모리스 교수를 따라서 미시간 대학으로 옮겼고, 1889년에는 미시간 대학 철학과 학과장이 되었다.

미시간 대학에서 있었던 중요한 사건은 미래의 아내인 앨리스 칩맨을 만났던 것이다. 그녀는 미시간 주 학교들에서 다년간 교사생활을 한 후 미시간 대학에 다니고 있었다. 인생의 반려자로서 앨리스는 1880년대 말 듀이의 학문적 관심이 실천적 문제로 전환되는 데에 큰 영향을 미쳤다. 나중에 듀이는 앨리스가 자신의 학문적 작업에 '내용'을 채워 주었으며, 자신의 교육사상을 형성하는 데에 중요한 영향을 미쳤다고 고백했다. 결혼 이후 듀이는 공교육에 큰 관심을 기울이기 시작했고 주립 고등학교와 대학 교수들 간의 상호협력을 촉진했던 '미시간 교장협회'의 창립에 주도적 역할을 하였다.

1894년에 석유 왕 록펠러의 엄청난 기부금으로 창립된 시카고 대학의 초대 총장 윌리엄 레이니 하퍼(William Rainey Harper)가 듀이를 교수로 영입하려 했을 때, 듀이는 자신의 교육사상을 시험해 볼 수 있는 '실험학교'의 설립을 조건으로 이를 수락했다. 여기서 듀이는 철학, 심리학, 교육학과 학과장을 겸임하는 괴력을 발휘하였다. 듀이가 시카고 대학에 있었던 1894~1904년 시기에 그의 교육철학의 기본 사상이 정립되었다. 1904년 실험학교 운영 문제로 총장 하퍼와 불화가 있은 뒤 콜롬비아 대학으로 옮겨서 1930년 명예교수로 퇴임할 때까지 봉직하였다.

듀이는 평생 동안 정력적으로 연구와 저술에 몰두하여 방대한 저작들을 남겼을 뿐 아니라 사회참여에도 적극적이었다. 그의 경력을 간단히 보면, 1899년 미국 심리학회 회장, 1911년 미국 철학회 회장을 역임하였고 1919년에는 일본, 1921년에는 중국을 방문하여 강연하였으며 1928년에는 소련의 학교를 시찰하기도 했다. 1920년에 창립되어 지금까지 활동 중인 유수한 인권단체

'미국 시민 자유 연합'(ACLU) 창립에 참여하였고, 1930년대 중반에는 '트로츠키 숙청에 관한 진상 조사 특위'에서 주도적으로 활동하였다. 주요 저작으로는 「나의 교육신조」(1897), 『학교와 사회』(1899), 『아동과 교육과정』(1902), 『사고의 방법』(1916), 『민주주의와 교육』(1916), 『철학의 재구성』(1920), 『경험과 교육』(1938), 『인식과 인식된 것』(1949) 등 다수가 있다.

1952년 8월 『The Progressive』 지에 실린 듀이 추모 기사에는 다음과 같은 일화가 소개되어 있다. 90세 생일을 얼마 앞두고 있을 때 듀이는 한 모임에서 젊은 의사로부터 다음과 같은 질문을 받았다. "대체 철학의 좋은 점이 무엇입니까?" 이 갑작스럽고 퉁명스러운 질문에 듀이는 음미하듯 천천히 몸을 뒤로 기대며 이렇게 말했다. "철학의 좋은 점이 무엇이냐고요? 그것은 당신이 산에 올라가는 것과 같은 것입니다." 젊은이는 시큰둥해서 "산에 오른다! 그것의 쓸모는 무엇이죠?"라고 물었다. 그러자 듀이는 "올라야 할 다른 산을 보게 됩니다. 그래서 하산해서 다음 산을 오르지요. 그리고 거기서 또 올라야 할 다른 산을 봅니다."라고 말하고는 젊은이의 무릎에 부드럽게 손을 얹더니 이렇게 말했다. "다른 산을 보기 위해 산에 오르는 일이 더 이상 흥미롭지 않을 때 당신의 삶은 끝납니다."

2. 미국의 철학 : 프래그머티즘

프래그머티즘(pragmatism)은 20세기 초 미국의 철학자인 찰스 퍼스(1839~1914), 윌리엄 제임스(1842~1910), 존 듀이 등에 의해 발전된 사상이다. 여기서는 주로 듀이의 사상을 중심에 놓고 프래그머티즘에 대해서 간략하게 살펴보고 넘어간다.

그 명칭에서 알 수 있듯이 프래그머티즘은 행위(pragma)를 사고의 중심에 놓는 태도를 말한다. 프래그머티즘은 우리의 개념이나 판단들은 실천적 삶의 영위와 연결될 수 있고 또 거기에 모종의 효과를 일으킬 수 있을 경우에만 유의미하다고 주장한다. 그렇지 못한 것은 있으나 마나 하고 무의미한 것이다. 그러므로 실용주의 철학자는 관념(생각)들을 경험 속에서 검토하는 일, 즉 그것을 실천적으로 적용하고 응용하는 일을 강조한다. 어떤 관념의 의미나 진위를 경험적으로 검토한다는 것은 '그것이 현실 속에서 어떤 효과를 낳는가?' 그리고 '우리가 그 관념에 따라서 행위할 때 실제로 의도 또는 기대했던 결과가 나타나는가?'를 묻는 것이다.[1)]

이렇게 볼 때, 우리의 모든 관념들은 다양한 삶의 문제들을 해결하기 위한 수단, 즉 가설, 추측, 계획과 같은 것으로 간주된다. 이런 수많은 관념들 중에서 특별히 지식이라고 불리는 것은 우리의 집단적 탐구과정을 통해서 일단 '보장된 언명 가능성(guaranteed assertability)'을 획득한 관념들이다. 따라서 지식은 어떤 영원한 것에 대한 특별하고 신성한 앎을 말하는 것이 아니다. 그것은 성공적인 삶의 유지와 발전을 위해서 믿고 사용할 수 있다고 사회적으로 승인된 관념이며, 단지 '잠정적인 타당성을 갖는 관념'일 뿐이다. 왜냐하면 시간

---

1) 러셀은 프래그머티즘의 입장을 다음과 같이 비판하고 있다. "믿음이 좋은 믿음이냐 나쁜 믿음이냐는, 믿음을 받아들인 유기체 안에 일으킨 활동이 유기체에게 만족스러운 결과를 가져오는지 불만족스러운 결과를 가져오는지에 의존한다. 따라서 과거에 일어났던 어떤 사건에 대한 믿음은 사건이 실제로 일어났느냐가 아니라 믿음이 미래에 일으킬 결과에 따라 '좋은' 믿음이나 '나쁜' 믿음으로 분류해야 한다. 결과는 복잡하고 미묘하다. 누가 내게 이렇게 말한다고 가정해 보자. '오늘 아침 식사 때 커피 마셨소?' 평범한 사람이라면 나는 기억해 내려 할 것이다. 그러나 듀이 박사의 제자라면 나는 이렇게 말해야 한다. '잠시 기다려 보게. 말하기 전에 두 가지 실험을 해보아야 한다네.' 나는 먼저 자신에게 커피를 마셨다고 믿게 하고, 그러면 어떤 결과가 생기는지 관찰해야 한다. 다음에 나는 커피를 마시지 않았다고 믿게 하고, 그러면 어떤 결과가 생기는지 다시 한 번 관찰해야 한다. 그 다음에 두 가지 결과를 비교해서 더 만족스러운 결과를 알아내야 한다. 한쪽 결과가 우세하면 그쪽으로 대답하기로 결정하고, 그렇지 않으면 질문에 대답할 수 없다고 고백해야 한다."(Russell, 2009 : 1026)

적, 공간적 변화에 따라서 그것은 언제라도 지식이 아닌 것으로 될 수 있기 때문이다. 그러므로 지식은 어디까지나 삶의 영위를 위한 수단이지, 그 자체가 우리의 탐구와 활동의 최종 목적이 될 수 없다.

이러한 도구주의적 지식관의 배후에는 인간을 환경과 상호작용하면서 살아가는 유기체로 간주하는 인간관이 가로 놓여 있다. 프래그머티즘에 따르면 인간은 전적으로 자연의 일부이며 진화의 과정에서 우연찮게 고도로 발달된 뇌와 신경조직을 지니게 되고 또 엄지와 검지를 정교하게 사용할 줄 알게 된 직립 보행하는 척추동물이다. 즉, 인간은 다른 자연적 존재들과 마찬가지로 끊임없이 변화하고 있는 환경과 대결하면서 살아가는 하나의 유기체이다. 다만, 인간은 의사소통을 할 줄 알며, 사회적이며, '마음'을 지니고 있다. 이렇게 마음을 가지고 있기 때문에 인간은 자연의 일부이면서도 자연을 재구성할 능력을 가지며, 새로운 가치와 새로운 차원을 지닌 자연을 구성한다. 그러므로 인간이 존재하기 이전의 자연과 인간이 등장한 이래의 자연은 전혀 다른 차원에 속하는 것이다. 전자는 순전한 필연성의 세계이지만, 후자는 의미와 목적이 존재하는 세계이다.

이렇게 인간에 대한 진화론적인 이해에서 출발하기 때문에, 프래그머티즘은 영속적인 진리를 찾아 헤매는 대신에 생존을 둘러싼 인간과 환경의 상호작용이라는 실제적 영역에 관심을 집중한다. 인간은 환경과의 상호작용 속에서 자신의 성장과 발전을 위해서는 반드시 해명되고 해결되어야 할 수많은 문제들과 운명적으로 대면하게 된다. 태어나서 죽을 때까지, 역사의 시작에서 종말에 이르기까지 인간의 삶은 끊임없는 문제해결의 과정에 다름 아니다. 그래서 프래그머티즘은 우리가 변화하는 환경에 대처하여 계속 문제를 해결해 나가기 위해서 필요한 실천적 방법론을 마련하는 데에 관심을 갖는다. 듀이가 제시한 문제해결의 방법론이 바로 '반성적 사고의 방법'이다.

그러므로 프래그머티즘 철학자들은 전통적인 형이상학적 탐구는 이원론에 사로잡힌 철학자들이 행하는 일종의 '정신적 유희'에 불과하다고 본다. 그는 경험을 떠난 사변적 사유는 우리에게 어떤 유의미한 견해도 제시할 수 없다고 본다. 현상과 구분되며, 현실의 배후에 있다고 추정되는 궁극적 실체에 대해 지적인 관심을 갖는 것은 각자의 자유에 속하는 일일 수 있다. 그러나 그것은 결과적으로 사회의 기성 지배질서를 옹호하고, 사회의 문제들을 해결하고 개선해 나가는 과정을 가로막는다. 그러므로 참된 의미에서의 철학은 본질과 현상의 이원론에서 벗어나서 현실적 삶에서 부딪히는 실제 문제들을 다루며 또한 거기서 실제적인 효과나 변화를 일으키는 철학이다.[2] 불변하는 진리가 있다는 생각은 환상이다. 우리가 살고 있는 세계는 끝없이 유동하고 변화하는 헤라클레이토스적인 세계이다.

프래그머티즘은 가치론의 영역에서도 어떤 불변적인 선험적 원리가 있다는 것을 부인한다. 무엇이 선하고, 옳고, 아름다운 것인가의 문제는 신적인 섭리나 절대 이성에 따라 영원히 결정되어 있는 것이 아니다. 그 문제는 인간의 계속적인 경험 과정에서 해결되어야 할 문제들이다. 인간의 경험은 언제나 특별하고 구체적인 사건이나 상황 속에서 생겨나기 때문에, 그러한 경험에서 드러나는 가치들도 특별한 상황 또는 거기서 살고 있는 사람들에 따라 상대적이다. 그러므로 프래그머티즘은 윤리적, 도덕적 상대주의의 입장을 취한다. 보편적 윤리 도덕적 기준에 따른 행동을 미리 정해서 제시하는 대신에, 프래그머티스트는 윤리 도덕적 가치는 주어진 상황에서 우리의 경험을 풍

---

2) "우리에게 제공되는 어떤 철학의 가치에 대한 최선의 검증은 다음과 같은 질문으로 이루어진다고 나는 생각한다: 그 철학은 철학이 갖는 결론들이 일상적인 생활경험들과 이에서 파생되는 곤란에 적용되었을 때, 그 결론들이 우리들에게 더욱 의미있고 더욱 빛을 발하고 우리들이 그 결론들을 취급할 때 더욱 결실을 맺게 해주는 그러한 결론으로 귀착하는가? 그렇지 않으면 그 철학은 일상생활의 대상들이 이전보다 더욱 모호하게 되고 그것들이 이전에 가지고 있던 중요성까지도 '실제로' 갖지 못하게 하는 것으로 끝나는가?"(듀이)

부하게 하는 삶의 방식을 발견할 때 그 속에 포함되어 있는 것이라고 주장한다.[3] 이렇게 볼 때, 도덕교육도 정해진 가치의 전수보다는 학생들 자신이 스스로 가치들을 검토하고 명료하게 하도록 돕는 데에 치중해야 한다.

3. 이원론에 대한 비판 : 경험과 교육과정의 대립을 중심으로

1890년대에 듀이는 조금씩 헤겔의 절대적 관념론에서 멀어지면서 프래그머티즘과 자연주의 쪽으로 가까이 갔다. 다윈의 진화론, 윌리엄 제임스의 사상에 기대어서 듀이는 마음과 외부 세계, 사유와 행동을 단적으로 대립시키는 데카르트 이래 근대 철학의 이원론을 비판하면서 자신의 새로운 인식론을 발전시키기 시작했다. 인간의 사유는 감각 인상들의 집합도 아니고, 어떤 정신적 실체로서의 '의식'도 아니다. 헤겔이 말하는 절대적 정신의 표현은 더더욱 아니다. 그것은 유기체로서의 인간이 세계 내에서 살아가기 위해서 고투하는 과정에서 저절로 발생한 독특한 기능일 뿐이다. 즉, 사유는 한 독특한 유기체와 환경세계 간의 자연적인 상호작용 속에서 발전된 것이다. 사유를 이렇게 자연주의적으로 이해할 때, 근대 인식론의 이원론은 잘못된 견해임이 드러난다. 듀이가 보기에 마음과 몸 그리고 외부 세계는 하나의 연속적이고

---

3) 듀이에서 가치는 언제나 개별적－사회적 행위와 연관해서만 존재한다. 즉, 가치는 인간이라는 특수한 자연적 유기체가 물리적－개별적－사회적 사건의 흐름 속에서 어떤 능동적 기능을 할 수 있게 되면서 비로소 생겨난 것이다. 그러므로 인간에 앞서서 이미 완전하고 영속적인 형태로 존재하는 가치 따위는 없다. 우리가 윤리적 가치를 발견하게 되는 것은 다음과 같은 방식을 통해서이다. 어떤 불확실한 상황 속에 있는 사람들이 그 불확실한 현재 상황을 만족스럽게 해결할 뿐 아니라 동시에 거기서 초래되는 후속 상황에 대해서도 가장 만족스러운 통제를 가능하게 하는 윤리적 행동방식을 찾아낼 때 비로소 거기서 윤리적 가치가 성립된다.

계속적인 흐름 속에 놓여 있는 것이다.

듀이는 교육실천에서 많은 문제들이 생겨나고 또 올바로 해결되지 못하고 있는 것은 바로 잘못된 이원론에 기인한다고 생각했다. 이러한 듀이의 입장은 1890년대 미국에서 벌어졌던 전통적인 '교육과정 중심' 교육과 개혁적이지만 어느 정도 낭만적인 '아동 중심' 교육 간의 논쟁을 대하는 태도에서 잘 드러난다. 전통주의자인 윌리엄 T. 해리스(William T. Harris)는 학교에서 인류가 축적한 문명의 지혜를 체계적으로 가르쳐야 한다고 주장했다. 반면 스탠리 홀(Stanley Hall)을 위시한 아동중심 교육론자들은 무엇을 가르칠 것인가는 어린이의 자연적이고 자유로운 발전에 종속되어야 한다고 주장했다. 전통주의자는 아동중심주의를 성인의 권위와 책무를 무책임하게 방기하는 것이라고 비판하였고, 아동중심주의는 전통주의자를 지루하고 상투적이며 전제적인 교육을 통해 어린이의 고유한 개성을 말살한다고 비판하였다.

듀이가 보기에 이 논쟁은 폐기되어야 할 이원론에 사로잡혀 있다. 두 입장은 아동의 '경험'과 가르쳐야 할 '교육과정'을 전적으로 상이하며 양립 불가능한 것으로 전제한다는 점에서 일치한다. 즉, 두 입장은 모두 아동의 경험과 교육과정 사이에 메울 수 없는 심연이 가로 놓여 있다고 생각한다. 그리하여 전통주의자는 교육과정을 어린이의 흥미나 활동과는 별개의 것으로 간주하여 양자를 연결시키려는 노력을 도외시한다. 반면 아동중심 교육론자는 어린이의 경험, 즉 흥미와 자발적 활동을 강조함으로써 학교에서 마땅히 가르쳐야 할 교육과정을 전달하는 일을 소홀히 한다.

듀이는 두 입장을 모두 비판하면서, 어린이의 경험과 교육과정은 충분히 서로 통합될 수 있음을 강조한다.

아동중심 교육론은 "어린이가 현재 지니고 있는 힘과 관심을 그 자체로 궁극적으로 유의미한 어떤 것으로" 간주한다는 데서 오류를 범하고 있다. 어린이의 개인적인 지향과 흥미를 신성시하여 그것에 따라서 교육의 방향을 설정하는 것은 잘못된 태도이다. 교사가 할 일은 학생의 개인적이고 우연적인 지향과 흥미를 활용하여 인류가 지금까지 이룩한 과학, 역사, 예술 등을 학습하게 하는 것이다. 듀이가 보기에 흥미(interest)는 어떤 새로운 것을 학습하고 경험하기 위해서 열려 있는 마음상태이다. 그리고 어린이가 가진 흥미의 가치는 그것의 충족 그 자체에 있는 것이 아니라 새로운 학습과 경험을 추동하는 힘을 제공한다는 데 있다.

반면 전통주의자들은 교육과정에서 포함된 내용들이 처음부터 그렇게 추상적이고 학문적인 관심에서 유래하는 것이 아니라는 점을 간과하고 있다. 그것은 인류가 최초의 원시적인 상태에서부터 문화적으로 성숙해 오는 과정에서 겪은 실천적 경험에 기초하고 있다. 그것의 본래 출발점은 다름 아닌 인간이 삶 속에서 부딪히는 문제들이었던 것이다. 따라서 교육과정 속에는 필연적으로 아동의 실제 경험 세계와 결부될 수 있고 또 아동의 흥미를 자극하는 내용이 함축되어 있을 수밖에 없다. 따라서 어린이의 경험과 교육과정을 단적으로 대립시키는 것은 잘못된 태도이다.

이렇게 해서 경험과 교육과정의 이원론은 극복된다. 그러나 여기서 문제가 완전히 해결되는 것은 아니다. 오히려 '어떻게 양자를 수업 속에서 연결할 수 있는가?'라는 실천적 문제가 등장한다. 이 문제에 대한 듀이의 대답은 교육과정을 '심리화'하라는 것이다. 즉, 교사는 교과를 학문적이고 논리적인 체계에 따라서가 아니라 어린이의 흥미와 활동을 중심으로 재구성하여 가르칠 것을 요구한다. 그러기 위해서는 한편으로 어린이가 스스로의 자발적인 활동을 통해서 해결하려고 하는 문제 상황을 구성해야 하며, 다른 한편으로 이 문제 상황을 해결하는 과정에서 어린이가 체계적인 교과의 내용을 배우고 발견하도록 해야 한다. 이렇게 해서 심리적 주체인 어린이와 논리적 객체인 교과는

'교육적 경험'을 통해서 서로 연결되게 된다. 이런 과정을 듀이는 '교육과정의 심리화'라고 말한다. 그러므로 가르쳐야 할 교육과정은 단지 어린이들이 배워야 할 능력과 성취들이 대체로 무엇인가를 지시해 주는 나침반이다. 교사의 임무는 어린이가 자신의 자발적 활동을 통해서 그런 결과에 가까이 가게끔 교육적 경험을 주선하는 일이다.

어린이의 경험 세계는 제한적이다. 어린이는 자신이 좋아하는 것을 위주로 협소한 경험세계에 갇히기 쉽다. 그러므로 풍부한 경험을 하기 위해서는 자유방임이 아닌 계획이 필요하다. 따라서 교사는 학습자가 흥미 위주의 경험세계를 벗어나서 보다 넓고 심오한 교과의 세계로 나아가도록 점진적으로 교육과정을 조직해야 한다. 이때 중요한 것은 교과를 아동의 마음에 주입하는 것이 아니라, 아동이 스스로 자신의 경험 속으로 교과를 수용하도록 하는 것이다. 교사가 이렇게 간접적으로 어린이의 발달을 지도하려면 교사는 – 듀이도 인정하듯이 – 고도로 숙련된 전문가여야 한다. 가르치는 교과 내용에 통달해야 하고, 아동 심리를 꿰뚫고 있으며, 교과 내용을 어린이의 경험의 일부분으로 만드는 데 필요한 상황을 생각해 내고 또 그것을 학생에게 부과하는 기술이 있어야 한다. 한마디로 교사는 세계를 전문가의 눈과 동시에 어린이의 눈으로 세계를 볼 수 있어야 한다.

4. 민주주의와 교육

1) 민주주의 사회

듀이의 교육사상에서 핵심적인 지위를 차지하는 것은 민주주의의 개념이다. 듀이는 저서의 여러 곳에서 다양한 방식으로 민주주의에 대해서 언급하고 있다. 그래서 혹자는 듀이의 민주주의의 개념을 이상적 사회생활의 양식,

도덕적 사회, 정치적 질서, 개인적인 생활방식이라는 네 가지 차원에서 고찰하기도 한다. 여기서는 주로 듀이의 대표작인 『민주주의와 교육』에 나타난 민주주의 개념을 중심으로 살펴보기로 한다.

듀이는 민주주의의 개념을 다수결, 보통선거, 삼권분립 등등의 제도적 측면과 무관한 것이라고 보지는 않지만 그 이상의 의미를 가진 것으로 사용한다. 한마디로 말해서 그의 민주주의는 인간이 개인적으로나 집단적으로나 가장 효과적으로 주어진 문제를 해결하면서 성장할 수 있는 삶의 방식을 뜻한다. 그러지만 과연 어떤 삶의 방식을 가진 사회가 개인과 전체의 성공적인 발전을 보장할 수 있을 것인가? 또는 어떤 기준에 따라서 우리는 좋은 사회와 나쁜 사회를 구분할 수 있을 것인가?

듀이에 따르면 어떤 특정한 사회생활 방식의 가치를 판정할 기준은 "의식적으로 공유되는 관심이 수에 있어서 얼마나 많으며 종류에 있어서 얼마나 다양한가? 그리고 다른 공동생활(집단)과의 교섭이 얼마나 충만하고 자유로운가?"에 있다. 예를 들어, 서로 공유하는 관심의 수나 종류가 희소한 사회는 결국 구성원들 간에 자유로운 교류가 없다는 것을 뜻한다. 그리고 자유롭고 평등한 교류가 없다는 것은 구성원들이 자신의 삶의 사회적 관련성을 자각하지 못한 채 그저 거대한 체계의 한 부속품으로 전락한 채로 살아가고 있다는 것을 뜻한다. 다른 한편 사회의 집단들 간의 교류가 제한적인 사회는 자신을 재조직하고 진보하는 능력이 취약한 사회이다. 거기서 보이는 사회적 고립 현상은 "삶의 고착화와 형식적 제도화를 가져오며 집단 내부의 고정적, 이기적인 이상만을 추구하게"(Dewey, 2007 : 153) 만든다.

그러므로 듀이는 민주적인 방식으로 조직되고 운영되는 사회는 다음과 같은 특징을 갖는다고 말한다. "첫째 요소는 사회성원이 공유하는 공동 관심사의 수가 많고 종류가 다양하다는 것뿐만 아니라, 상호 관심사의 인정을 사회 통제의 방법으로서 더 중요시한다는 것을 의미한다. 둘째 요소는 여러 사회 집단 (...) 사이의 보다 자유로운 상호작용이 있다는 것뿐만 아니라 사회적 습관이 변화한다는 것, 다시 말해서 다양한 상호작용으로 빚어지는 새로운 사태에 맞추어 끊임없이 적응한다는 것을 의미한다." 즉, 민주적인 사회는 강제력이나 무력을 통해서보다는 구성원들의 의사소통과 합의를 통해서 질서가 유지되는 사회이며, 고착된 특권이나 제도가 평화적인 방식으로 유연하게 변화, 개선되어 가는 사회이다.

이것은 개인의 측면에서 본다면 "동일한 관심사에 참여하는 개인들의 수가 점점 더 넓은 지역으로 확대되어서, 각 개인이 자신의 행동을 다른 사람들의 행동에 관련짓고 다른 사람들의 행동을 고려하여 자신의 행동의 목적이나 방향을 결정(Dewey, 2007 : 155)"한다는 것을 의미한다. 이를 통해서 사회는 서로를 이해하고 인정하는 사람들의 끈끈한 유대로 결합되며, 각 개인의 잠재된 힘들이 자유롭게 분출되어 결과적으로 전체 사회의 발전 능력을 증대시킨다. 이로써 듀이가 왜 그렇게 모든 사회 구성원들의 끈끈한 유대관계와 자유로운 발전을 중요하게 생각했는지가 분명히 드러난다. "민주주의란 곧 모든 개인이 자신의 일의 조건과 목적을 결정하는 데 참여하는 것, 세계의 일들은 – 아무리 현명하고 좋은 의도를 가졌더라도 – 소수에 의해 계획되고 조직되고 지도될 때보다 다양한 개인들의 자유로운 상호적 조화를 통해서 더 잘 이루어진다는 것을 의미할 뿐이다."

2) 민주주의 사회에서의 교육

듀이에 따르면 일반적으로 말해서 교육은 "사회적 기능이요, 미성숙자로 하여금 그들이 속하고 있는 사회집단의 생활에 참여하도록 함으로써 그 지도와 발달을 도모하는 일"(Dewey, 2007 : 147)이다. 그러므로 각 시대의 교육은 주어진 집단의 보편적인 삶의 질서가 어떤 것이냐에 따라서 달라질 수밖에 없다. 예를 들어, "각각의 개인이 그 천성에 적합한 활동에 종사할 때 개인도 행복하고 사회도 원활하다는 플라톤의 (...) 확신"(Dewey, 2007 : 160)에는 하등의 잘못도 없다. 그것은 플라톤이 처한 상황에서는 어쩔 수 없는 선택이었을 수 있다. 그러나 민주주의 사회를 상정할 때 교육은 더 이상 플라톤 식으로 진행될 수 없고 또 되어서도 안 된다. "움직이는 사회, 다시 말해서 어디서나 변화가 일어나고 있고 이 변화를 사회의 구석구석으로 연결지어 주는 사회에서는 그 성원들 모두가 독창성과 적응능력을 가질 수 있도록 교육하지 않으면 안 된다."(Dewey, 2007 : 156)

듀이의 교육론은 현대는 상업, 교통, 이주, 통신의 발달을 통해서 현실적인 상황 자체가 민주적인 질서를 요구하는 시대라는 데서 출발한다. 개인의 의식이 각성되었고 관심의 교류는 자연스럽게 확장되고 있다. 이제 우리는 이러한 경향을 의식적인 노력을 통해서 지속시키고 공고하게 만들어야 한다는 것이다. 그러므로 이제 교육의 과제는 올바른 삶의 방식 또는 민주주의 질서에 합치되는 인간을 길러 내는 데 있다.

민주 사회에서 개인은 자신의 고유한 재능을 공동체의 복지를 위해서 발휘함으로써 비로소 자기를 실현할 수 있다. 그러므로 민주 사회에서 교육의 핵심적인 과제는 어린이들이 사회적인 자기실현을 이루는 데에 필요한 성격, 습관, 덕목을 갖추게 하는 것이다. 그러나 대체로 전통적 학교 교육은 거기에 필요한 환경을 제공하는 데 실패했다는 것이 듀이의 판단이다. 기계적이고 지식전달 위주의 교육은 어린이의 사회적 충동을 마비시키며, 학생들이 지닌 자연적 욕구, 즉 집단에 도움을 주고 봉사하려고 하는 욕구를 수업에 이용하지 못한다. 그리하여 전통적 교육에서 학생들의 사회적 욕구는 두려움, 모방, 경쟁, 우열의 논리와 같은 극히 개인주의적인 동기나 기준에 의해 억압된다.

"약자는 점점 자신감을 잃고 항구적인 열등함의 지위를 수용한다. 반면 강자는 자신의 힘에서가 아니라 자신이 더 강하다는 사실에서 자만심에 빠진다." 그러므로 학교가 사회적 정신을 강화하고 민주적 성격을 교육하기 위해서 학교는 협동적인 공동체로 재조직되어야 한다. 학생은 이 공동체의 성원으로서 거기에 참여하고 있고 또 무엇인가 기여를 하고 있다는 느낌을 가져야 한다.

민주적 인성을 계발할 수 있는 학습 조건(환경)들을 교실에 조성하는 것은 쉬운 일이 아니다. 교사는 학생들이 스스로 민주적인 삶에 뒤따르는 책임들을 짊어지도록 인도할 수 있는 사회적 환경을 만들어 내야 한다. 듀이는 자신이 교사들에게 지나치게 힘든 요구를 하고 있다는 점을 잘 알고 있었다. 『나의 교육신조』에서 그는 교사를 '신의 왕국으로 인도하는 사람들'이라고 불렀다. 그러므로 듀이의 교육이론은 통상적인 평가보다 덜 아동 중심적이며, 더 교사 중심적이다. 왜냐하면 학생이 학교에서 민주적인 성격을 발달시키는 것은 '어린의 자연발생적 본성과 능력'에 의해서가 아니라 이러한 본성과 능력을 '사회적 지성'과 매개시키는 환경을 조성하는 교사의 개입을 통해서 가능하기 때문이다.[4)]

그러므로 듀이에게 '교육은 사회적 진보와 개혁을 이루기 위한 근본적인 방법'을 의미했다. 그리고 듀이가 보기에 학교는 "사회 구성원의 지적, 도덕적 성향에 영향을 주려는 명백한 목적을 가지고 구성된 환경의 전형적인 보기"(Dewey, 2007 : 62)이며, 학생의 성격을 형성함으로써 사회를 변화시킬 수 있는 "비교적 지속적이고 통제 가능한 환경"이다. 학교는 복잡한 문화유산을 배우기 쉽도록 '단순화'해서 가르치며, 사회적 환경의 나쁜 영향을 제거한 '정

4) 아동 중심 교육이 극단화되어 자유방임교육으로 전락하지 않는 이상, 아동 중심은 동시에 강력하고 심오한 교사의 활동적 개입을 요구한다. 왜냐하면 자유방임의 교육이 아닌 한 진보적 교육은 언제나 아동의 본성과 성인의 목적이라는 이질적인 요소를 매개할 수 있는 무게 있는 매개자를 필요로 하기 때문이다.

화된 행동 환경'을 제공하고, 각 개인으로 하여금 태어난 사회 집단의 제약에서 벗어나 보다 넓은 환경과 살아 있는 접촉을 하도록 만든다(Dewey, 2007 : 63f). 듀이는 민주적이고 협동적인 공동체를 실현하고자 할 때, 직접적인 정치적 개혁보다는 학교의 교실의 재구성에 더 큰 기대를 걸었던 듯하다. 물론 그는 현실의 학교들이 대부분 사회를 변화시키기보다는 기성 사회를 재생산하도록 디자인되어 있음을 잘 안다. 그러므로 학교는 사회 변화의 수단이 되기 위해서 철저하게 재구성되어야 한다. 학교의 재구성을 통해 보다 완전한 민주주의(특히 사회적 삶의 양식으로서의 민주주의)를 실현하는 것이 바로 듀이 교육사상의 최고 목표였다고 할 수 있다.

5. 존 듀이의 실험주의 : 실험학교

듀이의 철학과 사상을 관통하는 하나의 붉은 실이 있다면 그것은 근대 이래의 과학정신이라고 할 수 있다. 듀이는 일상적 삶의 문제에서뿐 아니라 지성적이고 윤리적인 그리고 심지어는 미학적이며 종교적인 문제들에 대해서도 과학적인 방법을 활용해야 한다고 주장했다. 그렇다고 듀이가 실증주의적 과학 자체를 신봉했던 사람은 아니며, 따라서 그의 사상을 과학주의(scientism)라고 비판하는 것은 잘못된 것이다.

듀이는 '과학'의 개념을 매우 넓은 의미에서 사용한다. 이에 대해서 조경민은 그의 논문 서두에서 분명히 밝히고 있다. "그에게 있어서 과학이란 하나의 과학적 태도 혹은 정신을 일컫는 것으로서 모든 문제를 지성적으로 해결하려는 태도를 가리킨다. 그리고 과학적으로 문제를 해결한다는 것은 자연과학의 내용을 통해서 문제를 해결한다는 것이 아니라 과학적인 정신, 즉 지성적인 방법을 통해 문제를 해결해 나간다는 것을 의미한다." 여기서 지성적인 방법이란 곧 실험의 방법, 즉 주어진 문제를 해결할 수 있는 합리적인 가설을 세우고 그것을 실제로 적용하여 검증해 보는 과정을 반복함으로써 더 나은 사회적 삶을 향해 나아가는 방법이다.

듀이는 근대를 기점으로 하여 많은 학문들, 특히 자연과학이 실험적인 정신에 따라 작업함으로써 비약적인 성공을 거두었다는 점에 주목한다. 그는 철학이나 교육학과 같이 아직 사변적인 방법에 머물러 있는 학문들도 이제 실험학문으로 변모되어야 한다고 생각한다. 즉, 이제 철학은 "궁극적이고 절대적인 실재를 다룬다는 무익한 독점권"을 포기하고 인간의 현실적 삶에서 등장하는 도덕적이며 실천적인 문제를 해결하기 위한 합리적이며 지적인 도구로 재구성되어야 한다. 이것은 교육학에 대해서도 타당하다. 교육학은 어떤 고정된 교육 이념이나 내용 그리고 방법에 따라서가 아니라 칸트가 『교육학 강의』에서 말했던 실험적 정신에 따라서 활동해야 한다.

그래서 듀이는 시카고 대학에 부임할 때 교육대학 부설 실험학교의 창설을 요구했다. 그는 이렇게 주장했다. "학교는 추상되고 통제된 사회적 삶의 한 – 실험적 – 형식이다. 철학과 교육이 실험 학문이 되려 한다면, 학교의 건립이 그 출발점이다." 이러한 실험주의 교육학의 착상으로부터 1896년 시카고 대학 부설 실험실 학교(laboratory school)가 개교했다. 처음에는 16명의 학생과 두 명의 교사로 시작했는데, 1903년에는 140명의 학생을 23명의 교사가 10명의 보조교사와 함께 가르칠 정도로 성장했다. 당시 듀이의 실험실 학교는 미국의 학부모들과 매스컴의 커다란 주목을 받았다. 실험실 학교는 듀이의 기능적 심리학과 민주주의 철학 그리고 진보적 교육사상을 시험해 보는 실험실 역할을 하였다.

듀이 학교의 중심에는 듀이가 '과업'(occupation)이라고 부른 것이 놓여 있었다. 과업은 일상적인 삶에서 실제로 수행되고 있는 일들로부터 온 것으로서 학생들이 학교에서 교육적 의도 아래 행하는 활동을 뜻한다. 듀이 학교에서 학생들은 11개 또래 집단(4세에서 15세의 학생들)으로 나뉘어서 각 그룹에 적합한 '과업'을 포함하는 프로젝트들을 수행했다. 듀이 학교에서 실제로 수행했던 '과업'들은 다음과 같다.

가장 어린 학생들(4~5세)은 요리, 바느질, 목공일과 관련된 프로젝트를 수행했다. 6살짜리들은 교실 한 구석에 마련된 판을 구획하여 자신의 모델 농장을 짓고, 학교 운동장에는 밀과 면화를 재배하였고 거기서 나온 수확물을 가공하여 시장에 내다 팔았다. 7살짜리는 자신들이 구성한 동굴에서 원시시대의 삶을 재연하였고, 8살짜리는 페니키아인들의 상업 활동, 로빈슨 크루소나 마르코 폴로, 마젤란, 콜럼버스 같은 모험가에 대해서 공부했다. 9살짜리는 지역의 역사나 지리를 공부했고 10살짜리는 식민지시대를 연구하여 초창기 미국의 가옥을 재현했다. 더 나이 든 아이들의 작업은 특정한 역사적 시대에 제한되기보다는 해부학, 전자기학, 정치경제, 사진과 같은 좀 더 과학적인 작업에 몰두했다. 어느 해에 13살짜리들은 학교 안에 적당한 회합 장소를 찾을 수 없게 되자 클럽하우스(clubhouse)를 짓는 일을 추진했다. 클럽하우스를 건설하는 것은 전교생이 참여하는 협동적인 프로젝트가 되었고, 듀이 학교의 역사에서 가장 상징적인 순간이었다.

실험실 학교에서의 수업은 듀이가 말한 교육과정의 심리화가 의미하는 바를 구현하고 있다. "어린이는 요리하고, 바느질하고, 나무와 연장을 이용하여 단순한 공작을 한다. 이러한 활동을 둘러싸고 쓰기, 읽기, 셈하기 등이 포도송이처럼 매달려 있다." 과업은 단지 기술이나 기능을 익히기 위한 것이 아니라 교육과정을 학생들의 경험과 연결시키는 매개체이다. 학생들은 읽기나 셈하기 같은 기본적 능력을 '과업'을 수행하는 과정에서 또는 문제 해결을 하는 과정에서 자연스럽게 학습한다. 예를 들어, 학생들은 과업을 수행하는 과정에서 지식을 얻기 위해 참고해야 할 서적을 읽기 위해 글을 배워야겠다는 동기부여를 얻게 되고 그때 비로소 교사는 집중적인 도움을 제공한다. 따라서 아무리 기본적인 교과내용이라고 해도 그 자체 목적으로 가르쳐지지 않고 어떤 활동을 위한 수단으로서 가르쳐진다.

실험실 학교의 교사였던 캐더린 메이휴와 안나 에드워드는 나중에 상세한 보고서를 출간하였다. 이 보고서에는 듀이의 교육 이론이 어떻게 실행에 옮겨졌는가가 자세히 나와 있다. 그 예를 하나 살펴보자. 6살짜리들은 교실에 모델 농장을 짓고, 운동장에는 밀을 심었다. 이때 모델 농장을 짓는 일은 특히 산수를 배울 수 있는 기회를 제공했다.

"모형 농장은 여러 경작지로 그리고 주택과 헛간을 짓기 위해서 분할되어야 했다. 아이들은 1피트짜리 자를 측정 단위로 사용했고, '4와 2분의 1'이 무엇인지를 이해하게 되었다. 자를 사용하는 데 더 익숙해지면서 반 피트, 4분의 1 피트, 인치를 알게 되었고 그래서 더 세밀한 측정이 가능해졌다. (...) 농가를 지을 때는 4개의 기둥이 필요했고 똑같은 길이의 슬레이트 6~7개가 필요했다. 슬레이트를 잴 때 어린이들은 종종 자의 한쪽을 슬레이트의 끝에 정확히 맞추어야 한다는 사실을 잊곤 했다. 그래서 측정을 두세 번 반복해야 했다. 그러나 다른 벽을 만들 때는 일이 더 빨리 그리고 더 정확히 진행되었다."

이렇게 해서 모델 농장을 짓는 과업은 측정 기술과 분수를 가르치는 기초로 이용되었다. 더 나아가 이러한 수업에서 학생들은 스스로 문제 해결의 방법을 배웠다. 즉, 학생들은 오류와 실수를 통해서 사물을 올바로 측정하는 법을 배웠다. 이렇게 어린이들에게 '직접적인 경험'을 제공하는 것, 즉 어린이가 – 교사의 도움 아래서 – 스스로 해결해 나가야 할 문제 상황을 제공하는 것이 듀이 교육론의 핵심이다. 이것은 수업을 단지 학생들의 우연적인 흥미에 맡겨두는 것과 무관하다. 교사는 더 많은 경험과 식견을 통해서 학생들이 배워야 할 것을 알고 있으며, 이 교육과정을 학생들의 직접적인 경험을 통해서 전달하는 역할을 수행한다.

이렇게 볼 때, 듀이가 단지 학생들에 다양한 경험을 제공하는 데 머무르며 거기서 어떤 목적이 달성되는지에 대해서는 무관심했다는 비판은 근거 없는 것이다.5) 실험실 학교에서 듀이는 분명하게 교육 목표를 설정하였고, 실험학교의 교사들은 이 목표를 분명하게 이해하고 또 수행하려 했다. 듀이는 인류의 축적된 지식들을 중요시했으며 학생들이 인류가 달성한 과학, 역사, 예술의 세계에 입문하기를 원했다. 또한 그들이 읽기, 쓰기, 셈하기, 과학적으로 생각하기, 자신을 세련되게 표현하기를 배우기를 원했다. 그러므로 교육내용으로만 보면 듀이의 교육 목표는 전통적인 교육과 크게 다를 것이 없다. 단지 그 방법에서 있어서는 혁신적이고 급진적이었다.

실험실 학교는 이렇게 듀이의 진보적 교육이론의 실험실이었을 뿐 아니라, 동시에 민주주의 철학의 실험실이었다. 듀이는 실험실 학교에서 학생들의 민주적 공동체를 만들어 내려고 시도했다. 또한 학교의 교육실천 및 행정에 전반에 대한 교사의 민주적 참여도 강조했다. 실험실 학교를 통해서 적어도 듀이는 철저히 민주적인 사회에서 (또는 철저히 민주적인 사회를 건설하기 위해서) 학교는 어떤 모습을 가져야 하는지를 보여 주려 했다. 실험실 학교는 단순히 기존 사회질서의 재생산을 목표로 하지 않았다. 물론 듀이는 교육과정의 중심에 '과업'을 놓음으로써 학교와 사회적 삶을 연결시키려 했다. 그러나 동시에 의도적으로 '과업'을 자본주의적인 생산 양식에서 분리시켜(=순화시켜) 협동적인 맥락 속에 위치시켰다.

---

5) 이러한 비판은 듀이가 교육의 목적을 '성장'이라고 주장한 것에 기초하고 있다. 듀이에 따르면 교육의 목적은 어린이의 외부에 있는 또는 어린이와 동떨어져 있는 외적인 권위나 목적에 의해서 결정되어서는 안 된다. 부모의 기대, 애국자를 기르려는 정부의 목표, 기업과 경영자들의 요구 등은 외적인 목적들이다. 민주주의 사회에서 교육의 유일한 목적은 성장이다. 성장이란 더 많은 활동, 더 많은 문제, 더 많은 문제 해결 그리고 더 커다란 사회적 관계망을 갖게 되는 것을 의미한다. 더 나아가 그것은 더 효과적이고 유의미하고 만족스러운 삶의 방식을 배워서 변화하는 현실에 대처하고 자신의 삶의 과정을 유목적적으로 지도해 나가는 것을 뜻한다.

그러므로 듀이는 학교에서의 과업은 모든 외적인 압력에서 자유로워야 함을 강조한다. 왜냐하면 과업은 효율적인 달성을 목적으로 하는 것이 아니라 사회적 능력과 통찰력의 계발을 목적으로 하는 활동이기 때문이다. '과업'을 수행할 때 학생은 무엇보다도 그 일의 방식, 목적 자체를 이해하는 데에 집중할 수 있어야 한다. 즉, 과업의 의미는 이것이 학생 자신에게 어떤 확장된 경험과 의미를 부여하는가에 놓여 있다. 그러므로 과업은 결코 소외된 노동이 되어서는 안 된다. 소외된 노동은 정신과 육체가 분리될 때 등장한다.

6. 존 듀이 교육사상의 의의

듀이는 적어도 경험의 방식에 있어서 어린이와 어른 사이에 차이가 없다고 보았다. 즉, 어린이와 어른 모두 활동의 과정에서 등장하는 어떤 문제 상황들과 대결함으로써 학습을 해 나가는 활동적인 존재이다. 그러므로 사고는 경험에서 등장하는 문제를 해결하는 수단이고, 지식은 그런 문제 해결 과정에서 생겨난 지혜가 축적된 것이었다. 듀이가 보기에 유감스럽게도 이러한 통찰은 그때까지의 교육학과 교육실천에 전혀 반영되지 않고 있었다.

듀이는 어린이가 백지 상태에서 학교에 입학하며 교사는 거기에 문명의 결과를 써넣는다는 식의 생각을 비판했다. 어린이가 입학할 때쯤이면 어린이는 이미 매우 활동적이다. 교육의 문제는 이 활동성을 포착하고 지도하는 것이다. 듀이는 어린이가 지닌 자연적인 충동을 4가지로 제시한다. 그것은 의사소통하려는 충동, 구성하려는 충동, 탐구하려는 충동, 더 정교하게 표현하려는 충동이다. 여기에 더하여 어린이는 각기 고유한 흥미와 활동성을 가지고 학교에 오며, 교사의 임무는 이 재료를 잘 이용하여 가치 있는 결과로 인도하는 것이다.

그러므로 듀이는 직업교육을 강조하면서 현존하는 산업 체계에 학생들을 적응시키는 데에만 관심을 기울인 교육자들에 대해서 반대하였다. 듀이의 프래그머티즘은 현실에의 실천적 적응이라는 소박한 실용주의와는 다른 것이다. 그는 또한 낭만적 아동중심주의에 기초한 진보주의에 대해서도 거리를 두었다. 그가 보기에 어린이의 자연적 흥미와 성향들을 교육적으로 인도함이 없이 무작정 추종하는 것은 어리석은 일이다.

또한 1930년대에는 급진적인 '사회 재건주의'와도 선을 그었다. 재건주의는 현실의 교육과 교육과정이 결국 억압적 사회 질서를 정당화하기 위해 만들어진 것임을 비판하면서 '대항-주입식 교육(counter-indoctrination)' 프로그램을 제안했다. 그러나 사회 재건주의는 자신의 사회 비판적 입장을 교조적으로 제시하고 전달하는 데에 집중함으로써 학생들 스스로 그런 결론에 도달할 수 있으며 그래야 한다는 사실을 외면하는 잘못을 범하고 있다. 학생이 스스로 사회비판적이 되도록 인도하는 것이 더 민주적이며 또한 그렇게 해야 학생으로 하여금 자신의 입장을 지속적으로 재검토하도록 만들 수 있다.

생각할 문제

1. 민주주의와 교육은 어떤 관계인가?
2. 예술교육이 필요한 이유는 무엇일까?

CHAPTER

11

마틴 부버의 교육사상과 철학

11 마틴 부버의 교육사상과 철학

1. 마틴 부버의 생애

마틴 부버(1878~1963)는 오스트리아의 수도 빈에서 출생했다. 그의 삶의 첫 번째 역경은 겨우 세 살 때 부모가 이혼하여, 어머니와 이별한 채 주로 조부모와 함께 살아야 했던 일이다. 어린 시절의 이별과 분리에서 생긴 깊은 상흔은 그의 삶에 깊은 영향을 미쳤다. 진정한 만남에 대한 그의 철학적 사색은 어린 시절 어머니와의 갑작스러운 결별이라는 고통스러운 체험에서 출발했다고 말할 수 있다. 한편 부버의 조부는 상당히 높은 학식을 지닌 사람이었고, 유대교 내의 계몽운동이라고 할 수 있는 히스칼라 운동의 권위자였다고 한다. 부버는 이러한 가정적인 배경 아래서 성장하며 풍부한 정신적 토양을 마련할 수 있었다.

부버의 아버지는 시골에서 할아버지의 농장을 경영하였는데, 어린 시절 부버는 여름방학을 이용해 농장에 가서 아버지와 생활하곤 했다. 그 시절 부버는 처음으로 하시디즘과 접촉하게 되었다. 이 접촉에서 부버는 '진정한 공동체가 갖는 정신적 힘'과 공동체를 인도하고 지도하는 '지도자'의 필요성을 감지했다고 한다. 이 두 가지는 부버 사상의 두 축을 이루는 요소라고 할 수 있다. 그러나 성장하면서 부버는 점차 하시디즘이나 유대교 전반에 대해 비판적으로 되어 간다. 즉, 청소년기에 그는 진지한 모태 신앙인들이 종종 그러하듯이 자신의 종교에 대한 회의의 시기를 보냈다. 대학 시절 부버에게 가장 큰 영향을 준 두 스승은 게오르크 짐멜과 빌헬름 딜타이였다. 그런데 1900년경 부버는 헤르츨이 주도하던 시온주의 운동에 참여했고 이로써 다시 유대주의와 만나게 되었다.

그러나 부버는 국가주의적 입장을 취했던 헤르츨과 달리 시오니즘의 의미를 '문화'적 측면에서 보았으며, 민족과 인류의 조화로운 발전을 지향했다. 그가 바란 것은 유대 정신을 부활시키고 진정한 인격적 관계로 맺어진 공동체를 탄생시키는 것이었다. 헤르츨의 정통 유대교에 기초한 정치적 시오니즘에 환멸을 느끼면서, 부버는 비로소 하시디즘에서 유대교의 새로운 발전 방향을 재발견하게 된다. 이때 부버는 루소가 친구 디드로를 면회하러 가던 도중 디종 아카데미의 현상 논문 포스터를 보았을 때와 유사한 '정신적 폭발'을 경험한다.[1] 그는 하시디즘을 치열하게 연구하기 시작했다.

처음에 부버는 하시디즘의 신비적 측면에 주목하였으나 이윽고 그것보다는 일상적 삶 속에서의 신앙(구원)이라는 또 다른 측면에 매료되었다. 일상적 삶의 실천 속에서 찾아내고 느끼는 사랑과 신성함이 바로 부버가 발견해 낸 하시디즘의 정신이었다. 그는 점차 신비주의를 극복하면서 실존주의자, 대화의 철학자로 발전해 나갔다. 거기서 부버는 인간은 매순간 누군가로부터의

---

1) 그것은 하시디즘의 창시자인 랍비 이스라엘 벤 엘리에저의 『유언』이라는 책을 읽을 때 일어났다. 부버는 그 순간을 이렇게 말하고 있다. "순식간에 압도당하면서 내가 하시딕 영혼을 체험한 것은 바로 그때였다. 유랑의 암흑 속에서 방황하던 내게 처음으로 유대정신이 열리기 시작했다. 하나님의 형상으로서 창조된 인간의 존재를 나는 행위로서, 생성으로서, 과업으로서 포착했다."(강선보, 29쪽) 한편 6조 선사 혜능은 일자무식의 나무꾼이었으나 어느날 장터에서 금강경 읽는 소리를 듣고 깨우침을 얻었다고 한다.

요구를 받고 있으며 이 요구에 대해 성실하게 응답할 책임에서 결코 벗어날 수 없다는 점을 깨달았다. 그리고 이렇게 성실하게 응답하는 속에서만 인간은 자신의 진정한 삶의 의미(하나님과의 관계)를 성취할 수 있다고 보았다.

40대 중반에 대표작인 『나와 너』(1923)를 출판하였다. 이 책의 핵심적인 주제는 인격적인 만남과 대화만이 진정한 삶을 가능하게 하는 유일무이한 토대라는 것이다. 이로써 대화의 철학이 탄생했다. 1933년 나치의 등장 이래 부버는 유대정신을 지키기 위해서 진정한 시민적 용기를 발휘했고 많은 핍박을 받았다. 그러던 중 1938년 예루살렘으로부터 간곡한 간청을 받아 이스라엘로 이주하였고, 히브리 대학에서 사회철학 담당 교수로 활동하였다. 퇴임 후에는 이스라엘 정부의 '성인교육기구'에서 이스라엘로 이주한 서로 다른 삶의 배경을 가진 이주민들을 가르칠 교사를 양성했다. 이를 통해서 그는 이질적인 배경과 세계관을 가진 사람들에게 자신의 교육이론에 따라 '대화의 교육'을 함으로써 그들의 삶을 새로운 이스라엘 공동체에 성공적으로 합류시키는 일을 달성하려 하였다. 그의 교육사상은 1953년에 출간된 『교육강연집』에 잘 나타나 있다.

2. 실존주의 철학

실존주의는 20세기 초 이래 '인간의 실존'이 갖는 의미를 강조하면서 등장한 철학적, 문학적, 예술적 경향들을 총칭하는 말이다. 여기서 우리는 부버 사상의 배경이 된 실존주의 철학에 대해 살펴본다. 실존주의의 선구자로는 20세기 초에 활동했던 키에르케고르, 니체, 도스토옙스키 등이 꼽힌다. 같은 실존주의이지만 프랑스와 독일은 서로 다른 특징을 갖는다. 사르트르, 카뮈, 메를로-퐁티, 보봐르 같은 전후 프랑스의 철학자와 문학가들의 실존주의는 인생과 삶에 대한 특수한 태도에 방점이 놓인다. 반면 하이데거, 야스퍼스가 대표하는 독일의 실존주의는 실존철학 또는 실존존재론을 중심 내용으로 한다. 실존주의 교육철학자로는 오이겐 핑크, 오토 볼르노 등을 꼽을 수 있다. 마틴 부버는 실존주의적 철학자이자 교육(학)자로 분류된다.

그러면 독일과 프랑스의 대표적 실존주의자인 하이데거와 사르트르를 중심으로 실존주의의 개요를 그려보자.

하이데거에 따르면 다른 피조물과 구분되는 인간 존재의 특징은 자기 자신의 존재와 관계를 맺으면서 살아간다는 것이다. 이렇게 인간이 끊임없이 자기 자신의 존재를 의식하지 않을 수 없는 이유는 어떤 인간이든 느닷없이 찾아오는 절대적인 고독감과 내동댕이 쳐져 있다는 느낌을 피할 수 없기 때문이다. 이런 느낌을 하이데거는 '불안'이라고 명명한다. 불안은 인간의 근본적인 정서이다. 이렇게 불안을 느끼면서 자신을 되돌아 볼 수밖에 없기 때문에 인간의 삶은 결코 완성되거나 고정될 수 없다. 그러므로 인간은 가능적인 존재이다.

인간은 불안과 더불어 죽음을 의식한다는 데에 그 특징이 있다. 즉, 인간은 자신이 언젠가는 죽을 수밖에 없는 운명에 있다는 사실을 알고 있다. 그래서 인간의 삶은 '시간성'과 '역사성'에 의해 규정되어 있다. 즉, 인간은 자신의 과거와 현재 그리고 미래의 연관성 속에서 살아간다.

마지막으로 인간은 세계와의 독특한 관계 맺음을 특징으로 한다. 인간은 '세계-내-존재'로서 살아간다. 세계는 인간에게 위협적이며 양자는 화해하기 어렵다. 세계 속에서 인간은 외롭고 춥다. 이렇게 세계 속에 던져져 있다는 사실을 의식하는 속에서 개인들은 개체로서의 자신의 존재를 형성한다. 그리고 동시에 세계는 외부의 객관적인 사물로서가 아니라 나의 삶과의 관계 속에 이미 들어와 있는 것으로 파악된다.

한편 사르트르의 실존주의는 '자유'의 개념에서 출발한다. 사르트르는 인간은 '자유롭다'는 점에서 다른 피조물과 구분되는 실존적 특징을 갖는다고 본다. 이것을 다른 말로 하면, 인간은 '대자존재'로서 살아갈 때만 인간답게 사는 것이다. 여기서 '대자존재'라 함은 자유로운 결단을 통해서 자신의 '즉자존재'(이미 고정된 삶의 방식)로부터 벗어나는 것을 의미한다. 그러므로 대자존재인 인간은 가능성의 존재이며, 미래를 향해 열려 있는 존재이다. 그리고 이 미래에 대한 기획이 비로소 나를 행동하게 하며, 이 행동을 통해서 나는 나의 과거와 현재로부터 벗어날(ex-istence) 수 있다.

이때 나의 미래를 향한 행동은 오로지 나의 자유로운 선택에 달린 것이다. 그리고 나의 선택과 행동에 대립하는 대상 세계의 저항과 방해는 오직 나의 미래적인 기획 속에서만 비로소 그 의미가 드러나고 결정되는 것이다. 거꾸로 말하면, 내가 아무것도 기획하지 않을 때는 대상 세계의 의미도 드러나지 않는다. 바로 여기서 매우 중요한 전환이 일어난다. 즉, 우리를 둘러싼 세계는 본래부터 어떤 객관적이고 중립적인 의미를 갖는 것이 아니라 우리의 결단과 행위를 통해서 비로소 의미를 갖게 되는 것이다.

그러므로 우리는 자유롭다. 더 정확히 말하면 자유롭게 살지 않으면 안 되는 운명을 가지고 태어났다. 또는 자유롭도록 강제된 존재가 인간이다. 그리고 인간의 자유로움은 동시에 인간에게 자신의 삶과 세상의 사건들에 대한 강한 책임을 부여한다. 내가 어떻게 행동하느냐에 따라서 내가 타자와 맺는 관계 그리고 세계의 모습이 결정으로 변화될 수 있다. 그러므로 우리는 '앙가쥬망(engagement)'해야 하는 책임에서 벗어날 수 없다.

실존주의 사상가들이 다룬 주제들은 매우 다양하며, 전통적인 형이상학이나 인식론에서 잘 다루지 않는 것들이다. 죽음과 탄생, 불안, 진정한 인간적 삶과 비 본래적인 삶, 타인과의 참된 관계, 수치심, 죄책감, 구토라는 현상,

근심과 걱정, 자유, 선택과 결단, 책임, 던져진 존재, 잡담, 질병, 만남과 대화 등등. 열거된 주제들에서 알 수 있듯이 실존주의적 사유는 기본적으로 비관적인 정조를 띠고 있고, 삭막하고 힘든 상황이나 사건들에 관심을 기울인다. 예를 들어, 야스퍼스가 관심 있게 연구했던 것 중 하나는 인간이 겪는 고통스럽고 참담한 상황인 "한계상황들"인데, 우리는 이러한 한계상황을 통해서 비로소 인간의 자유와 존엄의 가능성에 대해 생각하게 된다고 한다.

실존주의자들은 미리 형성된 그리고 고정되어 있는 인간 본성이나 규범 같은 것은 없음을 분명히 했다. 즉, 교육, 도덕 또는 사회발전의 지침이나 전범이 될 수 있는 불변적 가치, 인간의 존재의미를 규정해 줄 수 있는 초월적 기준 같은 것은 없다. 인간은 '아무런 주어진 본성도 의미도 없이 삭막하고 적대적인 세계 속에 던져진' 존재이다. 그러므로 실존주의가 파악하는 인간 상황은 비관적이다. 그러나 동시에 인간은 계획하고, 결정하고, 행위해야 하는 존재이기 때문에 오히려 자신을 만들어 가고 또 자신이 누구인가 그리고 누가 될 것인가를 스스로 결정할 수 있다. 이러한 선택과 결단과 행동을 가로막을 수 있는 것은 아무것도 없다. 바로 여기서 실존주의의 비관적 정조는 진취적인 실천적 삶의 가능성으로 전환된다.

3. 마틴 부버 교육사상의 뿌리 : 하시디즘

부버의 생애에서 잠깐 언급했듯이 하시디즘은 18세기 폴란드에서 생겨난 유대교의 경건주의적인 신비주의 운동이다. 하시디즘은 내세에 대한 생각보다는 살아 있는 개인의 영혼 및 그것의 정화에 관심을 가지며, 일상생활의 매 순간에 있어서 하나님에 대한 신앙과 이웃에 대한 선행의 필요성을 강조한다. 하시디즘을 주도한 바알 쉠 토브에 의하면 모든 개인은 내부에 신성한 불꽃을 지니고 있다. 사람은 잠재적 신성으로 가득 차 있으며 이러한 잠재적 신성을 현실화하는 것이 모든 인간의 책임이다. 세속적인 것과 성스러운 것은 서로 단절된 것이 아니라 연속된 것이다.

하시디즘의 핵심적인 가르침은 우리는 삼라만상을 통해서 하나님을 볼 수 있으며, 형식화된 의례가 아닌 일상적 삶을 통해서 하나님에게 접근할 수 있다는 것이다. 그러므로 인간의 구원은 세속적인 것을 멀리하는 데에 있는 것이 아니라 오히려 세속적인 것을 신성화하는 데에 있다. 다시 말하면 자신의 태도와 행동, 의식주 그리고 가정 및 사회의 구조 등을 정화하여 신성하게 만드는 데 있다. 그래서 하시디즘의 신도들은 대중공동체의 사회 형태를 취한다. 부버에 따르면 하시디즘의 가르침은 여섯 가지로 정리될 수 있다(강선보, 2018 참조).

① 자기 자신의 마음을 살펴보라(heart–searching). "아담아 너는 어디에 있느냐?"는 하나님의 물음이 바로 이것을 요구하고 있다.

② 자기 자신의 독특한 길을 찾아라(particular way). 인류의 위대한 가능성은 바로 개인들의 상이성, 즉 자질과 성향에 있어서의 상이성에 있다.

③ 자기 자신의 존재를 통일하라. 영혼의 심연에 있는 신성한 힘이 영혼에 작용하여 갈등적인 여러 힘들을 결합하고 분열적인 여러 요소들을 융합시킬 수 있다. 어떤 일을 시종일관되게 할 수 있기 위해서는 먼저 정신과 육체, 즉 영혼의 통일이 선행되어야 한다.

④ (본연의) 자기 자신으로부터 시작하라. 나와 동료 인간들 간의 모든 갈등의 원인은, 내가 뜻하는 바를 말하지 않고 내가 말하는 바를 행하지 않는 데서 기인한다. 따라서 모든 것은 자기 자신에게 달려 있다는 결정적인 각성과 자기 자신을 확립하겠다는 결단이 요청된다. 여기서 결정적인 물음은 "도대체 나는 무엇을 하고자 하는가?"이다.

⑤ 자기 자신에게 사로잡히지 말라. 본연의 자기 자신에서 시작하되 거기서 끝나서는 안 된다. 자기 자신을 이해하고 발견하되 그렇게 발견된 자기 자신에 사로잡히지(self-intending : 자기지향) 말라는 것이다. 왜냐하면 나 자신으로부터 시작하는 것은 나를 위함이 아니라 세계를 신성하기 위함이었기 때문이다.

⑥ 자신이 서 있는 바로 그곳을 보살펴라. 사람들은 일상적 삶에서 항상 결핍감을 느끼며 무엇인가 다른 것을 찾으려 한다. 그래서 세계의 구석구석과 마음의 구석구석을 찾아 헤매면서 정작 자신이 서 있고 살고 있는 곳은 제쳐 둔다. 그러나 자연스럽게 느끼는 환경, 운명적으로 부여된 나의 상황, 나의 일상, 매일 매일의 과업들이 바로 나의 본질적 부분이며 나에게 열려 있는 실존적 가능성을 드러내 주고 있다. 인간이 하나님을 영접하는 것은 바로 자신의 삶의 현실 속에서이다.

부버는 하시디즘을 통해서 현대 사회의 방황하는 인류에게 삶의 방향을 제시할 수 있다고 보았다. 그것은 일상생활 속에서 하나님의 숨은 현존을 발견하며, 이 하나님을 자신의 전 인격을 통해서 만남으로써 구원을 얻는 종교적 삶의 방향이다. 즉, 부버는 성이 속으로부터 완전히 추방당하고 있다는 데서 현대 사회의 위기를 보았던 것이다. 또한 교육의 방법에서 볼 때, 하시디즘은 지성적인 가르침보다는 공동적인 삶 속에서의 인격적인 교감(감염)에 중점을 두었다.[2] 이러한 간접적인 인격적 감화를 통한 교육 방법은 부버의 교육철학의 기초를 이루고 있다. 또한 인간 개개인의 고유성과 개성을 강조하는 하시

2) 다음과 같은 하시디즘의 설화의 한 토막은 이러한 태도를 잘 보여 준다: '나는 토라를 배우기 위해 메기드(Maggid, 전도사)에게 간 것이 아니라, 그가 그의 구두끈을 매는 것을 보기 위해 그에게 갔다.'

디즘[3]은 부버가 인간의 자유와 책임을 강조하는 실존주의로 넘어가는 징검다리가 되었다고 할 수 있다.

4. 만남과 대화의 철학

부버는 인간을 관계적 존재로서 이해한다. 참된 인간은 혼자서 있을 수 없고 언제나 타인 또는 다른 존재와 관계 맺음으로써 등장할 수 있다. 모든 것의 시원은 만남이고, 인간은 본성상 대화하는 인간이다. 인간이 먼저 있어서 서로 만나고 대화하는 것이 아니라, 서로 만나고 대화하는 속에서 비로소 인간이 등장하는 것이다. 그러나 그것은 단지 인간 간의 관계에 그치지 않는다. 인간은 다른 인간과 만나는 속에 하나님과 만나며, 이렇게 하나님과의 만남이 있기에 인간과 다른 인간의 만남이 가능하다.

그래서 부버의 인간관은 종교적 인간관이다. 거기서 인간에 대한 사랑은 신에 대한 사랑으로, 신에 대한 사랑은 인간에 대한 사랑으로 귀결된다. 신의 현존은 인간 간의 모든 진정한 만남에 동참하고 있으며, 또한 진정한 대화를 하는 사람들이 없다면 신의 현존은 불가능하다. 『나와 너』에서 부버는 이렇게 말한다. "위와 아래는 상관적이다. 신과 이야기하지 않고 어떤 인간과 이야기하는 사람의 말은 완수되지 않는다. 인간 없이 신과 이야기하려는 사람의 말은 방향을 잃고 헤맨다."

사람과의 대화든 하나님과의 대화든, 대화는 언제나 상호적인 요구와 응답 그리고 책임에 기초한다. 우리는 다른 사람의 목소리에 대해 응답할 책임을

---

3) 다른 설화 : 한 신실한 랍비가 죽음에 임종해서 매우 불안해하였다. 사람들은 당신처럼 평생 모범적으로 신앙생활을 해 온 사람이 무얼 걱정하시오 하며 위로했다. 그러나 랍비는 이렇게 대답했다. '내가 걱정하는 것은 하나님께서 왜 너는 모세처럼 살지 못했느냐고 책망하시는 것이 아니라 왜 너는 너로서 살지 못했느냐고 책망할까 봐서이네!'

가지고 있다. 이것은 하나님의 말씀에 대해서도 마찬가지이다. 하나님의 말씀은 단지 신학적인 사건이 아니라, 응답되어야 할 실제적 현존으로 간주되어야 한다. 성서는 창조주와 피조물 간의 계속적인 의사소통, 즉 대화를 증거하고 있다고 부버는 주장한다. 이러한 대화 속에서 인간은 자신의 말을 신에게 전달할 수 있다.

대표작인 『나와 너』에서 부버는 세계에 대한 두 개의 근본적인 태도 또는 관계방식을 제시한다. 하나는 나－너의 관계이고 다른 하나는 나－그것의 관계이다.

① 나－그것의 세계는 '경험'과 인식 그리고 이용의 대상이 되는 세계이다. 이 세계를 '경험'한다는 것은 곧 사람이 세계를 외적인 객체로서 소유하고 이용한다는 뜻이다. 이때의 세계는 경험의 대상으로서 '어떤 사물'일 뿐이며, 경험하는 주체와 적극적이고 직접적인 관계에 있는 것은 아니다. 이럴 때 경험의 주제인 '나'는 대상과 분리된 개체이며 단지 관찰자 또는 방관자의 위치에 머무른다.

② 반면 나－너의 세계에서는 '경험'이 아니라 '관계'가 성립한다. 여기서의 너는 여러 성질들로 분해, 해체될 수 없는 통일적 전체로서의 존재이다. 그러므로 나는 너를 완전한 전체로서 만난다. 그러므로 여기서 맺어지는 관계는 강렬하고 직접적, 상호적, 근원적, 현재적이다. 그것은 객관적인 언어나 지식으로 표현될 수 없다. 이 관계 속에는 나는 단순히 관찰자나 방관자가 아니라 인격이며 주체성이다. 이러한 나－너의 관계 속에서만 진정한 '만남'은 가능하다.

여기서 한 가지 주의할 것은 세계에 대한 나－너의 태도 또는 나－그것의 태도는 관계 맺는 대상이 무엇이냐에 의해서 결정되는 것이 아니라 대상과 맺는 나의 관계방식에 의해서 결정된다는 점이다. 우리는 우연히 마주친 비루먹은 강아지나 침묵하며 떨어지는 낙엽과도 나-너의 관계를 맺을 수 있다. 반면 아주 가까이 있는 인간에 대해서 나-그것의 관계를 맺을 수 있다.

그렇다면 우리는 어떻게 하나님, 즉 '영원한 너'와 나-너의 관계를 맺을 수 있을까? 부버에 따르면 우리는 자연 및 인간의 영역에서 만나는 '너'를 통해서 '영원한 너', 즉 하나님과 관계 맺을 수 있다. 예컨대 우리가 다른 사물이나 사람과 진실한 교제 속에서 절대자의 이미지를 느끼게 된다면, 그 순간이 바로 '영원한 너'를 접한 순간이라고 할 수 있다.

인간 존재는 나-너 관계에 들어섬으로써만, 그리하여 "타자의 타자성"을 인정함으로써만 진정한 삶으로 변화된다. 이때 나-그것의 관계와 달리 나-너의 관계는 우리에게 총체적인 헌신과 참여를 요구한다. "나-너라는 근원어(primary word)는 나의 전체 존재를 가지고서만 말해질 수 있다. 반면 나-그것이라는 근원어는 결코 나의 전체 존재를 가지고 말해질 수 없다." 대화는 내 앞에 있는 타자를 타자로서 온전하게 받아들인 다음에야 가능하다. 그러므로 대화의 핵심에는 타인에게 영향력을 행사하거나 타인을 이용하려는 의도가 없는 두 존엄한 개인 간의 인격적인 만남이 있다.[4] 이 인격적인 만남은 반드시 대화로 발현한다.

반면 나-그것의 도구적인 인간관계에서는 단지 독백이 오고 갈 뿐 대화가 진행되지 않는다. 설혹 거기에 일종의 조화와 협력이 있을지라도, 결국 나는 나로서 그는 그로서의 삶을 살고 있을 뿐이다. 반면 대화는 인격적인 만남의 표현이며 공통의 마음이 형성되는 과정이다. 그러나 대화의 영역으로 들어설 때 우리는 항상 커다란 위험을 감수해야만 한다. 왜냐하면 대화는 나의 직접적이고 총체적인 노출을 요구하는데, 이 노출된 내가 상대방에 의해 전적으

4) 그러므로 부버의 만남의 철학에서 대화보다는 타인을 '너'로서 대하는 일이 더 근원적이다. 사람은 대화 없이 살 수도 있지만, 어떤 너도 만난 적이 없는 사람은 사실은 인간이 아니라고 부버는 말한다.

로 부정되거나 거부될 수 있기 때문이다. 물론 그럼에도 우리는 대화를 회피해서는 안 된다.

여기까지만 보면 마치 부버가 나－그것의 관계를 비판하고 나－너의 관계만을 옹호한 것으로 보일 수 있다. 그러나 부버는 나－너와 나－그것의 두 관계가 모두 인간의 실존에 필수적이라고 본다. 이것은 다음과 같은 수수께끼 같은 언급에서 드러난다. "'그것'은 영원한 번데기이며, '너'는 영원한 나비이다. 다만, 이 둘은 언제나 명확히 분리되는 상태가 아니라 때때로 깊은 이중성 가운데서 어지러이 뒤얽혀서 일어나는 하나의 사건인 것이다." 이를 통해 부버가 말하고자 하는 바를 간단하게 요약한다면, '나－그것'의 관계가 없는 삶은 불가능하며, '나－너'의 관계가 없는 삶은 무의미하다는 것이다.

부버가 우리에게 제시하려고 했던 것은 인격적인 상호존중에 기초한 대화적 삶이라고 할 수 있다. 그리고 이러한 대화적 삶 또는 대화적 관계는 '나－너'의 관계가 없이는 불가능하다. '나－너'의 관계는 대화적 관계의 전제이며, 양자는 분리되기 어렵다. 그리고 한 인간은 다른 사람과 이렇게 만나는 속에서만 진정한 의미에서 삶을 영위할 수 있다. 그러므로 부버의 철학은 '사이'의 철학이라고도 불린다. '사이의 특성(betweenness)'은 인간의 실존적인 현실로서 또는 인간 존재의 근본적인 사건으로 등장한다.

5. 마틴 부버의 교육사상

1) 포용과 대화적 교육의 가능성

부버의 교육철학의 핵심개념 중 하나이면서 종종 오해되기 쉬운 개념은 '포용'(inclusion)이라는 개념이다. 부버에 따르면 포용이란 대화에 참여하는 사람들이 이중적 감각, 즉 자기 자신을 분명히 의식하는 동시에 '타자'를 그의 개성과 고유성 속에서 지각하는 이중적 감각을 발휘하는 것 또는 그렇게 하는 능력을 의미한다. 부버는 이 포용의 능력을 모든 사람이 때때로 할 수 있는 "기초적인 경험"(Buber, 2010 : 45)에서 이끌어 내는데, 이 기초적인 경험이 바로 전체 교육의 출발점을 이루어야 한다고 본다.

이 기초적인 경험을 부버는 다른 말로 "상대편의 경험"(Buber, 2010 : 45) 또는 상대편으로부터의 경험이라고 부른다. 좀처럼 이해하기 힘든 이 용어는 그가 든 예를 보면 좀 더 쉽게 이해된다. "자신을 허락한 여인을 한 남자가 사랑스레 만집니다. 이런 만지는 행위 도중에, 만지고 있는 남자가 자신의 만짐을 양면으로 느끼게 되는 일이 생깁니다. 자기 손의 피부로 여인을 쓰다듬고 있으면서, 동시에 쓰다듬어지는 여인의 피부를 통해서도 느끼게 되는 것이지요. 두 사람 사이에서 발생하는 이러한 몸짓의 양면성은 그의 내면에 감추어진 즐기는 마음을 관통하고 이를 휘저어 놓습니다. 그가 자신의 마음을 마비시키지 않는다면, 그는 이러한 즐김을 거절하지 않을 것입니다. 그는 이 여인을 사랑할 수밖에 없게 되지요."(Buber, 2010 : 45) 두 연인 사이에서 일어나는 이 이중적인 사건, 즉 포용은 사랑의 실현, 즉 나의 너에 대한 책임의 표현인 사랑의 실현이다.

물론 우리는 이러한 '이중적 경험'을 상시적으로 할 수 있는 것은 아니지만, 적어도 한 번 경험한 이상 그것은 다른 모든 경험들 속으로 '옮겨 든다.' 이 이중적 경험이 갖는 효과는 인간본성에 깊이 내재되어 있는 충동인 '에로스'나 '권력의지'를 대화적인 방향으로 변화시킨다는 데에 있다. 그때 우리는 비로소 상대방에게 일방적으로 영향을 미치는 상황을 단순히 즐기는 것이 아니라 고통스러워하게 된다.

이러한 포용의 개념이 부버의 교육철학에 대해서 갖는 의미는 교육적 상황이 갖는 피할 수 없는 불균형 또는 비대칭성의 문제를 극복하게 해 준다는 데 있다. 부버에서 나－너의 관계 또는 대화적 관계는 참된 교육이 이루어지기 위한 전제조건이다. 그리고 대화적 관계의 전제는 자유롭고 평등한 개인들의 만남이다. 그런데 부버가 보기에 교육은 기본적으로 평등한 주체들의 관계가 아니다. 교육은 교사와 학생이 공동으로 경험하는 하나의 사건이지만, 거기서는 교사가 능동적이고 주동적인 역할을 할 수밖에 없다. 그렇다면 교육에서 대화적 관계란 불가능한 것이고 포기해야만 할까?

이것은 하나의 딜레마 상황으로 보인다. 교사는 자신의 우월한 지위를 포기하고 일부 개혁교육학자들에서 보이듯이 스스로를 낮추어 학생과 동등한 지위로 내려가거나, 아니면 학생과의 대화를 포기하고 자신의 권력적 지위를 받아들이거나의 양자택일 앞에 서 있는 듯이 보인다. 부버는 이러한 난점을 해결하려고 한다. 그것은 '교사는 비대칭적 관계를 유지하는 속에서 평등한 대화적 관계를 마련해야 한다.'는 요구로 귀착된다. 이것이 어떻게 가능한가를 살펴보자.

먼저 교사는 자기 자신 속의 어떤 것도 그리고 그의 활동의 현실성에서 어떤 것도 포기하지 말아야 한다. 즉, 자신이 '교사'임을 절대로 망각해서는 안 된다. 교육의 과정은 능동적인 쪽과 의존적인 쪽 사이의 위계적 질서를 유지할 수 있는 최소한의 거리를 필요로 한다. 그렇지 않고 자신의 학생과 너무 감정적으로 밀착해서 뒤얽힌 사람은 자기를 망각하고 자신의 직업적 지위를 훼손하기 쉽다. 이런 의미에서 부버는 교사가 학생에 대해서 갖는 "감정이입(empathy)"(Buber, 2010 : 46)에 대해서 비판적인 입장을 취한다. 부버에게 감정이입은 자기 자신을 타자의 위치로 전환시켜 자신의 구체성을 상실하는 것(=자기의 제한)을 의미한다. 그러나 참된 대화는 자기－제한의 반대이다. 대화는 나를 제한하는 것이 아니라 펼치는 것이다.

그렇다면 과연 교사와 학생의 위계적 상황에서 대화는 어떻게 가능한가? 본래 대화는 두 개의 기본 조건을 요구한다. 한편으로 존엄하고 평등한 대화자들이 있어야 하고 다른 한편으로는 관계를 맺겠다는 그들의 자유로운 선택이 있어야 한다. 그런데 교육적 현실은 앞서 보았듯이 상호성의 결여에 그 특징이 있다. 거기서는 교사가 학생들에게 우월한 권위를 가지며 또 행사해야 한다. 반면 학생은 자신의 열등한 지위 때문에 어쩔 수 없이 자신의 의지를 포기하고 교사의 선택을 받아들인다. 교육과정 역시 학생의 의견을 고려하지 않고 어른들에 의해서 정해진다. 이것은 대화가 요구하는 자유의 분위기에 위배된다. 또한 거기에는 관계를 맺겠다는 자유로운 선택도 결여되어 있다. 교사는 자신의 학생을 선택하지 않았고, 학생도 교사를 선택하지 않았다. 학교에서 교사와 학생은 자신의 의지와는 별개로 만나게 되었다.

그러나 이러한 근본적인 비대칭성에도 불구하고 교육은 전적으로 대화적일 수 있다. 왜냐하면 교육에서의 상호성의 결여는 교사가 행하는 포용을 통해서 메워질 수 있기 때문이다. 즉, 교사는 교육 현장의 양 축인 자기 자신과 학생에 자리에 동시에 섬으로써 학생과의 진정한 대화의 기회를 포착해야 한다. 결국 교사는 '포용'을 발휘함으로써 교실 현장에서 학생들과 진지한 만남과 대화를 수행할 수 있다. 이때 주의해야 할 것은 이 '포용'은 교사의 활동인 것이지, 학생에게 대해서도 똑같은 것을 요구할 수는 없다는 점이다. 왜냐하면 교사는 학생의 존재를 이해할 수 있는 반면에 학생은 교사의 인격의 복합성을 이해할 수 없기 때문이다.[5)]

이와 동일한 맥락에서 부버는 교사가 학생에 대해서 취할 수 있는 두 가지 태도, 즉 수용(acceptance)과 확인(confirmation)을 명확히 구별한다. 부버에 따르면 교육은 – 개혁교육학자들에서 종종 보이듯이 – 학생의 지금 있는 그대

5) 그러므로 교사는 학생들의 행동이나 태도로부터 상처를 받아서는 안 된다. 학생의 행동이나 태도로부터 상처를 받는다는 것은 자신의 교사로서의 지위를 포기한 것에 다름 아니기 때문이다.

로의 모습을 단지 '수용'하는 데서 출발할 수 없다. 반대로 교육은 학생이 지금까지의 발달 과정에 비추어 볼 때 앞으로 만들어 가야 할 바의 모습을 '확인'하는 데에 기초해야 한다. 이 확인은 단순한 동의(agreement)가 아니라 학생을 올바른 방향으로 지도하는 일로서 교사의 본연의 과제이다. 만약 교사가 수용과 확인을 혼동해 버리면, 그는 정작 자신의 도움을 필요로 하는 학생에게 도움을 줄 수 없다. 교사는 학생이 자신의 고유한 인격적 방향성을 발견하도록 돕기 위해서 학생의 의도에 반해서 행동해야 하는 경우가 많이 있다.

교사의 포용을 통한 대화적 관계의 수립은 부버의 일반적 대화이론에 부합된다. 부버에 따르면 모든 대화는 자기와 타인 간의 근원적인 거리가 존재할 때 가능하다. 주변과 거리를 둠에 의해서 우리는 독립적인 대립자의 실존을 허락한다. 다시 말하면 그때 비로소 관계 맺을 수 있는 상대방을 창조한다. 이 거리가 너무 확장되면 타자는 단순한 통제의 대상이 된다. 반면 너무 좁아지면 타자는 예측 불가능한. 따라서 교육 불가능한 존재가 된다. 거리는 특히 교육적인 관계에서 본질적이다. 교수의 기예(art of teaching)는 이러한 교육적인 경계선(거리)을 유연하게 설정할 줄 아는 능력에 있다. 즉, 교사는 위계적 관계를 유지하는 데 필요한 최소한의 거리를 설정하는 동시에 진정한 교수-학습의 전제인 대화적 관계를 촉진하기 위한 최대한의 친밀함을 유지하도록 노력해야 한다. 물론 이것은 교사가 포용의 능력을 발휘할 때 가능하다.

2) 교사의 역할

부버에 따르면 현대의 교육자는 '영혼의 정념들', 즉 니체의 '권력에의 의지'와 '소크라테스적 에로스'에 의해 위협당하고 있다. '권력에의 의지'는 교사의 전통적인 권위가 몰락할 때 만연한다. '에로스'는 교사가 자신의 우월성을 행사할 수 없을 때 만연한다. 양자는 공통의 뿌리에서 흘러나온다. 다만, 에로스는 타인에게서 단순히 자신의 기쁨을 찾는 것이며, 권력의지는 사람들을 권위주의적으로 통제하려는 성향을 말한다. 이 두 가지는 모두 나－너의 관계, 만남의 관계가 아니다.

그러므로 부버는 참된 교사는 금욕적이어야 한다고 말한다. 즉, 교사는 학생들을 위해서 에로스나 권력의지 같은 자신의 정념들을 통제해야 한다는 것이다. 왜냐하면 교사는 － 권력의지나 에로스를 통해서 학생들의 삶에 개입하는 것이 아닌 － 포용에 기초한 만남과 대화를 통해서 학생들에게 영향을 미치는 고귀한 소명을 가지고 있기 때문이다. 그러므로 교육에서 권력의지는 일치의 공동체로 변형되어야 하고, 에로스는 학생을 위한 진지한 사랑으로 정화되어야 한다. 학생의 인격 형성은 오직 나－너 관계를 통해서만 가능하다.

한편 교사의 과제에 대한 부버의 독특한 견해는 그의 교육관으로부터 나온다. 부버에 따르면 교육은 "한 사람을 통한 그리고 한 사람 속에서 이루어지는, 작용하는 세계의 선택"(Buber, 2010 : 55)이다. 부버에 따르면 교육은 교사를 매개체로 하여 학생과 세계가 서로 대면하는 속에서 일어나는 학생의 변화를 말한다. 물론 이때 매체로서의 교사의 역할은 학생에게 필요한 세계를 선택하여 보여줌으로써 학생의 본질의 발현을 촉진하는 것이다. 그러므로 학생과 대면시킬 세계는 교사에 의해 선별된 세계이다. 그리고 이 선별은 교사의 독단적 판단에 기초하는 것이 아니라 어디까지나 '포용의 이중적 경험'에 의해 "학생이 필요로 하는 것과 필요로 하지 않는 것을 확인"(Buber, 2010 : 54)하는 과정에 기초해야 한다. 말하자면 교사는 "어린이가 자기 본질을 세워 나가는데 필요로 하는 세계의 힘들을 세계로부터 읽어 내서, 이것을 자기 속으로 끌어들여야"(Buber, 2010 : 55) 한다.

그러므로 부버가 생각하는 이상적인 교사는 학생들을 인도하고 지도하는 역할을 해야 하지만, 직접적인 지시나 강제가 아니라 주어진 세계를 "분류하기도 하고, 거부하기도 하며 또 보증하기도"(Buber, 2010 : 56) 하는 선별의 활동 속에서 그렇게 해야 한다. 그러므로 이때의 교사는 환경에서 오는 다양하고 혼란된 메시지들을 정화하여, 교육적 환경세계를 구성하는 사람이라고 말할 수 있다. 교사에게 맡겨진 교육의 임무는 학생들을 대화적 맥락에서 만나고, 끌어 들이고 형성하는 인격적 존재로서의 교사에 의해서만 수행될 수 있다. 이렇게 '선별하고 분류하고 질서 지우는 사람'로서의 교사는 과거를 통해 전해진 지식과 기술들을 단지 수용하여 학생들에게 전달하는 전통적 교사와 다르다. 또한 교육을 단지 어린이의 내면에 잠자고 있는 무한한 창조력을 밖으로 퍼내는 개혁교육학적인 교사와도 다르다.

3) 개인과 공동체

부버에 따르면 어린이는 두 개의 자율적인 본능, 즉 '창작적 본능'과 '공동체적 일치의 본능'에 의해 지배된다. 어린이가 지닌 이런 두 가지 본능이 교육의 열쇠이다. 어린이의 창작적 본능은 세계를 형성하고 형태 지우려는 내재적 충동이다. 이러한 적극적 본능은 결코 탐욕으로 변화될 수 없다. 왜냐하면 그것은 '소유'를 목적으로 하지 않으며 단지 '행함' 그 자체를 목적으로 하기 때문이다. 그러나 창작적 본능은 자동적으로 타자와의 상호성이나 공동체적 나눔으로 인도하지는 않기 때문에 불충분하다.

창작적 인간은 누군가가 그의 손을 붙잡아 줄 때까지는 고독하다. 진정한 교육자의 임무는 어린이의 창조적 힘들이 올바른 방향으로, 즉 공동체적 일치로 흘러가도록 하는 것이다. 따라서 교사의 임무는 어린이의 개성적인 존재를 공동체적 일치로 인도하는 것이다.

부버는 '참된 자유는 공동체적 일치'에 있다고 주장한다. 그러나 전통적인 강압에 대한 반동으로 등장한 과도하게 허용적인 현대 교육은 참된 자유를 준다고 할 수 없다. 물론 매를 아끼는 자는 아이를 미워하는 것이라는 성서의 구절에 부버는 동의하지 않을 것이다. 그러나 그는 현대 교육의 '자유방임적' 태도 역시 거부한다. 대신에 – "손가락을 치켜 듦"에 의해 또는 "질문을 던지는 듯한 시선"에 의해 – 학생들에게 완화된 형태의 권위를 행사하라고 조언한다.

그러므로 현대 교육의 핵심 개념인 '자유'는 단지 수단일 뿐이지 그 자체가 목적이 아니다. 강제의 반대는 공동체적 일치이지 현대 교육에서 볼 수 있는 무제한적 자유가 아니라고 부버는 말한다. 그러므로 개혁교육학이 강조했던 자기중심적인 자아완성에 대항해서 부버는 공동체적 책임에 기초한 자기실현을 강조한다.

6. 마틴 부버 교육사상의 의의

부버와 같은 유대인 철학자로서 '책임의 윤리학'을 제시했던 한스 요나스가 독일의 노벨상이라고 할 수 있는 독일출판협회의 평화상을 받았을 때의 연설에서 요나스는 유대인들의 트라우마로 남아 있는 '아우슈비츠 이후에 신앙이란 도대체 어떤 것일 수 있는가'에 대해 질문을 던진다. 요나스에 따르면 '아우슈비츠'는 하나님의 모습에 대해 그리스도교인들이 가지고 있는 세 가지 특징 중 하나의 포기를 요구한다. 즉, 하나님의 세 가지 특징은 첫째, 절대적으로 선하며, 둘째, 전지전능하며, 셋째, 우리 인간에 이해 가능한 그래서 의사소통할 수 있는 존재라는 것이다.

그런데 여기에 '아우슈비츠'를 대비시키면 하나님이 세 가지 특징을 모두 지닐 수 없다는 점이 금방 드러난다. 만약 하나님이 전지전능하고 선하면서도 아우슈비츠를 용납했다면, 우리는 도저히 하나님을 이해할 수 없기 때문이다. 그러므로 우리는 이 세 가지 특성 중 하나를 배제하지 않을 수 없다. 그런데 요나스에 따르면 – 진지한 유대 신학적 논증을 통해서 – 하나님이 선한 존재라는 것과 우리와 소통할 수 있는 이해 가능한 존재라는 것은 절대로 포기할 수 없다. 그렇다면 남는 것은 하나님이 '전지하고 전능한 존재'라는 것이다. 즉, 유일하게 가능한 결론은 선하고 인간과 소통 가능한 존재인 하나님은 '아우슈비츠'를 두고 볼 수밖에 없었다는 것이다. 왜냐하면 그는 전지하고 전능한 존재가 아니기 때문이다.

바로 여기서 요나스는 부버의 철학과 하시디즘의 뿌리에 놓여 있는 유대교의 신비주의 전통인 루리안 까발라(Lurian Kabbalah)의 창세기로 돌아간다. 루리안 까발라에 따르면 태초의 순간에 온 세상을 가득 채우고 있던 하나님은 세계를 창조하기 위해서 스스로 '움츠림'(Zimzum, withdrawal)을 감행하셨다. 비어있는 공간 또는 거리가 없이 세계를 창조할 수는 없었기 때문이다. 그리고 공간과 거리를 만들기 위해서는 스스로를 제한하지 않을 수 없었기 때문이다. 이렇게 해서 스스로 세상의 한 구석으로 물러나 계신 하나님은 요나스에 따르면 결코 전지하고 전능하신 분이 아니다. 그는 이제 인간에게 모든 것을 맡기고 자신의 창조행위가 의도했던 것을 인간이 창조된 세계와 상호작용하면서 스스로 이루어 내기를 끈질기게 기다리고 있는 수동적인 존재이다. 그러나 바로 이런 수동적 기다림 속에서 하나님은 동시에 인간의 자기완성을 촉구하고 계신 존재인 것이다.

이렇게 볼 때, 루리안 까발라에 나오는 'Zimzum'의 사건은 앞서 살펴본 부버의 교육학과 매우 흡사하다. '찜쭘'의 이야기에 나오는 하나님을 교사로 바꿔놓고 보면 결국 교육은 다음과 같은 것이 되어야 한다. 교사는 학생들에게 선별되고 선택된 세계를 창조해 주고, 학생들이 스스로 이 세계와 상호작용하는 속에서 자신의 본질을 완수하도록 배려하면서 기다려 주는 존재이다. 이러한 교육을 위해서 가장 먼저 이루어져야 하는 활동이 바로 자기제한과 물러섬, 즉 '찜쫌'이다. 교육의 출발점은 사이(betweenness)를 만들어 내는 활동으로부터 시작한다. 이 사이는 교사가 학생과 너무 멀리 있어도 너무 가까이 있어도 사라져 버린다. 사이를 만들어 냄과 동시에 교사는 학생 자신의 본질의 실현을 도와주는 환경 또는 경험을 학생에게 만들어 준다. 그러나 교사에 의해 선별된 환경과 상호작용하면서 실제로 자신의 본질을 실현해 가는 것은 온전히 학생의 몫이다. 교사는 거기서 한 걸음 물러서서 '묻는 듯한 시선'과 '가벼운 손짓'을 통해서 자신의 안타까움과 기대를 표현할 수 있을 뿐이다.

생각할 문제

1. 나와 너는 교육을 넘어 만나고 있다. 만남이 가지는 교육철학적 의미는 무엇일까?
2. 마틴 부버의 사유를 보면 우리 각자는 매우 특별한 존재이다. 살아있음과 존재의 의미에 대해 논의해 보자.

CHAPTER

12

파울로 프레이리의 교육사상과 철학

12 파울로 프레이리의 교육사상과 철학

1. 파울로 프레이리의 생애

파울로 프레이리(Paulo Freire, 1921~1997)는 진지한 의미에서의 정치적인 교육학자이다. 그는 현실 세계와 교육 자체가 정치적인 성격을 지니고 있으며 소수의 권력자가 다수 민중을 기만하고 또 억압하고 있는 현실을 극복해야 한다는 생각에서 출발한다. 이 전제를 받아들이지 않는 한, 그의 사상과 교육학은 이해되기 어렵다. 많은 사람들은 프레이리가 교육을 정치의 수단으로 만들었다고 비난할지도 모른다. 그러나 프레이리의 입장에서 보면 자신을 정치적이라고 비판하는 교육학자들 역시 똑같이 정치적이다. 옹호하려는 대상이 다를 뿐이다.

프레이리가 정치적인 교육학자라는 사실은 인터넷을 검색할 때 확연하게 드러난다. 왜냐하면 수많은 교육학자들 중에서 프레이리만큼 수많은 자료와 동영상들이 인터넷에 올려져 있는 사람은 드물기 때문이다. 그것은 프레이리의 진보적 교육 또는 민중교육학에 동조하는 사람들이 많이 있고 또 자발적으로 그의 사상을 전파하는 데 헌신하고 있기 때문이다. 이렇게 올려져 있는 많은 동영상 들 중 하나에서 말년의 프레이리는 자신의 삶과 사상의 핵심을 다음과 같이 술회하고 있다.

"아주 젊은 시절에 나는 헤시피의 산과 강으로 갔다. 거기서 화전민, 농민, 빈민들과 일하기 위해서였다. 내가 거기로 간 것은 고백하건대 그리스도에 대한 '충성' 때문이었다. 나는 말하자면 그리스도의 '동지'였다. 그러나 내가 거기서 본 것은 슬럼가 사람들과 농민들의 비참한 삶이었다. 인격으로서의 존재의 부정. 그런데 자유의 부정 앞에 그들은 순응적이었고 무기력했다. 그 모든 것이 나를 마르크스로 이끌었다. 내게 마르크스를 읽게 만든 것은 그들의 요청이 아니라, 그들의 삶의 현실이었다. 나는 마르크스에게로 갔다. 그런데 여기에 1970년대의 유럽 언론이 전혀 이해하지 못했던 사실이 하나 있다. 나는 마르크스를 읽으면 읽을수록 오히려 내가 여전히 그리스도의 '동지'일 수 있는 일종의 객관적 토대를 발견했다. 마르크스에 대한 독해는 결코 내가 그리스도를 떠나야 한다는 결론으로 이끌지 않았다. 슬럼가의 한 구석에서, 즉 세속성 속에서 나는 마르크스와 함께였고, 초월성 속에서 나는 그리스도와 함께였다."

프레이리는 라틴 아메리카에 속해 있는 브라질 북동부의 도시 헤시피(Recife)에서 태어났다. 원래 대학에서 법학을 공부했지만, 짧은 변호사 생활을 접고 브라질의 국어인 포르투갈어 교사가 되었다. 위의 인용문에 암시되고 있듯이 그의 작업은 주로 농민이나 화전민들을 대상으로 문맹퇴치 사업을 벌이는 것이었다. 이때 프레이리는 언어를 배우고 가르치는 매우 효과적인 언어교육 프로그램을 개발했다. 하지만 그의 작업은 단지 언어교육에 그치지 않았다. 거기서 그는 피억압자들의 비인간적인 삶을 목도하였고 그들을 해방의 길로 인도하는 교육을 필생의 과업으로 받아들였다. 위의 인용문에서 보듯이 프레이리의 사상적 출발점은 마르크스주의가 아니라 그리스도교에 있었다. 그러나 그는 이 두 가지를 하나의 맥락 속에 둠으로써 해방신학의 기틀을 마련하였다.

프레이리는 초기의 문맹퇴치 활동 속에서 비판적 교육학에 대한 기본 구상들을 발전시켰고, 이것은 1968년 『피억압자의 교육학』으로 첫 결실을 맺었다. 이 책은 그가 1964년 군사 쿠테타로 집권한 군부독재 정권 아래서 투옥을 당하는 등 고초를 겪다가 칠레로 망명하는 등의 격동의 시기에 집필된 것이다. 프레이리는 1979년 브라질 정부의 사면령이 있을 때까지 망명생활을 하면서 미국의 하버드 대학, 유네스코, 세계 에큐메니칼 교회 평의회 등에서 활동하였다. 귀국한 후 브라질 노동자당에 가입했으며, 대학에서 교수로 일했고, 1989년 노동자당이 지방자치선거에서 승리한 후 상파울루 시 교육감으로 임명되어 재임 동안 성인교육을 위한 많은 진보적인 프로그램들과 교육과정 개혁, 학교 민주화 등의 야심적인 정책을 수행하기도 했다. 대표작으로는 보통 페다고지라고 약칭하는 『피억압자의 교육학』(1968) 외에 『희망의 교육학』(1994), 『자유의 교육학(1998)』이 있다. 이 세 권의 책은 모두 우리말로 번역되어 있다.

그의 교육사상의 출발점은 제국주의와 군사독재 아래서 신음하는 제3세계 특히 라틴 아메리카 민중의 해방이라는 역사적 문제 상황이었다. 그럼에도 그가 제시했던 교육철학은 정치적 지형이 현격히 변화된 현대 사회에서도 여전히 유의미함을 잃지 않고 있다. 이것은 프레이리의 교육사상을 연구하는 저작과 논문이 꾸준히 발표되고 있고 또 세계 각지에서 프레이리의 이름을 내건 연구소들이 활발히 활동하고 있다는 사실에서 입증되고 있다. 물론 프레이리의 시대를 풍미했던 계급투쟁이니 해방투쟁 같은 용어는 현대 사회의 공적인 담론에서 점점 설 자리를 잃어 가고 있다.

그럼에도 교육과 정치의 필연적인 연관성, 즉 교육의 정치성에 대한 그리고 교육의 본질과 교사-학생의 관계에 대한 그의 독창적인 주장들은 오늘날에도 깊이 되새겨 보아야 할 이론적 함의들을 여전히 지니고 있다. 그리고 대학입시라는 블랙홀에서 사로잡혀 공회전을 거듭하는 한국의 교육개혁을 생각할 때, 다음과 같은 프레이리의 말은 한 모금의 서늘한 청량제이다. "물고기에게 오염되지 않은 맑은 물이 있어야 하듯이 우리에게는 최소한의 희망이 있어야 한다. (...) 진보적 교육자의 한 가지 과제는, 어떤 장애가 있더라도 진지하고 정확한 정치적 분석을 통해서 희망을 위한 기회를 드러내는 것이다."(Freire, 2002b)

2. 비판 이론과 비판적 교육철학

비판 이론은 20세기 초 독일에서 등장한 사회 이론으로서 헤겔의 변증법, 마르크스의 경제학 그리고 프로이트의 심층심리학 등에 기초하고 있다. 비판 이론의 대표자들은 대부분 프랑크푸르트의 사회연구소에서 활동했기 때문에 프랑크푸르트학파라고 불린다. 비판 이론의 작업 방향은 주로 자본주의 사회에 내재하는 지배-예속 메커니즘을 폭로하고 또 이 권력적 관계를 호도하고 정당화하는 이데올로기(허위의식)를 비판함으로써 자유롭고 평등하며 해방된 사회를 건설하는 데 있다. 그리고 이러한 과정을 정통 마르크스주의가 표방한 물리적 혁명이 아니라 일종의 문화-정치적 혁명을 통해서 평화적으로 실현하려 했다는 점에서 네오 마르크스주의에 속한다. 대표자로는 호르크하이머, 아도르노, 마르쿠제, 하버마스 등을 꼽을 수 있다.

비판 이론이라는 용어는 프랑크푸르트 사회연구소의 창설 멤버이자 초대 소장이었던 호르크하이머의 논문 "전통이론과 비판이론"(1937)에서 유래한다. 호르크하이머는 '전통이론'을 '실증주의적인 (사회)과학'과 '관념론적이고 이론 지향적인 철학'을 모두 포괄하는 개념으로 사용한다. 이에 대조하여 자신들이 제기하는 비판 이론은 인간의 자기결정을 가능하게 하는 해방된 사회질서의 실현을 목표로 하기 때문에 실천 지향적인 이론이라고 주장한다. 결국 전통 이론과 비판 이론의 차이점은 기존의 억압적 사회질서를 변호하는 데에 기여하느냐, 아니면 비판하여 변화시키려 하느냐에 놓인다.

호르크하이머는 실증주의적 사회 이론들이 억압적인 사회질서를 마치 자연적이고 따라서 불변적인 것인 것으로 보이게 만든다는 점에 대해 비판한다. 실증적 이론들은 '가치중립(value-free)'이라는 허울 아래 기존의 지배적 질서를 옹호하고, 동시에 기존 질서에 대한 새로운 대안을 찾는 것을 방해한다. 따라서 그것은 결코 가치중립적이 아니며 이미 보수적인 정치적 태도를 취하고 있는 것이다.

한편 이론적이며 관념론적인 철학은 이러한 과학적 실증주의를 비판적으로 고찰한다는 점에서 한 단계 나아간 듯이 보인다. 그럼에도 그것은 결과적으로 실증주의를 정당화하는 데 기여한다. 왜냐하면 관념론적 철학은 실증적 사회과학의 개념들을 구체적 현실에 비추어 그 허구성을 폭로하고 비판하기보다는 그것들을 일단 있는 그대로 수용한 위에서, 거기에 결여되어 있는 의미, 도덕성, 사회변화의 문제를 일종의 형이상학 체계를 통해서 보충하려 들기 때문이다. 그래서 관념론적 철학은 이상적인 세계(원칙, 진리, 절대자)를 설정함으로써 문제를 해결하려 하고 있기 때문에 실제로는 현실적 억압의 구조를 바꾸는 데에 전혀 기여할 수 없다.

반면 사회 비판 이론은 현실 사회의 구조를 이론적으로 분석하고 그것의 모순을 폭로하려 한다. 이러한 이론적인 사회분석과 비판을 통해서 현실의 억압과 부정의를 극복할 수 있다는 것이 바로 비판 이론의 입장이다. 비판

이론은 마르크스 시대와는 전혀 다른 형태의 후기 산업사회 아래서 사회변화를 추구하던 서구 좌파 지식인들의 고민을 대변한다.

프랑크푸르트학파의 비판 이론에 기대어 1960년대부터 독일에서는 '비판적 교육과학'(die kritische Erziehungswissenschaft)이 기존의 '정신과학적 교육학'(die geisteswissenschaftliche Erziehungswissenschaft)을 물리치면서 등장했다. 유사한 맥락에서 미국에서도 비판적 교육학(critical pedagogy)이 등장하였는데, 이것은 비판 이론과 더불어 프레이리의 저작들에서 많은 영향을 받았다. 물론 독일과 미국의 비판적 교육학은 서로 활발한 교류를 하지는 않았지만 기본적인 문제의식을 공유하고 있다고 보인다. 이 장에서는 프레이리의 『피억압자의 교육학』을 직접적으로 수용하고 있는 미국의 비판적 교육학을 간단히 소개한다.

위키피디아는 비판적 교육학을 "학생들이 사회의 지배적인 신념들이나 관행들에 대해 의문을 제기하고 또 도전하도록 도와주려는 교육적 시도"라고 규정하고 있다. 그러므로 미국의 비판적 교육학의 기본적인 특징은 학생들이 기존의 사회적 조건에 대해 '비판적 의식'을 획득하도록 도와주려 한다는 데 있다. 이때 비판적 의식이란 학습자가 자신의 개인적인 문제나 경험들을 사회적 정치적 맥락과 연관 지어 인지하게 될 때 갖게 되는 의식이다. 그리고 이런 비판적 의식을 갖게 되는 과정을 '의식화'라고 부른다. 이때 개인의 '의식화'는 사회적 차원에서 집단적인 '실천'을 통하여, 모순적이며 억압적인 사회조건을 변혁함으로써, 자유롭고 평등한 사회를 만들어 내기 위한 예비단계로 간주된다.

프레이리와 활발하게 협력했던 미국의 대표적인 비판적 교육학자 중 한 사람인 쇼어는 비판적 교육학의 목표를 '비판적 문해능력'(critical literacy)에서 찾는다. 그에 따르면 비판적 교육학은 "표면적인 의미, 최초의 인상, 지배적인 신화, 공식적인 선언들, 전통적인 편견, 얻어 들은 지식, 단순한 의견들의 (숨겨진) 밑바닥을 파헤쳐서, 심층의 의미, 근저의 원인, 사회적 맥락, 이데올로기들을 (...) 이해할 수 있는 사고하기, 읽기, 쓰기 그리고 말하기의 습관"을 길러주려 한다. 이러한 능력은 프레이리가 피억압자들의 교육에서 추구했던 목표와 동일하다.

프레이리가 제시했던 교육사상은 비판적 교육학 내에서 다시 포스트모더니즘, 여성주의, 반-인종주의, 탈식민주의, 동성애 이론들을 통해서 더욱 확대되고 발전되어 왔다. 즉, 처음에 프레이리의 문제의식이 식민지 지배와 계급 문제에 집중되어 있었다면 현재에는 문화, 성, 인종, 민족, 젠더 등의 범주로 중심이 옮겨졌다. 또한 프레이리의 민중교육학이 거대 서사적이고 본질주의적인 관점에 기초하고 있었던 데 반해, 현대의 비판적 교육학자들은 정체성, 언어, 권력 등에 대해서 포스트 모던적이며 반-본질주의적인 범주들을 사용한다. 그럼에도 억압적인 권력기제에 대한 비판과 사회 변혁에 대한 지향은 변함이 없다. 헨리 지루(Henry Giroux), 벨 훅스(Bell Hooks), 피터 맥라렌(Peter McClaren) 같은 현대 미국의 비판적 교육학자들은 세계화, 대중매체, 인종관계 같은 다양한 맥락에서 교육의 문제를 다루면서, 기존의 억압적 질서에 대한 저항의 교두보와 사회변화의 가능성들을 찾아내려 하고 있다.

미국의 비판적 교육학자 중 한 사람인 헨리 지루는 비판적 교육학의 과제를 다음과 같이 요약한다. "나의 작업의 초점은 주로 '학교가 다양한 계층 및 집단의 학생들 사이에서 성공과 실패를 갈라놓는 데서 하는 역할이 무엇인가?'에 놓여 있다. 특히 학교가 — 공식적·비공식적 교과과정을 통해서 — 어떤 집단의 특권에만 봉사하는 메시지나 가치들을 전달하는 방식에 관심을 기울인다. 나는 학교가 수업을 하는 곳일 뿐 아니라 정치적 문화적 현장이라고 보고, 나의 저작들을 통해서 교육자들이 더 비판적으로 그리고 더 분명한 전망을 가지고 교육할 수 있도록 하는 여러 가지 범주들과 분석의 방식들을 제시했다. 학교는 주체성을 형성하기 위한 매우 중요한 현장이다. 나는 학교가 비판적인 학습, 시민적 용기 그리고 활동적 시민의 모델을 만들어 내야 한다고 믿는다."

3. 파울로 프레이리의 교육철학 : 『피억압자의 교육학』

1) 교육의 목적 : 비인간적인 사회에서의 인간화

프레이리가 추구하는 민중교육의 목적은 억압받고 있으면서도 스스로 그 억압에 순종함으로써 비인간화된 상태에 놓여 있는 모든 인간(여기에는 억압자도 포함된다)의 '인간화'에 있다. 물론 현실 사회의 비인간화는 종종 너무나 가혹하고 철저해서 거역할 수 없을 정도로 압도적인 것처럼 보인다. 그러나 거기에는 언제나 인간화의 가능성과 희망도 존재한다고 프레이리는 주장한다. 그래서 그의 교육학은 언제나 희망의 교육학이다. 억압을 철폐하여 자유롭고 창조적인 존재로서 다시 서는 과정인 '인간화'는 다름 아닌 비인간적 현실에 의해 제기되는 민중의 소명이자 모든 인간의 존재론적인 소명이다. 민중교육은 이러한 소명의 실천과 실현을 위해 기여해야 한다.

인간화의 소명은 억압하는 측의 '관용이나 시혜'에 의해서는 달성될 수 없으며, 오직 억압받는 자들의 주체적인 '실천'(praxis)을 통해서만 실현될 수 있다. 그런데 이때 억압받는 자들의 해방투쟁은 단지 자신을 억압자의 지위로 올려놓으려는 목적을 가진 것이 아니다. 그것은 억압의 관계, 즉 비인간화의 상황 자체를 폐지하는 것이다. 하지만 피억압자는 종종 이러한 자신의 소명을 왜곡하여, 단지 복수의 차원에서 억압자에 대한 투쟁으로 나아간다. 그러므로 프레이리는 다음과 같이 말한다.

"비인간적인 상태는 완전한 인간성의 왜곡이므로 조만간 피억압자로 하여금 그런 상태를 일으킨 자에 대한 투쟁에 나서도록 만든다. 그러나 이 투쟁이 의미를 가지려면, 피억압자는 자신의 인간성을 되찾으려는 과정에서 거꾸로 억압자를 억압하는 위치로 가서는 안 되고, 양측의 인간성을 모두 회복하려 해야 한다. 자신과 억압자를 모두 해방시키는 것이야말로 피억압자의 인간적이고 역사적인 과제이다."(Freire, 2002a : 54)

2) 피억압자의 심리구조의 이중성과 의식화

피억압자들이 인간화의 참된 소명을 올바르게 깨닫지 못하는 이유는 무엇인가? 이 의문에 답하기 위해서 프레이리는 억압받는 사람들의 이중적 심리구조에 주목한다. 즉, 피억압자들은 자신을 억누르는 폭압으로부터 해방되기를 갈망하면서도, 동시에 억압자와 그의 질서 자체를 마음 깊은 곳에서 전폭적으로 인정하고 있다. 즉, 그들은 자신을 억압하는 억압자의 이미지를 내면적으로 숭배하고 있다는 것이다. 때문에 그들의 해방을 위한 투쟁은 스스로 억압자의 지위로 나아가려는 성향으로 표현된다. 즉, 그들은 억압자의 삶의 방식을 동경한다. 그러므로 그들은 '억울하면 출세해야' 한다는 신화를 받아들이거나, 자신은 초라하고 비참한 반면 억압자들은 위대하고 탁월한 존재라는 이데올로기를 스스로 받아들이며, 설혹 해방을 위한 투쟁으로 나아가더라도 그것은 자기가 억압자의 지위에 올라서려는 노력으로 변질된다.

억압자의 이미지를 스스로 내면화하고 있는 피억압자는 자유를 갈망하면서도 자유를 두려워한다. 피억압자가 자유로워지기 위해서는 내면화된 억압자의 이미지를 거부하고 그 자리를 자신의 자율과 책임으로 채울 것이 요구된다. 그러나 이미 억압자의 지시와 명령에 따르는 데 익숙해진 피억압자는 스스로 책임을 떠맡는 주체로 나서는 데에 불안을 느낀다. 따라서 피억압자는 자유를 획득하여 진정한 존재가 되기를 본능적으로 갈망하면서도 동시에 그것을 두려워하는 분열된 내면성을 지닌다. 이러한 내면적인 이중성 속에서 피억압자는 피할 수 없는 선택에 직면한다: '진정한 자기 자신을 되찾을 것인가 아니면 예속된 상태에 머물러 있을 것인가? 또는 자유를 추구함으로써 스스로 위험을 감수할 것인가 아니면 현재의 부자유한 상태에 적응하고 안전을 도모할 것인가?'

민중교육학은 억압받는 자들이 '스스로' 이러한 내면적 이중성으로부터 벗어나서 자신의 존재론적 사명, 즉 인간화를 달성하는 길로 선뜻 나서도록 촉발하고 원조하며 거기에 동반하려 한다. 그러므로 민중교육학의 핵심적 과제는 피억압자가 스스로의 힘으로 내면적 이중성과 자유에 대한 두려움을 극복하여 자신의 참된 존재를 찾아 나서게 하는 데에 놓인다. 이러한 과제를 수행하기 위해서 민중교육학은 '억압받는 민중이 자신을 둘러싼 사회적, 정치적 억압의 구조와 원인을 성찰하게 만들고, 이로부터 이들이 스스로 자신의 해방을 위한 투쟁에 참여해야 할 필연성을 인식'하도록 만들어야 한다. 이것이 바로 '의식화'이다. 그러므로 의식화는 '세뇌'가 아니다. 의식화는 엘리트 지도부가 무지한 대중들에게 주입하는 교리나 지침을 의미하지 않는다.

그러므로 민중교육학은 미리 완성된 이론으로서 등장하는 것이 아니라, 피억압자들 자신의 해방을 위한 실천 속에서 비로소 모습을 갖추고 발전되어 나간다. 민중교육학은 피억압자들이 스스로 해방적 실천으로 나아가는 과정을 본질적인 요소로 포함한다. 그리고 이러한 해방의 현장에서 한 줄 한 줄 써 내려가야 하는 교육학이다. 이런 의미에서 프레이리는 자신의 교육학은 피억압자를 위해서 완성된 형태로 제공되는 것이 아니라, 그들의 실천행위와 함께 완성되어 나가야 하는 것이라고 말한다.

그렇다면 이제 민중교육학의 핵심문제는 "어떻게 하면 분열되고 불투명한 존재인 피억압자가 자신의 해방을 위한 교육의 발전과정에 참여(participation)

할 수 있을 것인가?"(Freire, 2002a : 33)에 놓인다. 프레이리에 따르면 이에 대한 답은 '피억압자는 자신이 억압자의 숙주(hosts)임을 깨달을 때만 해방적인 교육학의 탄생에 기여할 수 있다'는 데 있다. 억압자들이 자신이 심층 의식 속에 들어와 살고 있음을 깨달음으로써 피억압자는 자신의 종속과 '침묵의 문화'를 극복하고 해방을 향한 과정에 나설 수 있다.

그리고 그 과정은 억압받는 자들이 ① 억압의 현실을 탈출구 없는 폐쇄적인 세계가 아니라 변화시킬 수 있는 잠정적인 상황으로 인식해야 하고, ② 그러한 인식을 바탕으로 자유를 위한 실천에 참여한다는 두 가지 조건이 충족될 때 시작된다. 민중이 자신의 해방을 위한 교육의 발전과정에 참여한다는 것은 곧 민중이 의식화되는 것과 분리될 수 없다.

3) 해방적 실천에서 피억압자의 지위 : 성찰적으로 참여하는 주체

앞서 암시되었듯이 의식화는 피억압자들이 스스로 능동적이며 변혁적인 주체임을 깨닫는 과정과 분리되지 않는다. 그것은 지식의 형태로 불어 넣을 수 있는 지식이나 태도가 아닌 것이다. 그럼에도 종종 혁명 지도자들은 민중을 수동적으로 만들어 자신의 비전과 계획에 단순히 따르게 하는 것이 성공의 지름길이라는 착각에 빠지기 쉽다. "세상에서 가장 훌륭하게 기획된 지도력이라 할지라도 독립을 선물로서 하사할 수는 없다. 피억압자들의 해방은 인간들의 해방이지 물건들의 해방이 아니다."

그렇다면 피억압자를 해방과 자립으로 이끄는 교육은 어떻게 진행되어야 하는가? 그것은 피억압자가 해방활동에 의식적으로 또는 성찰적으로 참여하는 방식으로 진행되어야 한다. 거기서 피억압자는 구체적 상황에 대해 깊이 생각하고 행동하며, 행동의 결과를 비판적으로 반성하는 과정 속에서 실천에 참여해야 한다. 그러므로 혁명지도부는 해방적 실천의 모든 단계에서 피억압자들과 구체적인 행동을 앞에 놓고 비판적이고 자유로운 대화를 진행해야 한다. 왜냐하면 피억압자들의 행동은 위로부터 하달되는 목표나 지시가 아니라 자신들의 상황에 대한 주체적 인식에 기초해야 하기 때문이다. 그러므로 성급한 해방투쟁의 지도자들이 하듯이 일방적인 대화, 구호, 성명서 따위를 통해서 피억압자를 길들여 이끌고 가려 해서는 안 된다. 지도자들은 민중의 논리적인 추론능력을 신뢰해야 하며, 대중과 친교를 나누어야 한다.

"그러므로 피억압자의 편에 선 정치활동은 말 그대로 진정한 의미에서 교육활동 – 피억압자와 함께하는 교육활동 – 이 되어야 한다." 여기서 정치와 교육은 정확하게 겹친다. 다시 말하지만 피억압자들은 자신의 삶의 상황에 대해서 스스로 깊이 반성하고 성찰할 수 있는 기회를 가져야 하고, 이를 통해서 주체적으로 행동으로 나아가야 한다. 이러한 교육적 과정을 배제하고 민중을 단지 '조종'(操縱)의 대상으로 간주하는 성급한 혁명가들은 또 다른 측면에서이긴 하지만 억압자들과 마찬가지로 민중을 사물화, 비인간화시키고 있는 것이다. 그러므로 민중교육의 교육방법은 대화이다. "올바른 방법은 대화에 놓여 있다. 피압박자들이 자신의 해방을 위해서 싸워야 한다는 신념을 갖게 되는 것은 혁명적 지도를 통해 부여되는 선물이 아니고, 그들 자신의 의식화의 결과이다."(Freire, 2002a : 53)

그러므로 인간화 교육의 효과적인 도구는 '선전, 조작, 조종, 훈시'가 아니라 교사와 학생 및 학생과 학생 간의 '지속적인 대화'이다. 인간화 교육에서 교육방법은 교사가 학생들을 조종하기 위한 수단이 아니라, 학생 자신의 의식(consciousness)을 드러내고 표현하도록 하는 수단이어야 한다. 그러므로 인간화를 추구하는 교사는 '교사와 학생의 공동 작업으로서의 교육'을 실천해야 한다. 거기서 교사와 학생은 하나의 현실을 공동으로 취급하며, 둘 다 주체이다. 그들은 현실을 폭로하고 그럼으로써 현실을 비판적으로 인식하는 데서뿐 아니라 그 지식을 지속적으로 재창조하는 데서도 공동적인 주체이다. 그리고 이것을 실현하기 위한 방법은 결국 '대화'의 방법인 것이다.

4) 은행 저금식 교육[1]과 문제 제기식 교육

프레이리는 억압자들의 교육방식을 은행 저금식 교육이라고 부르고, 이를 민중교육학의 방법인 문제 제기식 교육과 대비시킨다. 먼저 은행 저금식 교육과 그 문제점에 대해서 살펴보자.

은행 저금식 교육은 "인간의 의식이 수동적이고 텅 비어 있는" 그릇이나 저장고와 같은 것이라는 입장에 선다. 그리고 "이 그릇을 가득 채우는 교사는 훌륭한 교사이고 그릇에 가득 채워달라고 공손하게 스스로를 내맡기면 훌륭한 학생이 된다."(Freire, 2002a : 58) 이것이 바로 은행 저금식 교육의 개념(banking concept of education)이다. 이 개념에 따르면 교사는 지식을 가지고 있는 자이며, 완전히 무지한 자들에게 지식을 예치하는 사람이다. 여기서는 공동적인 탐구과정으로서의 교육이나 지식은 설 자리가 없다. 또한 그것은 암암리에 인간과 세계의 분리를 전제로 하고 있다. 거기서 인간은 단지 방안에 놓인 책상처럼 세계 안에 놓여 있을 뿐, 외부 세계나 다른 사람들과 내적으로 관계되어 있지 않다. 거기서 "인간은 구경꾼이지 재창조자가 아니다. 이런 관점에서 보면 인간은 의식하는 존재자가 아니다. 인간은 단지 의식의 소유자일 뿐이다."(Freire, 2002a : 62)

---

1) 은행 저금식 교육의 10가지 특징: 1. 교사는 가르치고 학생은 가르침을 받는다. 2. 교사는 모든 것을 알고 학생은 아무것도 모른다. 3. 교사는 생각하고 학생은 대상으로서 생각된다. 4. 교사는 이야기하고 학생은 양순하게 듣는다. 5. 교사는 훈련시키고 학생은 훈련된다. 6. 교사는 선택하고 그의 선택을 강요하며 학생은 거기에 따른다. 7. 교사는 행동하고, 학생은 교사를 통해서 행동하고 있다는 환상을 갖는다. 8. 교사는 교육내용을 - 학생의 자문을 구하지 않고 - 선택하고 학생은 거기에 적응한다. 9. 교사는 지식의 권위를 자신의 직업적 권위와 혼동하며, 자신의 직업적 권위를 학생의 자유와 대립시킨다. 10. 교사는 학습과정의 주체이며 학생은 단지 대상이다.

은행 저금식 교육의 가장 심각한 문제점은 학생을 수동적이며 '적응된 인간'으로 만든다는 것이다. 즉, 은행 저금식 교육에서 학생들은 교사에 의해 주입되는 세계를 있는 그대로의 현실로 받아들이며, 그 현실을 변화시키는 대신 거기에 적응하도록 압력을 받는다. 은행 저금식 교육은 비판적이며 성찰적인 의식이 생겨나지 못하게 방해하며, 그럼으로써 기존 질서를 고수하려는 억압자들의 이익에 봉사하는 기능을 한다. 그러므로 억압자들이 문제 제기식 교육을 회피하고, 은행 저금식 교육을 선호하는 것은 당연하다.

은행 저금식 교육은 사회적 부조리의 책임을 개인에게 떠맡긴다. 피억압자들이 겪는 고통과 실패는 그들 자신의 잘못에 기인하는 개별적인 부적응 사례들이다. 그들은 정의로운 사회의 보편적인 질서에서 적응하는 데 실패한 인간들(loser)로 취급된다. 다시 말하면 건강한 사회에 적응하지 못함으로써 생겨난 일종의 병리적 현상으로 간주된다. 따라서 은행 저금식 교육은 이 "무능하고 게으른" 자들을 교육을 통해서 건강한 사회의 패턴에 적응할 수 있도록 도와준다고 자처한다. 다시 말하면 실패한 인생들인 피억압자들이 건강한 사회에 다시 "통합"되도록 도와준다는 것이 은행 저금식 교육의 메시지이다.

그러나 인간화에 관심이 있는 사람은 은행원식 사고를 완전히 버리고, 인간이 의식적 존재이며, 이 의식은 이미 세계를 향해 있는 의식이라는 점(의식의 지향성)에 주목해야 한다. 의식은 결코 수동적으로 채워지기를 기다리고 있는 그릇이 아니라 적극적으로 세계를 향해 열려 있는 능동적 활동이다. 그러므로 교육의 목표는 완성된 지식과 관념을 학생의 의식에 공급해서 채우는 데 있는 것이 아니라, 세상을 살아가는 사람들이 스스로 자신의 문제들을 파악하고 해결하도록 하는 데 놓이게 된다. 이로써 우리의 논의는 문제 제기식 교육으로 이행한다.

문제 제기식 교육은 "인간이 세계와의 관계 속에서 갖게 되는 문제점들 제시하는 교육"(Freire, 2002a : 66)이다. 그래서 문제 제기식 교육은 — 의식의 본질인 '지향성'에 부합되게 – 명령과 지시 또는 일방적 전달을 거부하고 학생과 교사가 세계 또는 인식해야 할 대상을 가운데에 놓고 서로 의사소통함으로써 진행된다. 이렇게 수업이 대화를 통해서 진행될 때, 교사와 학생 사이의 종적이고 위계적인 관계는 더 이상 존재하지 않게 된다. 대신에 '학생-교사들'과 '교사-학생'의 관계가 출현한다. 여기서 교사와 학생은 상호적인 관계 속에서 서로의 성장을 위해서 공동으로 책임을 진다.

그러므로 문제 제기식 교육은 은행 저금식 교육과 달리[2] 교사의 교육활동을 '인식의 과정'과 '설명의 과정'으로 양분(dichotomy)시키지 않는다. 교사는 수업준비를 할 때뿐 아니라 학생들과 대화를 통해 수업할 때도 인식적 활동을 한다. 왜냐하면 여기서 수업 내용은 교사의 전유물이 아니라 학생과 교사가 공동으로 고찰하고 탐구해야 하는 대상이기 때문이다. 교사는 학생들에게 생각할 재료를 제공하고 학생들의 이야기를 들으면서 "자신의 기존의 생각을 재검토"(Freire, 2002a: 68)한다. 문제 제기식 교육자는 학생들과 함께 공동작업을 하는 가운데 근거 없는 믿음(doxa) 수준의 저급한 지식으로부터 이성적 논리(logos) 수준의 참된 지식으로 나아가기 위해서 노력한다(Freire, 2002a : 68).

이렇게 세계를 가운데에 놓고 자신과 관계되는 문제들을 접함에 따라서 학생들은 "점차 자신이 도전받고 있다는 사실과 그 도전에 의무적으로 대응해야겠다는 생각"(Freire, 2002a : 68)을 갖게 된다. 이 응답은 다시 새로운 도전을 낳으며 이런 과정은 이어져 나간다. 여기서 학생은 자신이 단지 세계 안에 있는 존재가 아니라 하이데거가 말했던 '세계-내-존재'임을 자각한다. 그

2) 은행원식 사고에서 교사의 활동은 두 가지 단계로 나뉜다. 첫 단계에서 교사는 수업을 준비하는 과정에서 어떤 가르쳐야 할 대상(수업내용)을 '인지'한다. 두 번째 단계에서 교사는 이 대상을 학생들에게 '설명'한다. 이 두 번째 단계에서 학생들은 인식활동을 하도록 요구받지 않고 단지 교사가 말한 내용을 기억하도록 요구받는다.

래서 세계와 의식은 하나의 연관 속에 있는 것으로 인식된다. 이리하여 학생들은 마침내 "세계를 정지 상태에 있는 현실로서가 아니라 진행 중에 있는, 변형되고 있는 현실"(Freire, 2002a : 71)로 간주할 수 있게 된다. 이러한 깨달음이야말로 의식화의 핵심적인 과정이다.

이상의 결과를 간략히 요약한다면, "고정시키고 고착화하는 힘으로서의 은행 저금식 이론과 실천은 인간들을 역사적 존재로 인정하지 못한다. 문제 제기식 이론과 실천은 인간의 역사성을 그 시발점으로 삼는다."(Freire, 2002a : 71)

5) 대화의 원리

『피억압자의 교육학』 제3장에서 프레이리는 대화를 "자유 실천으로서의 교육의 본질"이라고 말한다. 어째서 '대화'가 인간의 자유 실천에서 핵심적 역할을 할 수 있는가? 이 물음에 답하려는 프레이리의 시도는 매우 흥미롭다. 그는 '대화'의 본질이 말(the word)에 있다는 데 주목한다. 그런데 말은 단지 대화의 수단에 불과한 것이다. 말은 그 이상의 힘을 가지고 있다. 말은 곧 활동이고 또 실천이다! 어째서 그러한가?

프레이리는 말의 의미를 매우 새롭고 고유한 방식으로 재규정한다: "말에는 두 가지 영역이 있다. '사고'와 '행동'의 영역이다."(Freire, 2002a : 75) 이 두 가지 영역은 말 속에서 불가분의 관계를 맺고 있으며 어느 한쪽이 결핍되면 그 말은 이미 참된 말이 될 수 없다. 사고와 행동이 결합되어 있는 참된 말은 동시에 '실천'(praxis)이며, 따라서 참된 말을 하는 것은 곧 실천하는 것이며 세계를 변화시키는 것이다.[3] 그러므로 참된 말을 통해서 수행되는 대화는 단

---

3) "내가 그의 이름을 불러 주기 전에는 / 그는 다만 / 하나의 몸짓에 지나지 않았다 / 내가 그의 이름을 불러 주었을 때 / 그는 나에게로 와서 / 꽃이 되었다 / 내가 그의 이름을 불러 준 것처럼 / 나의 이 빛깔과 향기에 알맞은 / 누가 나의 이름을 불러다오 / 그에게로 가서 나도 / 그의 꽃이 되고 싶다 / 우리들은 모두 / 무엇이 되고 싶다 / 너는 나에게 나는 너에게 / 잊혀지지 않는 하나

지 상호이해, 합의를 도출하는 과정일 뿐 아니라 그 자체로 하나의 실천적 행위가 된다.

프레이리는 인간의 본질이 자유와 창조성에 있다고 생각한다. 다시 말하면 인간답게 존재한다는 것은 세계를 변화시키는 활동 속에서 살아간다는 것이다. 그런데 이렇게 세계를 변화시키는 활동을 프레이리는 '이름을 정하는 또는 명명'(naming)하는 활동과 같은 것이라고 말한다. 다른 말로 하면 올바른 세계의 변화는 참된 말(즉, 사고와 행동의 통일체)을 통한 명명의 활동 속에서 이루어진다. 일단 명명된 세계는 이름을 붙인 사람들에게 다시 문제로서 재등장하며 그들에게 새로운 명명을 요구한다. 인간은 침묵 속[4]이 아니라 말=일=실천 속에서 살아가도록 태어난 존재이다.

그런데 말을 하는 것은 소수의 특권이 아니라 모든 사람의 권리이다. 더 나아가서 아무도 혼자서는 참된 말을 할 수 없으며, 또한 누가 다른 사람을 대신해서 참된 말을 할 수도 없다. 그러므로 대화는 참된 말(실천)이 가능하기 위해서 필수적인 전제 조건이다. 더 나아가 프레이리는 대화를 이렇게 정의한다: "대화는 세계를 매개체로 해서 세계를 명명하기 위해서 이루어지는 사람들 간의 만남이다." 각자가 자기의 말을 하는 것은 근원적인 권리이며 따라서 이 권리를 빼앗긴 자들은 비인간화의 상태에 떨어진다. 그러므로 각자가 자기의 말을 가지고 만나는 대화의 상황은 인간이 인간으로서의 의미를 획득하기 위한 실존적인 조건이다. "대화는 하나의 창조행위이다."(Freire, 2002a : 77)

의 의미가 되고 싶다."(김춘수의 꽃)

4) 프레이리는 비인간화의 한 현상으로서 '침묵의 문화'에 대해 이야기한다.

4. 파울로 프레이리 교육사상의 의의

『피억압자의 교육학』에 나타난 프레이리의 사상은 제3세계의 민중의 비참한 현실을 배경으로 하고, 피억압자에 의한 혁명적 투쟁과 인간 해방을 추구하고 있다는 점에서 21세기의 현실에 비추어 볼 때 이미 낡은 것이 아닌가 하는 인상을 주기 쉽다. 그러나 이상에서 살펴본 '문제 제기식 교육', '대화적 실천', '비판적 의식'에 대한 강조는 여전히 현대를 살아가고 있는 우리에게 시사하는 바가 많다.

물론 사회는 많이 변화했다. 사회는 다양화되었고, 계급의 전통적 구별은 더 이상 명확하지 않으며, 사회경제적 억압의 형태도 분화되고 세련화되어 억압의 주체가 누구인지도 불분명하다. 현대의 수동적인 대중들은 많은 경우 직접적 생존의 위협에 시달리는 노동자와 농민들이 아니다. 변혁의 구심점은 사라진 듯이 보인다. 그럼에도 프레이리가 40년 전 라틴 아메리카의 빈민 교육을 위해 생각해 냈던 교육 프로그램들은 단지 과거의 일로 일축해 버릴 수 없는 귀중한 교육적인 자산을 포함하고 있다. 현대 사회에서도 많은 사람들은 정치적 무관심 속에서 단지 현실에 '매몰'된 채 살아가고 있다. 현대의 학교 교육은 개인적인 '성취'와 '성공'에 초점을 맞춤으로써 여전히 '수동적'이고 순응적인 인간들을 만들어 낸다. 은행 저금식 교육은 현대의 학교에서도 현재진행형이다.

그런 한에서 프레이리의 교육학은 여전히 현재적인 의의를 잃지 않고 있다. 교사가 자신의 역할을 진리의 담지자요 전달자로서가 아니라 공동적인 탐구자로서 설정할 수 있다면, 수업은 문제를 해결하려는 교사와 학생의 공동적, 대화적 작업을 통해서 진행될 수 있다. 이런 문제제기식 수업을 위해서는 교육과정이나 교수방법 그리고 교과서 등에서 교사의 일방적 우월성을 보장하기 위한 모든 권위적 수단들이 제거되어야 되어야 한다. 그리고 정의롭지 못한 사회적 질서를 재생산하기 위해서 동원되는 모든 권위적인 요소들은 가능한 한 교육에서 배제되어야 한다.

그런데 여기서 한 가지 의문이 든다. 지배계급과 피지배계급의 경계가 명확하지 않은 현대 사회에서 여전히 은행 저금식 교육이 지배적인 이유는 무엇인가? 프레이리에 따르면 은행 저금식 교육은 지배자들이 피지배자들을 순치하고 수동화하기 위해서 동원하는 교육방법이다. 그렇다면 왜 민주주의를 표방하며 지배자와 피지배자의 구분선이 그렇게 분명치 않은 현대 사회에서 은행저금식 교육은 예전과 다름 없이 유지되고 있는가? 그것은 학교가 사회체계에서의 부와 직업의 분배를 결정하는 선별과 경쟁의 장소로서만 기능하고 있기 때문이라고 생각된다. 그러므로 과연 얼마만큼 학교를 선별과 배제와 경쟁의 장소로부터 협동과 민주주의의 훈련장으로 변화시킬 수 있는가에 따라서 은행 저금식 교육의 폐단은 사라질 수 있을 것이다.

생각할 문제

1. 한때 파울로 프레이리의 저서는 금서로 지정되었다. 왜 읽지 못하게 하였을까?
2. 책을 읽는다는 것의 가치란 무엇인가?

CHAPTER

13

클라우스 몰렌하우어의 교육사상과 철학

13 클라우스 몰렌하우어의 교육사상과 철학

1. 클라우스 몰렌하우어의 생애

클라우스 몰렌하우어(Klaus Mollenhauer, 1928~1998)는 베를린에서 사회복지사의 아들로 태어났다. 독일 북부 포머른에서 학교를 다녔고 제2차 세계대전 말엽에는 공군 소속 소년병(Flakhelfer)으로 징집되었다가 전쟁포로가 되었다. 1948년 대입자격시험에 합격하여 괴팅겐 사범대학에 입학하였고 1950년에서 1952년까지 브레멘에서 초등학교 교사로 일했다.

1952년부터 함부르크에서 교육학, 심리학, 역사학을 공부하고 이어서 괴팅겐에서 교육학, 역사학, 심리학, 문학 그리고 사회학을 공부했다. 함부르크 시절에는 한 복지시설에서 사회복지사로 일하기도 했다. 1958년 에리히 베니거 교수 밑에서 "산업사회에서 사회교육학의 기원"이라는 제목의 박사논문을 써서 박사학위를 받았다.

1962년에 베를린 자유대학 학술위원회 위원이 되었고 1965년 베를린 사범대학 교수로 임명되었다. 1966년 킬 대학으로 자리를 옮겼고 독일 교육위원회 자문위원으로도 활동했다.

1969년부터 1972년까지 프랑크푸르트 대학 교수로 일했고 이후 1996년 명예교수로 퇴임할 때까지 괴팅겐 대학 교수로 재직했다. 1998년 3월 세상을 떠났다.

2. 클라우스 몰렌하우어의 교육철학 : 가르치기 힘든 시대의 교육

이제부터 몰렌하우어의 저작 『가르치기 힘든 시대의 교육』을 중심으로 그의 교육사상을 간단히 정리해 보려 한다. 그러나 이 책이 가진 다양한 함의와 맥락과 특징들을 여기서 모두 다루기는 불가능하다. 여기에서는 몰렌하우어가 제시하고 있는 교육(학)의 근본개념들을 소개하는 것으로 만족하려 한다. 이 책에서 몰렌하우어는 교육과 사회, 문화, 정치의 연관성을 회복하는 차원에서 '교육이란 무엇인가'라는 철학적 물음을 던지고 이에 대답하려 한다. 이러한 대답의 과정은 곧 그의 '교육철학'을 제시하는 과정이기도 한다. 그가 제시하는 교육의 본질은 다음과 같은 다섯 가지의 근본개념을 살펴보는 속에서 드러난다.

① **제시** : 삶의 방식의 직접적인 전달

② **재현** : 삶의 방식의 간접적인 전달

③ **형성 가능성** : 아이들이 지니고 있는 배울 수 있는 그리고 배우려 하는 능력과 성향

④ **자기활동** : 형성 가능성을 실현시키는 계기로서의 스스로 활동하기

⑤ **정체성** : 자아형성의 문제

그러면 이제 이러한 개념들을 차례로 검토해 보자.

1) 제시 : 삶의 형식을 보여주기

성인과 어린이 간의 교육학적 관계에서 가장 기초적이고 근본적인 과정은 세계와 삶의 구조 그리고 방식이 직접적으로 '제시'된다는 데에 있다. 이러한 현실의 제시는 우리가 원하든 원하지 않든 인간의 삶의 구조 속에 이미 내재되어 있다. 그래서 이 세상에 태어난 아이의 배움은 삶의 과정 자체를 통해서 그에게 제시되는 것들에서 시작된다. 이 제시되는 것들 중에서 가장 결정적이며 중요한 것은 '언어'이다. 언어의 습득을 통해서 어린이는 주변 세계의 대상을 기억할 수 있게 되며 또 그 대상을 발성의 관습적 규칙에 따라서 표현할 수 있게 한다. 또한 언어에 의해서 물리적 자연은 문화로, 물리적 현상은 '의미'로 모습을 드러낸다. 언어에 의해서 인간은 자연을 객관적 대상으로 지각, 인식, 설명할 수 있고 이성적으로 행동할 수 있다.

그리고 이렇게 언어를 배우는 과정에서 세계는 무질서한 혼돈이 아니라 어떤 특정한 질서나 구조에 따라서 제시된다. 세계를 바라보고 이해하는 기본적인 관점과 시각들이 바로 언어를 통해서 아이들에게 제시된다. "한마디로 그것은 비록 시대와 조건에 따라서 변하지만 〔말을 배우는 어린이에게는〕 우주 최초의 질서이다."(Mollenhauer, 2005 : 41) 언어를 배운 사람은 이후 그 세계를 이 언어가 제시하는 구조에 따라서 지각하게 된다. 언어를 배우는 것은 곧 특정한 세계를 수용하는 과정이다. 언어를 배우는 과정은 곧 어린이에게 이 단어와 저 단어를 기억시키는 과정이기 이전에 먼저 세계의 '구조'를 제시하는 과정이다.

그런데 여기서 몰렌하우어가 강조하고자 하는 점은 이렇게 삶의 구조적 형식을 습득하는 과정이 흔히 생각하듯이 일방적인 전달과 수용의 과정이 아니라는 점이다. 어린이는 단지 "수동적인 수용자"(Mollenhauer, 2005 : 41)에 머무르지 않는다는 것이다. "어른의 생활형식 속에서 제시되는 것을 습득하는 것은 능동적인 과정이다."(Mollenhauer, 2005 : 45) 어린이는 자기에게 제시되는 구조를 일종의 '의미해석'의 과정을 거쳐서 받아들인다. 즉, 가장 기초적인 교육적 관계인 '제시'에서조차 자아는 언제나 능동적으로 학습하고 배우는 존재이다. 이것은 아우구스티누스가 『고백록』에서 자신이 말을 배운 과정을 설명할 때 잘 드러난다. "어른들이 단어와 철자들을 특정한 교육과정을 통해서 나에게 가르친 것이 아니다. 나는 스스로 말하기를 배웠다."(Mollenhauer, 2005 : 44)

2) 재현 : 가르칠 것을 선택하기

한편 제시와는 다른 재현이라는 교육적 요소는 인간 사회의 역사적 발달과정에서 등장한다. 재현이라는 교육적 요소가 등장하는 과정을 몰렌하우어는 몇 개의 그림을 통해서 보여준다(Mollenhauer, 2005 : 63-72). 그 그림들은 사회의 기본 요소인 노동과정에서 어린이가 갖는 위상의 변화를 증언하고 있다. 즉, 어른들의 노동과정 속에서 어른과 함께 살고 생활하던 어린이는 근대로 넘어 오면서 거기로부터 배제되고 학교라는 특정한 교육학적 공간으로 귀속되게 된다. 그리고 이러한 변화는 근대 교육학의 근본적인 지형을 형성한다. 즉, 어린이가 현실의 삶과 문화로부터 격리/분리되면서 이제 제시가 아니라 재현이 교육과 교육학의 핵심적인 과제로 대두된다.

재현을 등장시킨 사회-역사적 상황은 근대사회와 학교의 등장으로 시작된다. 근대 초기에 학교가 교육의 중심으로 이동하면서 이제 어린이는 현실적 삶 속에서 배우지 않는다. 그들은 '학교'라는 교육적인 공간에서 학습한다. "그 이래로 우리는 아이들에게 어른과 다른 삶의 양식을 보여 줄 뿐만 아니라, 그것을 재구성하여 보여 준다. 즉, 우리는 어른의 삶의 양식을 재현한다."(Mollenhauer, 2005 : 73)

교육이 재현의 패러다임으로 이행하게 됨으로써 나타난 새로운 교육학적 요구를 자각하고 거기에 발 빠르게 대응하려 했던 사람이 바로 근대 교수학의 아버지인 코메니우스이다. 왜 이 시기에 교수학이라는 학문이 등장했으며 또 왜 코메니우스는 『세계도해』라는 특이한 책을 썼을까? 몰렌하우어는 그것은 바로 시대의 요구에 대한 하나의 근본적인 응답의 시도였다고 말한다.

그렇다면 코메니우스가 대응하려 했던 근대 교육학의 근본문제는 무엇일까? 그것은 과연 어떻게 어린이들에게 '전체로서의 세계'를 유의미한 방식으로 재현하여 보여줄 것인가의 문제이다. 이러한 문제는 적어도 중세가 끝날 때까지는 제기될 필요가 없었다. 왜냐하면 거기서는 삶의 현실 자체가 교과서이고 교육과정이며 교수방법이었기 때문이다. 거기서는 어린이가 교실에 앉아서 왜 배워야 하는지도 모르는 내용들을 배우느라 전전긍긍할 필요가 없었고, 어른들은 어떻게 어린이들에게 동기부여 해야 할까, 무슨 내용을 어떤 교수방식에 따라 전달할까에 대해 고민할 필요가 없었다.

그러나 보통교육이 등장하여 어른과 어린이 사이에 일종의 교육학적 장벽이 세워짐으로써 이제 교육은 현실 세계 자체가 아니라 "단지 그것을 '지시'하는 그림과 표상들의 거대한 몽타주"(Mollenhauer, 2005 : 76)를 통해서 이루어져야 한다. 그러므로 이제 교육자는 교육내용을 재현하여 보여주어야 하며 또 그것을 어떤 질서에 따라서 가르쳐야 하는가를 놓고 고민하지 않을 수 없다. 아동서적, 장난감, 놀이터, 교과서, 역할놀이 같은 광대한 교수법의 무기고는 바로 이러한 문제에 대처하기 위해서 등장한 것이다. 우리는 종종 이러한 교수법의 무기고를 교육의 본질적인 요소로 생각한다. 하지만 중세까지 그런 것들은 교육의 과정에 존재하지도 않았고 필요하지도 않았다.

코메니우스의 『세계도해』[1]는 바로 이러한 근대 교육학의 근본문제를 해결하기 위한 시도를 보여준다. 이 책을 통해서 그는 두 가지 문제를 해결하려 한다. 첫째, 어린이들은 단지 '부분'이 아니라 '전체'를 배워야 한다. 이것은 당시의 시민사회의 등장과 더불어서 요구되는 평등을 추구하기 위한 전제조건이다. 그래서 코메니우스는 모든 사람에게 살아가는 데 필요한 '모든 것'을 가르쳐야 할 필요성을 주장한다. 둘째, 이 전체로서의 세계는 어떤 적절한 질서에 따라서 재구성되고 재현되어야 한다.

『세계도해』는 총 20개의 장으로 이루어져 있다. 각 장의 제목을 살펴보면 거기에는 모종의 질서가 내재하고 있다.

1) 하나님	20) 최후의 심판
2) 세계	19) 종교
3) 하늘	18) 정치
4) 원소	17) 놀이
5) 땅	16) 도시
6) 식물	15) 사회 형태들 도시
7) 동물	14) 가르침
8) 인간	13) 지적인 교류
9) 기본적 직업들	12) 교통
10) 집짓기의 재료와 방법	11) 집의 내부

아이들에게 재현되는 세계가 이렇게 하나님으로부터 시작하여 최후의 심판으로 귀결되는 원환적 질서를 가지고 있을 때 그 교육은 어린이들을 올바른 삶의 연관 속으로 이끌어 들일 수 있다는 생각이 거기에 내재해 있다. 이

1) 코메니우스의 『세계도해』의 교육적 의미는 103쪽 참조

것은 당시 등장하던 새로운 문명의 파편성과 불안정성에 대한 교육적인 비판과 대응의 성격을 띠고 있다. 코메니우스는 이제 근대의 교육이 재현을 통한 활동일 수밖에 없다는 사실을 이론적으로 포착했으며 동시에 재현으로서의 교육을 통해서 현실 사회의 무의미함과 혼란을 극복하려 하였다.

여기서 재현된 세계는 단지 있는 그대로의 현실을 그대로 축약한 것일 수 없는 이유가 드러난다. 코메니우스의 교육학의 출발점은 자기 시대의 삶의 양식이 잘못되어 가고 있다는 생각이다. 그리고 현재의 삶의 양식 자체 속에는 더 이상 충분한 교육학적 힘이 들어 있지 않기 때문에 교육이 제시하는 세계는 '재구성'되어야 하는 것이다. 교육은 학생의 감성과 지성을 활동시키고 또 사물의 우주적 질서를 올바른 방식으로 재현하여 보여줌으로써 파괴된 삶의 양식을 다시 올바르게 만드는 데 기여해야 한다.

몰렌하우어에 따르면 코메니우스가 제기한 이 문제는 수세기가 지난 지금까지도 여전히 해결되지 않고 있다. "이 문명은 '성장률'만을 쫓다가 자신의 삶의 형식이 과연 이성적이고 인간적인가 하는 절박한 물음에 빠졌으며, 조각조각 파편화된 교육(Bildung)의 내용으로 인해 의미 있는 전체를 보여주는 데서 큰 난관에 봉착해 있다. 교육학적 활동 자체도 언제나 분업적으로 조직되고, 또한 전문적 직업화와 제도화가 더욱 완전하게 추진되고 있다. 이와 함께 교육의 시지포스적 성격이 더욱 강화되고 있으며, 결국 교육은 교육하는 공동체의 공동적인 실천이라는 통찰이 상실되고 있다."(Mollenhauer, 2005 : 85)

'재현'의 맥락에서 볼 때, 교육학의 문제는 '교육학적 거울 방'을 어떻게 구성해야 하는가에 있다. 이것은 다시 세 가지의 기본적 물음을 제기한다. 근대 이후의 교육학은 이 물음에 답하기 위한 과정에서 성립하고 발전해 오고 있다.

① 무한히 많은 교양의 소재들 중에서 어떤 것을 중요한 것으로 가르쳐야 하는가?

② 이 중요한 것을 어떻게 효과적으로 가르칠 수 있을까?

③ 어떻게 아이들에게 이 재현된 것을 받아들이도록 동기부여 할 수 있을까?

3) 형성 가능성 : 어린이는 배우려 한다.

우리가 어린이들을 교육한다는 사실은 동시에 우리가 이들이 배울 능력과 배우려는 자세를 가지고 있음을 전제로 하고 있는 것이다. 어린이들은 여러 가지 어려움과 방해가 있어도 무엇인가를 배우려고 한다. 이러한 어린이의 특성을 몰렌하우어는 "형성 가능성"이라는 개념으로 표현한다. 그런데 현실에서 보면 종종 어린이들은 교육적으로 재현된 것, 즉 교육내용을 배우는 데서 굉장한 고통과 어려움에 직면하는 것 같다. 그 원인은 이 재현된 것이 학생에게 어떤 '의미'를 갖는지가 전혀 명확하지 않기 때문이다. 학생들은 교육내용이 자신의 삶이나 관심과 내적으로 연관될 때 비로소 기꺼이 배우려 한다. 따라서 다음과 물음이 생겨나게 된다.

"어떻게 배우려고 하는 자세가 아이들에게 생겨나는가?"(Mollenhauer, 2005 : 108) "아이가 배우기 시작한다는 것은 어떻게 이해되어야 하는가?"(Mollenhauer, 2005 : 109) 다시 말하면 '형성 가능성'이란 무엇인가?

형성 가능성의 문제에 접근하기 위해서 몰렌하우어는 늘 그렇듯이 심리학과 같은 분과과학이 아니라 역사적, 문화적인 기록을 들춰낸다. 그것은 카스파 하우저라는 특이한 인물의 이야기이다. 카스파 하우저는 1828년 오순절 첫날 독일 뉘른베르크에 등장한 16세가량의 정체불명의 소년이다. 이 소년은 태어나자마자 인간 사회로부터 격리된 채 단지 하루 한 번 주어지는 물과 빵만을 먹으며 마구간에서 살았던 것으로 추정된다. 이렇게 말도 못하던 소년은 사회로 복귀한 지 불과 몇 년 동안에 10여 년의 공백을 극복하고 또래 청소년과 동등한 학식과 소양을 갖출 수 있었다. 이 이야기는 인간의 형성 가능성, 즉 학습 잠재력이 얼마나 막강한 것인가를 웅변으로 보여주는 듯하다.

그러나 몰렌하우어는 하우저의 사례에서 단지 형성 가능성의 성공사례만을 보는 것은 성급한 견해라고 비판한다. 그는 하우저가 글을 배운 뒤에 직접 남긴 자서전을 통해서, 이러한 배움이 과정이 하우저에게 어떤 영향을 미쳤는지에 주목한다. "도야의 과정을 통해서 하우저의 육체는 손상을 받아 신경쇠약에 이를 지경이었다. 동시에 그의 감각기관이 지녔던 놀라운 감수성은 서서히 약화되었다. (...) 하우저가 다른 사람과 비슷해지면서 과거 그가 가졌던 주체로서의 본질, 즉 비록 말할 수는 없었지만 그의 본질을 이루고 있었던 것은 퇴색되어 갔다."(Mollenhauer, 2005 : 119)

이 사례가 우리에게 말해주는 것은 무엇인가? 그것은 아이들의 배울 수 있는 능력과 태도는 그들의 '생동적 주체성'이 깎여 나가고 억압되는 속에서만 발휘될 수 있다는 것이다. 그리고 이렇게 볼 때, 근대의 계몽주의 교육학은 형성 가능성의 위력에 대한 세밀하고 엄밀한 연구를 수행했지만 거기에 포함된 '억압'의 측면에 대해서는 철저히 외면하였다는 비판이 가능하다. 교육은 아무리 학생을 위한 과정일지라도 개개 인간의 본성을 하나의 잣대에 맞추라는 일방적 요구를 내포한다.

그럼에도 우리는 교육을 포기할 수 없다. 아이들이 자신의 '우연적인 주관성'(언어로 표현할 수 없는 것)의 영역에서 벗어나서 '언어, 문화, 관습의 영역'(언어로 표현할 수 있는 것)으로 들어오게 하는 일은 인간의 삶의 본질적인 구성 부분이다. 그러나 동시에 우리는 교육의 과정에서 아이들이 지니고 있는 우연적 주관성과 그것을 표현하고 있는 그들의 희망, 소원, 환상 등에 섬세한 주의를 기울일 필요가 있다. 아이들의 개성은 말로 표현되지 않는다. 그것은 일종의 암호처럼 아이들의 태도와 흥미 그리고 행동을 통해서 우리 앞에 제시된다. 이러한 암호를 감지하고 해석하는 '예언자적 능력'을 교육자는 필요로 한다.

이러한 요구에 따를 때, "아이의 교육은 소재의 가공, 성형, 변형이라는 제작적 모델에 의해 이해되어서는 안 된다. 교육은 스스로 발전하는 힘에 대한 지원, 대화적 관계, 호출과 응답 같은 것으로 이해되어야 한다."(Mollenhauer, 2005 : 122) 근대의 교육학은 형성 가능성을 오해하였다. 형성 가능성은 '경험적 과학'에 의해서는 다 해명될 수 없는 '우연성'의 영역을 포함하고 있는 개념이다. 그러나 근대의 경험적 교육학은 이러한 사실을 간과하였고, 오직 '합리적인 방식'으로 형성 가능성을 해명하려 하였고 이렇게 일방적으로 분석된 결과에 기초하여 학생들의 학습능력을 단계화하고, 조종하고, 계측하려 하였다.

그러나 여기서 몰렌하우어는 반문한다. "하지만 그렇다고 우리가 과거보다 교육을 더 잘할 수 있게 되었는가? (...) 아이들이 근대 교육제도의 촘촘한 그물망 속으로 통합되면 될수록 오히려 형성 가능성(즉, 학습능력)이 감소되고 상실"되는 것은 아닌가? 그렇다면 우리는 어떻게 근대 교육학과는 다른 방식으로 어린이의 형성 가능성에 접근할 것인가? 형성 가능성의 아포리아에 주목하는 교육학자가 취해야 할 교육의 방향은 무엇인가? 분명한 것은 제작의 교육도 아니고 단지 아이들의 '우연적 주관성'을 온전히 보호해 주는 교육도 아니다.

형성 가능성을 촉발하기 위해서는 교사는 "단지 해달라는 대로 해주는 것이 아니라, 아이에게 필요한 과제를 부과함으로써 아이의 가치를 존중해" 주어야 한다. 어린이의 형성 가능성은 온화한 온실에서 저절로 자라는 식물과 같은 것이 아니다. 교사는 어린이에게 교육적인 과제를 제시하고 그것을 수행하도록 요구해야 한다. 그리고 이 요구는 아이의 미래의 삶과 결부되어 있을 때 비로소 효력을 발휘할 수 있다. 그러므로 교사는 아이가 자신의 능력과 발전에 비추어 스스로 자신의 형성 가능성을 발현할 수 있도록 지원해야 한다. 물론 이때 교사는 확실한 지식이나 판단에 기초하는 것이 아니다. 학생의 형성 가능성에 대한 판단은 언제나 하나의 가설의 형태를 띨 수밖에 없는데, 이 가설은 교사와 학생의 교육적 상호작용 속에서 새롭게 설정하며 또 지속적으로 교정되어야 한다. 그러므로 교육자가 제작적이지도 자유방임적이지도 않은 방식으로 학생들의 형성 가능성을 발현시키려 할 때, 그의 활동은 미래를 향해 열려 있는 실험의 형식을 띨 수밖에 없다.

4) 자기활동 : 스스로 문제를 제기하고 해결하기

재현의 틀 내에서 진행되는 교육은 어린이의 형성 가능성을 전제로 한다. 그러나 위에서 보았듯이 근대 교육학은 이 형성 가능성을 일면적으로 이해함으로써 교육을 '제작, 주조 또는 성형'의 과정으로 오해할 위험을 자초하였다. 이와 동시에 근대 교육학은 교육이 근본적으로 학생의 자기활동에 기초해야 한다는 점을 간과하게 되었다. 왜냐하면 제작의 관점에서는 학생의 자기활동은 단지 부차적인 또는 부정적인 의미만을 가지기 때문이다. 프레이리가 은행 저금식 교육을 비판하는 핵심적인 이유도 바로 학생의 자기활동이 수업에서 배제된다는 데 있었다.

자기활동이 수업에서 배제될 때, 형성 가능성은 단지 가능성에 머무를 뿐 주관적으로도 객관적으로도 실현될 수 없다. 이것은 사실 20세기 초의 개혁교육가들이 반복적으로 강조했던 사실이다. 형성 가능성의 실현을 위해 자기활동이 필요한 이유와 그 방식에 대해서 몰렌하우어는 다음과 같이 정식화한다.

"우리는 인간의 형성 가능성을 성향 또는 가능성으로 이해한다. 이 가능성은 아이가 활동하고 있는 경우에만 어른에게 관찰되고 또 아이 자신에게 경험된다. 그러므로 아이는 자기활동을 하도록 요구된다. 그러나 그것은 자의적인 활동이나 추상적인 활동 일반이 아니라 반드시 이성능력을 필요로 하며 따라서 아이들의 이성을 전제로 하는 활동이어야 한다. 이러한 활동을 '자기 활동'이라고 하자."(Mollenhauer, 2005 : 34)

자기활동의 개념은 앞서 논의했던 형성 가능성의 의미를 더욱 구체화시킨다. 즉, 잠재되어 있는 형성 가능성을 발현시키기 위해서 교사가 던지는 요구와 호출은 어린이에게 이성적인 자기활동을 하도록 촉발하는 요구와 호출이어야 한다. 즉, 외부의 요구와 호출이 단지 소박한 지각을 불러일으키는 데 그치지 않고 어린이의 내면에 있는 이성을 활동시키는 것이 되어야 한다. '외적 활동'과 '내적 활동'이 어린이 쪽에서 상호작용할 때 비로소 자기활동에 대해서 이야기할 수 있다. 외적 활동과 내적 활동의 상호작용이 도대체 무엇인가는 독일 작가 클라이스트의 짧은 글 '말하기에서의 사고의 점진적 심화에 관하여'에서 잘 드러난다.

"나는 내가 말하고자 하는 것과 처음부터 약간의 연관을 지닌 어떤 흐릿한 생각을 이미 가지고 있다. 그래서 내가 과감하게 거기서부터 말하기 시작하면, 이야기를 해 나가는 동안 나의 정신은 어쨌든 시작한 것을 끝맺어야 한다는 필연성 속에서 저 흐릿한 생각을 아주 명확하게 만들고, 그래서 놀랍게도 마침표와 함께 인식이 완성된다."(Mollenhauer, 2005 : 157)

그러므로 교사의 요구와 호출은 단지 일방적인 것이 돼서는 안 된다. 그것은 그 요구에 따른 행동을 함으로써 학생의 내면에 흐릿하게 존재하는 내용이 분명해지도록 자극하는 것이어야 한다. 그래야만 외적으로 주어지는 의미 지평으로서 교사의 요구는 단지 외적으로 부과되는 데 그치지 않고, 학생 자신의 활동 속에서 재해석되고 수정된다. 즉, 학생은 거기서 자신의 삶의 '의미'를 생산한다.(Mollenhauer, 2005 : 154 참조)

그렇다면 교사는 어떻게 학생의 자기활동을 실제로 촉발할 것인가? 특히 무기력하고 무관심한 상태에 있는 학생들을 교육해야 할 때 이 물음은 절실하게 다가온다. 다르게 표현한다면, 어떻게 외적인 자극을 통해서 학생의 내적인 자유를 실현할 것인가? 칸트가 말했듯이 이것은 어쩌면 교육 전체의 핵심적인 과제라고 할 수 있다. 몰렌하우어의 다음 말은 마치 칸트의 '자유에의 강제'라는 교육의 아포리에 대한 하나의 해명처럼 들린다.

"아이의 자기활동을 끌어내기 위해서는 교육자의 열성적인 자기표현이나 목적 지향적이고 특수한 영향을 겨냥한 행위가 필요한 것이 아니라, 단지 〔학생이 지닌〕 가능적인 것과 현실적인 것 사이의 차이에 주목하는 것이 필요하다. 그러므로 교육자의 제1덕목은 주의력, 경청의 능력, 끈질긴 관찰이다."(Mollenhauer, 2005 : 162)

말하자면 교사는 학생의 마음에서 맥동하고 있는 가능적인 것과 현실적인 사이의 긴장을 찾아냄으로써 학생의 자기활동을 이끌어 낼 수 있다는 것이다. 이것을 찾아내기 위해 교사에게 필요한 것은 열정이나 적극적 개입보다는 학생이 발신하고 있는 중요한 신호들을 포착하려는 태도와 감수성이다. 동양의 '줄탁동시'라는 개념은 바로 이러한 자기활동의 맥락에서 좀 더 구체적인 의미지평을 확보할 수 있다. 학생 속에서 깨어나려고 하고 있는 것, 그러나 스스로의 힘으로 감당하기에는 버거운 것을 "주의력, 경청의 능력, 끈질긴 관찰"을 통해서 감지한 교사는 – 그 내적 긴장을 극복할 수 있다고 생각되는 – 과제를 제시한다. 학생은 이 과제와 대결하는 과정, 즉 '자기활동'에서 스스로 자신의 고유한 방식으로 그 긴장을 해결하고 자신을 실현한다.

5) 정체성

자기활동과 이를 통한 자아실현에 대해 논의할 때, 우리는 필연적으로 자아도 논의하지 않을 수 없다. 즉, 그 실현되는 자아는 무엇인가? 이 물음이 곧 '정체성'에 관한 물음이다. 이 물음은 근대 이래로 '내가 누구이며 무엇인될 것인가'가 더 이상 전통이나 관습에 의존하지 않게 됨으로써 중요한 문제가 되었다. 그러므로 포스트모던의 경향이 증대하면서 현대 교육학에서 '정체성' 개념이 급속하게 확산되고 있는 것은 이해할 만한 일이다. 문제는 광범위한 확산과 유통을 통해서 이 개념이 모호해졌다는 사실이다.

그래서 먼저 몰렌하우어는 '정체성'의 개념에 대한 기본적인 정의를 시도한다. 정체성은 내 속에 있는 어떤 실체일 수 없다. "정체성으로 표현되는 사태는 넓게 말해서 '나'라고 말하는 사람과 이 '나'가 자기 자신에 대해 말하는 것 사이의 관계를 말한다. 정체성은 오직 이 관계를 말할 뿐이다."(Mollenhauer, 2005 : 205) 나의 정체성은 엄밀한 의미에서 내 정신과 육체 속의 모든 것이 하나의 통일성을 형성할 때 성립한다. 그러나 그런 통일성이 과연 인간에게 가능할 것인가? 우리는 너무도 많고 다양한 것들을 담지하고 있다. 그러므로 엄밀한 의미에서 나의 정체성은 고정된 실체로 있을 수는 없으며, 언제나 단순화를 통해서 구성되는 것이며 그리고 역동적인 운동 속에 있는 것이다.

나의 정체성은 언제나 가변적이다. 왜냐하면 구성된 자아의 모습은 나의 모든 것을 포함하지 않고 있다. 나의 가능성(정체성의 구성에서 누락된 나의 요소들)은 언제나 나의 현실성(즉, 구성된 정체성)을 능가한다. 또한 나는 언제나 미래를 향해 기투하는 존재이기 때문에 나의 정체성은 가변적이다. 나는 언제나 미래에 대한 선취를 통해서 이미 나를 넘어서서 나아가고 있기 때문이다. 그러므로 몰렌하우어는 정체성 또는 정체성을 다음과 같이 규정한다. "자아정체성은 오직 허구로서 존재하며, 확고한 사태에 대한 경험으로서 존재하는 것이 아니다. 그러나 이 허구는 교육의 과정에서 필연적인 조건이다. 왜냐하면 자아정체성을 통해서만 교육의 과정은 진행되기 때문이다."(Mollenhauer, 2005 : 208)

그러므로 우리는 교육을 위해서 자아의 정체성의 개념을 수용해야 한다.

그렇다면 우리는 과연 어떻게 어린이의 자아를 알(identify) 수 있을까? 몰렌하우어의 입장은 단호하다. 우리는 이것을 경험적으로 관찰할 수 없다. 왜냐하면 그것은 이성적 구성물이며, 또한 어린이가 자기 자신과 맺고 있는 관계이기 때문이다. 그렇지만 우리가 아이의 자아에 대해 아무것도 알아낼 수 없는 것은 아니다:

"자기 관계 속에서 일어나는 일에 대해서 물론 전혀 접근이 불가능한 것은 아니다. 우리는 그것의 흔적을 외면에서 찾고 해독하려 시도한다. (...) 아이의 자기와의 관계는 직접 관찰할 수 없고, 그것의 흔적을 통해서 추론될 수 있을 뿐이다. 이 추론의 규칙은 바로 우리 자신으로부터 그리고 타인의 흔적의 관찰을 통해서 생겨나는 유추로부터 얻어진다. 그러므로 여기서 오류를 범할 위험은 매우 높다. 어느 학문 분과에서 유래하는 것이든 과학적인 용어들도 이 위험을 실제로 감소시키지 않는다. 도야 과정의 계획 불가능성이 여기서 분명히 드러난다."(Mollenhauer, 2005 : 210)

몰렌하우어는 교육의 과정에서 어떤 의도나 계획을 수립하는 것 자체에 대해 반대하는 것이 아니다. 다만, 거기서 우리가 의지할 수 있는 것은 자기 관계의 흔적에 대한 유추라는 매우 유동적이고 가설적인 토대밖에 없다는 것이다. 몰렌하우어는 뒤러, 렘브란트, 고흐, 베크만 등 대가들의 자화상(=자기관계의 흔적)을 분석하는 속에서 인간의 자기정체성에 대한 모색이 보편적으로 어떤 구조를 지니는가를 탐색한다. 그 결과는 다음 문장에 요약되어 있다. "'나는 무엇인가'에 대한 해명은 사회적 역할과 내면적 자아 사이의 균형 잡기일 뿐 아니라 현재와 미래, 현실성과 가능성 사이의 균형 잡기이기도 하다."(Mollenhauer, 2005 : 223) 자기 정체성의 모색은 언제나 서로 갈등 및 긴장관계에 있는 자아(및 가능성, 현재)와 사회(및 현실성, 미래)가 서로 만나는 지점을 둘러싸고 진행된다.

그러므로 근대의 심리학과 교육학이 '청소년기'라는 범주를 만들어 내고 또 거기에 주목하게 된 것은 우연이 아니다. 왜냐하면 청소년기는 바로 이러한 자아정체성의 구조를 가장 극명하게 드러내는 시기이기 때문이다. 청소년은 자신에게 가해지는 요구(외적인 것)들이 자신의 미래(내적인 것)와 연관해서 정당화될 수 있기를 기대한다. 이 두 가지가 서로 타협점을 찾지 못할 때 청소년의 자기정체성의 성립은 왜곡되거나 지연된다. 그러므로 청소년들은 자신에게 주어지는 사회적인 역할이나 요구를 필요로 하며, 동시에 이 요구들이 자신의 미래와 연관해서 정당화될 수 있어야 한다는 청소년들의 기대는 정당한 것이다.

결국 교육의 결과로서 추구되는 자아정체성은 낭만적인 자아도 아니고 사회화된 자아도 아니다. 학생들의 자아는 사실적 관계의 '강제'에 의해 질식해서도 안 되고 주관적인 '자유'의 망상에 떨어져서도 안 된다. "모든 교육과 도야의 과정에 놓여 있는 월권은 단지 이런 측면에서만 정당화될 수 있다." (Mollenhauer, 2005 : 227)

3. 클라우스 몰렌하우어 교육사상의 의의

결국 몰렌하우어가 『가르치기 힘든 시대의 교육』에서 해명하고자 했던 핵심적인 문제는 "교육자는 어떤 방식의 교육적인 개입을 통해서 자유롭고 개성적면서도 사회적인 자아를 성장시킬 수 있는가?"에 놓여 있다. 그리고 이 물음에 대한 그의 해답은 대체로 다음과 같이 정리될 수 있을 것 같다.

교육자는 성장세대의 미래적 삶에 대한 기획을 가지고 학생을 교육하되, 학생이 가진 '완전히 해명될 수 없는 내면성'에 대한 예민한 감수성을 가지고 학생과의 대화적 관계를 유지해야 한다는 것이다. 이 대화적 관계는 학생의 개성적 발전의 맥락에 대한 교사의 '예언자적' 관찰로부터 시작되며, 교사가 이러한 관찰에서 나오는 요구를 학생 자신의 미래에 대한 희망과 연관시킬 때 비로소 진전될 수 있다. 그런데 이러한 과정은 가설과 검증의 실험적 과정이며, 미래를 향해 열려 있는 반성과 조정의 과정이다. 동시에 학생들의 내면은 기성세대의 가치나 이해방식으로 환원될 수 없는 요소들을 항상 포함하고 있으며, 이 요소들이 교육의 과정에서 자신의 목소리를 낼 수 있도록 교사는 거기에 귀 기울여야 할 뿐 아니라, 한걸음 더 나아가 그 잠겨 있는 목소리가 말이 되어 나올 수 있도록 도와줄 수 있어야 한다.

생각할 문제

1. 교육은 교사와 학생 모두의 인권의 문제이다. 진정한 의미의 교육에 대해 논의해 보자.
2. 교사와 학생 간의 대화란 어떤 의미를 가질까?

CHAPTER

14

포스트모더니즘 교육사상과 미셸 푸코

14 포스트모더니즘 교육사상과 미셸 푸코

1. 포스터모더니즘이란 무엇인가?

포스트모더니즘이 무엇인가에 대한 분명하고 간략한 정의를 내리기는 어렵다. 왜냐하면 포스트모더니즘은 매우 광범위하고 다면적일 뿐만 아니라 어떤 적극적인 주장을 내세우기보다는 기존의 것을 부정하고 새로운 대안의 제시에 대해서는 주저하는 회의주의적 입장을 선호하는 최근의 이론적, 실천적 흐름을 표현하는 개념이기 때문이다. 그렇다면 포스트모더니즘의 특징은 어쩌면 그것을 정의하기가 왜 어려운가를 설명하는 과정에서 잘 드러날 수 있다. 포스트모더니즘이 간단히 정의되기 어려운 이유로는 다음과 같은 몇 가지를 들 수 있다.

첫째, 포스트모더니즘이라는 개념은 서로 연관되기 어려울 정도로 다양하고 상이한 이론적 입장들을 표현하는 데에 사용되고 있다는 점에 주목할 필요가 있다. 물론 우리는 주로 푸코와 리오타르의 후기 구조주의나 데리다의 해체주의 철학을 포스트모더니즘이라고 부르지만 동시에 경우에 따라서는 가다머의 해석학, 로티의 신실용주의 심지어는 하버마스의 비판 이론에도 종종 '포스트모던'이라는 형용사를 덧붙인다. 하지만 아이러니하게도 위의 대부분의 저자들은 자신의 사상을 포스트모더니즘이라고 표현하는 데에 선뜻

동의하지 않는다. 어쨌든 이들이 공유하는 공통적인 특징들을 추출해 낸다는 것은 거의 불가능에 가깝다.

둘째, 대표적인 포스트모더니스트들은 본성적으로 일관되고 명확한 주장이나 이론을 제시하지 않으려는 경향을 가지고 있다. 포스트모더니즘의 대표적인 특징 중 하나는 이렇게 명쾌하고 확실한 진리가 과연 가능하냐는 강한 의심을 표명한다는 데 있다. 그래서 포스트모더니즘이 무엇인가는 종종 긍정적인 특성들을 제시함으로써가 아니라 그것이 비판, 부정하는 것들이 무엇인가를 살펴봄으로써 드러난다. 포스트모더니스트들은 메타－서사(거대서사)에 대한 부정, 계몽적 이성에 대한 반대, 극단적인 형태의 반실재론, 동일성이나 주체성에 대한 부정 등등을 주장한다. 포스트모더니즘은 진리를 추구하는 모든 형태의 철학적 입장과 사상을 부정하거나 비판하는 데서 더 나아가, 어떤 일관되고 포괄적인 이론이나 객관적 진리의 가능성 자체를 문제 삼는다. 따라서 포스트모더니즘은 스스로 하나의 확정된 이론체계를 제시하려는 생각이 없으며, 오히려 자신을 어떤 틀에 집어넣으려는 해석자들의 시도를 비판한다. 그들은 결코 한 곳에 정착해 있으려 하지 않고, 유목민처럼 끊임없이 옮겨 다니기를 좋아한다.

셋째, 포스트모더니즘이라는 용어는 마르크시즘처럼 어떤 특정한 사상가나 집단의 사상이 아니다. 그것이 처음 사용되기 시작한 것은 20세기 초에 예술과 건축에 나타난 새로운 움직임들을 표현하기 위해서였다. 즉, 그것은 특정한 예술적인 흐름을 표현하기 위한 개념이었지, 특정한 사상에 대한 명칭이 아니었다. 그럼에도 포스트모더니즘이라는 단어는 '－ism'이라는 어미로 인해 마치 어떤 철학적 이론 또는 사상이라는 인상을 준다. 이런 오해를 피하기 위해 몇몇 사람들은 '포스트모더니티' 또는 '포스트모던 조건'이라는 용어를 사용하기도 한다. 이렇게 볼 때, 포스트모더니즘은 특정한 이론적 입장이 아니라, 사회 문화적 변화 경향을 포착하려는 용어였다. 그리고 이러한 사회적 문화적 변동과 더불어 근대의 계몽주의에 기원하는 신념, 가치 그리고 희망이 의심스럽게 된 상황을 표현하기 위한 용어였다.

프랑스의 철학자인 리오타르가 – 그의 대표작인 『포스트모던의 조건』이라는 책에서 – 포스트모더니즘을 한마디로 "메타서사에 대한 불신"이라고 정의했을 때, 그는 메타서사를 거부하거나 그에 대한 상세하고 일관된 반박을 내 놓으려는 것이 아니었다. 그가 지적하고 싶었던 것은 지금까지 당연시되어 온 메타서사 또는 큰 이야기들을 사람들이 더 이상 믿지 않게 된 새로운 사회 문화적 상황 그 자체이다. 그러므로 대표적 포스트모더니스트인 리오타르는 근대성과 계몽을 단호하게 비판하고 극복하려 했다기보다는 근대성과 계몽의 이념이 해체되어 가는 현실과 그 사회적 조건을 파헤치고 있을 뿐이다.

하지만 어찌됐든 포스트모더니즘은 근대 사회와 문화의 필연적인 산물임에 틀림없다. 그것은 근대 사회와 문화가 18세기 이래 장담해 왔던 '진보의 약속'을 이행할 수 없음이 분명해지면서 나타난 생각, 태도, 상황을 총칭하는 개념이라고 할 수 있다. 근대 계몽주의의 장밋빛 약속이 거짓 약속이라는 징후는 나치즘의 '홀로코스트'에서 처음으로 명백하게 드러났다. 그리고 그 이후 진행된 세계 경제, 정치, 문화의 불안정함과 위험성은 이러한 징후를 구체화했고 확고한 현실로 만들었다. 세계적인 차원의 기후, 자원, 환경 위기와 더불어 격화되어 가는 빈부격차, 문명 간의 충돌, 상존하는 전쟁의 위험 등은 근대 계몽주의를 통해서 과연 인류의 삶이 진보했는가를 의심하게 한다. 더구나 오늘날 계몽주의의 적자(嫡子)인 과학과 기술은 이런 문제들을 해결하는 데서 전혀 무능력하며, 오히려 현재의 상황을 더 악화시키고 있을 뿐이다. 이로 인해서 생겨난 계몽에 대한 일종의 환멸, 회의가 바로 포스트모더니즘

으로 표현되었다고 할 수 있다.1)

그럼에도 포스트모더니즘이 근대성을 철저히 극복하거나 그것을 대체하려고 하는 것은 아니다. 비유하자면 그것은 거인의 어깨 위에 올라탄 난쟁이처럼 근대성의 어깨 위에 올라탄 채 근대의 문제점을 비판한다. 그러므로 근대성에 대한 포스트모더니즘의 태도는 애증의 양면감정과 비슷한 것이라고 할 수 있다. 예를 들어, 벵갈 출신의 미국 학자인 스피박(Spivak)은 대표적 포스트모던 철학자 중 한 사람인 데리다의 '해체' 개념에 대해 다음과 같이 논평한다: '해체는 단지 어떤 것들을 부수어 뜨리는 것이 아니며 오류를 폭로하는 것도 아니다. 해체는 어떻게 진리들이 생산되는가를 지속적으로 그리고 끈질기게 고찰하는 것이다.' 그러므로 해체는 우리가 살아가기 위해서 진리가 필요하다는 것을 인정하지만 동시에 그것을 생산하는 문화적 정치적 맥락을 동시에 바라봄으로써 그것의 한계나 모순을 폭로하는 작업이다. 리오타르도 마찬가지 맥락에서 이렇게 말한다. "도대체 무엇이 포스트모더니즘인가? (...) 그것은 의심할 여지 없이 모던의 일부이다. 즉, 받아들여지는 모든 것은 의심되어야 한다는 모던의 일부이다." 주어지는 모든 것을 이성을 통해서 의심하고 검토하려는 태도는 원래 모더니즘의 기본 특징이었던 것이다.

---

1) 포스트모더니즘에 대한 사전적 정의를 소개한다. "포스트모더니즘은 근대의 패러다임 또는 근대의 '거대서사'에 대한 비판을 주요한 공통점으로 하는 일련의 철학적 입장들을 총칭한다. 합리주의, 인문주의, 그리스도교, 마르크시즘, 민족주의, 자본주의, 기술 관료제 등등이 모두 거대서사에 속한다. 포스트모더니즘은 거대서사의 서술과 설명들에 대해 의심하며 또 그것의 요구들이 타당하지 않고 그것의 약속은 매력적이지 않다고 생각한다. 근대적 사고가 만들어 낸 통일, 진리, 과학, 개념, 의미 등의 개념들은 모두 보편주의며 전체주의라는 포스트모던의 비판에 놓이게 된다. 즉, 근대의 과학과 정치는 이질성의 배제와 추상적 동일성에로의 환원에 기초한다. 반면 포스트모던 사고는 다양성, 가상, 예술, 은유, 형태, 육체, 우연, 놀이를 내세운다. 포스트모던 철학은 급진적인 다원성을 옹호하고 환원 불가능한 이질성과 근본적 불가공약성의 조건 아래서 새로운 지식과 새로운 정의의 가능성에 대해 생각하려 한다."(Metzler Philosophie Lexikon)

그러므로 포스트모더니즘의 근대 비판은 다름 아닌 근대라는 조건에 근거한다. 칸트의 비판철학, 흄의 회의주의, 데카르트의 철저한 회의, 마르크스의 허위의식에 대한 비판, 니체의 허무주의, 듀이의 실용주의 등은 모두 검토 없이 수용된 진리에 대한 근대적 회의주의를 반영하고 있다. 차이가 있다면, 근대 철학자들은 그런 비판을 통해서 어쨌든 더 참되고 분명한 해명을 얻으려 했던 데 반해, 포스트모더니즘은 바로 이러한 희망에 대해서조차 의심한다는 데 있다. 포스트모더니즘은 근대적 이성의 자기비판이 정점에 도달함으로써 생겨난 것이라고 할 수 있다.

그러므로 포스트모더니즘은 타자의 신념이나 전통에 대한 비판이 아니라, 바로 자기 자신의 신념과 전통에 대한 비판이며 말하자면 모더니즘의 자기비판이다. 그것은 근대성의 입장을 논증적으로 반박하여 더 나은 새로운 입장으로 대체하려는 것이 아니다. 왜냐하면 이런 노력은 결국 일종의 진보를 추구하는 것인데, 포스트모더니즘이 문제 삼고자 하는 것은 바로 이 진보라는 꿈이기 때문이다. 포스트모더니즘은 근대의 종언을 선언하기보다는 근대의 변두리에서 끊임없이 근대의 만용과 자기 확신을 치료하는 작업을 수행한다.

2. 포스트모던 사회 또는 포스트모더니티의 특징

'포스트모던'이라는 형용사로 표현되는 시대의 삶의 조건, 즉 포스트모더니티는 다음의 몇 가지 – 서로 연관되어 있는 – 특징으로 요약될 수 있다. 포스트모더니즘은 이러한 새로운 사회적 조건과 특징들에 주목하라고 요구하는 이론이나 태도 또는 사상이라고 할 수 있다.

① 포스트모더니티를 특징짓는 요소 중 하나는 삶의 양식 및 문화의 다원성과 불가공약성이 증대했다는 것이다. 이것은 실제로 인류의 삶에서

문화적 차이가 증대했기 때문이라기보다는 차이에 대한 사회적 감수성이 증대한 데에 기인한다. 차이에 대한 감수성의 증대는 다시 현대의 과학과 기술 및 통신의 혁명과 관계가 있다. 현대와 같이 세계의 모든 지역이 하나의 생활권역으로 통합되고 의사소통과 교류의 새로운 형태들이 개발됨으로써 우리는 문화적 차이와 상이성을 과거처럼 자기중심적으로 바라보고 동일성 속으로 환원하려고 시도할 수 없는 상황에 놓이게 되었다.

현대인들은 타인이나 타문화를 이해하고 이질적인 것과 어떤 합의에 도달하는 일이 생각보다 어렵고 때로는 불가능하다는 점을 절감한다. 왜냐하면 과거의 빛나는 계몽적 이성은 낯선 타자와의 대화나 의사소통에서 그리 효과적인 수단이 아니라는 점이 드러났기 때문이다. 더불어 합리적인 이성과 논증 자체가 필연적으로 다양한 관점들을 통합하리라는 근대적 낙관주의는 의심스럽게 여겨진다. 오히려 이성적 논증은 종종 타인의 입장과 관점을 억압하여 자신 속으로 동화시키거나 그것이 여의치 않으면 마치 없는 것인 양 부정해 버린다는 점이 폭로되었다. 그래서 레비나스 같은 철학자는 우리가 타인을 결코 완전하게 이해할 수 없다는 사실을 모든 만남의 출발점으로 간주한다.

② 두 번째 특징은 어떤 개념이나 사물에 대해서 일관되고 정합적인 동일성(identity)을 설정하는 일이 매우 어렵게 되었다는 사실이다. 그리하여 동일성은 객관적인 실체가 아니라 인간의 주관적인 해석이나 의미부여를 통해서 구성되는 것임이 강조되기 시작한다. 포스트모던 시대의 사람들은 문화적, 집단적 정체성들은 말할 것도 없고 성이나 인종 같은 생물학적 범주들조차 사실은 유동적이고 맥락 의존적임을 깨닫는다. 그러므로 동일성과 순수성 대신에 잡종성과 이질성을 강조하는 태도나 입장들이 부각된다. 이에 따라 근대 계몽주의의 핵심요소였던 의식의 통일

성과 개인의 순수한 자기주체성은 실제로는 다양한 요소들의 혼합체이거나 다른 것들과의 경계가 불분명한 유동적인 것이라고 주장된다. 지금까지 당연시되었던 '순수한 정체성'이라는 개념이 실은 이론적 허구 또는 추상에 불과하다는 통찰이 등장한 것이다. 예를 들어, 데리다가 만들어낸 '차연'(difference)의 개념은 '동일성'보다는 '차이'가 더 근원적인 현상이라는 점을 보여주려 한다. 포스트모더니즘은 플라톤에서 연원하는 실체적 동일성의 사유를 공격하고 끊임없이 확산되는 차이의 운동을 옹호한다.

③ 세 번째 특징은 겉보기에는 전혀 문제가 없어 보이는 현대의 평화로운 사회질서 속에서 지배와 예속의 권력 관계가 암암리에 작동하고 있다는 것이다. 포스트모더니스트들은 근대 사회에서는 권력의 숨겨진 메커니즘이 사회 구조 전반에서 철두철미하게 작동하고 있음을 강조한다. 이런 특징을 가장 잘 보여준 사람은 미셸 푸코이다. 푸코는 미시적인 권력 분석을 통해서 정의 또는 선의에 기초하고 있는 듯이 보이는 국가, 제도, 단체 등이 가장 사적이고 개인적인 선택의 영역에까지 속속들이 억압과 통제를 행사하고 있다는 점을 보여준다. 특히 현대 사회에서 감시, 조종, 통제의 기술공학적-정치적 체계는 점점 더 확장되고 교묘해진다. 우리는 자기도 모르는 사이에 또는 스스로 자유롭게 행동한다고 믿는 사이에 언제나 이러한 감시와 통제의 체계 속에 사로잡힌 채 살아가고 있다. 근대의 규율권력은 단지 우리를 억압하는 것이 아니라 우리는 그것을 주체로 만듦으로써 우리를 노예의 지위에 묶어 둔다. 우리를 스스로 복종하는 주체로 만드는 교묘한 권력 장치가 언제 어디서나 작동하고 있다. 따라서 포스트모던 시대를 살아가는 우리는 인간의 자유로운 삶을 가로막고 있는 권력의 메커니즘에 항상 주의를 기울여야 한다.

④ 포스트모더니티의 네 번째 특징은 언어의 존재론적 의미가 강조된다는 데 있다. 포스트모더니스트들은 언어가 단지 의사소통을 도구나 수단이 아니라 우리가 살고 있는 삶의 현실을 질서 지우는 규칙이자 원리임에 주목한다. 즉, 우리는 언어를 통한 대화와 담론 속에서 자신의 삶의 방식과 존재 방식을 규정한다. 그러므로 대화를 "세계를 매개체로 해서 세계를 명명하기 위해 이루어지는 사람들 간의 만남"이라고 정의한 프레이리는 이미 상당히 포스트모던 했다. 결국 포스트모더니즘에 따르면 우리는 언어를 통해서 세계를 구성하며, 어떤 명제의 참과 거짓은 중립적이고 객관적인 현실 – 이런 것은 존재하지 않는다! – 에 의해서가 아니라 언어적인 담론의 끝없는 연결망 속에서 결정된다.

그런데 이로부터 또 하나의 중요한 귀결이 나온다. 즉, 세계에 대한 주장의 진위를 결정하는 특권적인 언어는 있을 수 없다. 여러 언어들은 동질적(homogen)이기보다는 이질적(heterogen)이며 서로 정합적이지 않다. 즉, 모든 언어는 항상 시간적으로 공간적으로 제한되어 있는 특수한 언어일 뿐이다. 그러므로 우리는 어떤 언어의 제한된 맥락 내에서만 진리나 가치의 문제를 논할 수 있다. 소위 진리 또는 불변적 가치라고 주장되는 것은 언제나 이미 특정한 언어, 즉 특수한 시공간에 제한되어 있다. 이러한 입장에 섬으로써 포스트모더니즘은 상대주의에 성큼 다가선다. 물론 그렇다고 해서 포스트모더니즘이 반드시 극단적인 상대주의("Anything goes!")의 태도를 수용해야만 하는 것은 아니다. 왜냐하면 서로 이질적인 언어 체계들 사이에도 종종 꽤 많은 중첩지대(overlapping)가 있을 수 있기 때문이다. 비록 제한적이거나 잠정적일지라도 모종의 공통적 기준을 찾는 일이 절대적으로 불가능하지는 않다. 그렇지만 포스트모더니즘은 실재, 이성, 정의 또는 객관성에 대한 초역사적인 기준이나 개념이 있을 수 있다는 주장에 대해서는 단호하게 회의적이다.

이상에서 제시된 특징들은 결국 계몽주의에 대한 비판 또는 계몽주의의 자기비판이라고 할 수 있다. 계몽주의가 확신했던 이성의 무한한 능력과 보편타당한 객관적 진리의 존재 그리고 역사의 직선적인 진보 등에 대한 신념은 사라졌다. 보편적인 정의나 진리의 존재를 확신하고 그것을 밝혀내기 위해 매진했던 근대 계몽주의의 노력은 결국 일부 특권적인 계층의 이익을 대변하는 것에 불과했다. 계몽적인 이념들을 지지하기 위해 제시된 철학자들의 합리적 논증은 그 이념에 배후에 놓여 있는 우연성과 역사적 맥락에 대해 충분한 반성을 거치지 못한 것이다. 그러므로 포스트모더니즘은 계몽적 이성의 '자기반성'을 촉구한다.

3. 포스트모더니즘과 교육

포스트모더니즘의 입장에 선 교육의 이론은 과연 가능한가? 그리고 가능하다면 포스트모던 교육학의 내용은 어떤 것인가? 사람들은 아직 이런 질문에 대해 분명한 해답을 찾지 못하고 있는 것 같다. 사실 포스트모더니즘은 교육이론에 제공할 가치 있는 것들을 별로 지니지 못하며, 오히려 어떤 면에서 교육학의 존립 자체를 위협할 수 있다. 왜냐하면 포스트모더니즘의 반(反)계몽주의적 경향성은 근대 이후 철저히 계몽주의적 전통 위에서 발전해 온 교육학과 양립할 수 없을 것 같기 때문이다. 그래서 어떤 사람들을 포스트모던 교육학이라는 말을 형용모순으로 느낄 수 있다.

진지한 교육적 노력은 언제나 최소한의 규범적인 가정과 가치들을 포함하고 있다는 점은 부인하기 어렵다. 다시 말해서 교육은 본질적으로 어떤 규범적인 방향 – 칸트의 말로 하면 인간성의 보다 더 나은 상태라는 이념 – 에 따라서, 성장하는 인간의 학습과 발달을 인도하려는 행동이자 과정이다. 교육을 통한 인간성과 사회의 개선은 근대 교육학의 핵심적인 모티브이다. 그러나 앞서 보았듯이 포스트모더니즘은 그런 규범적 노력에 대해서 회의적이다.

그러므로 포스트모더니스트는 이렇게 질문을 던질 것이다. 칸트가 말한 '더 나은 상태'가 의미하는 것은 무엇인가? 그것은 어떤 문화적 규범과 관점에 따라서 볼 때 더 나은 상태라는 말인가? 또는 어떤 계층의 학생들에게 더 나은 상태란 말인가? 만약 그것이 학생에게 바람직한 지식, 가치, 성향을 형성하는 것이라면 그 구체적인 기준과 내용을 결정하는 사람은 누구인가? 교수-학습의 활동 자체가 이미 불평등한 권력관계에 의해 구조화되고 왜곡되어 있음을 모르는가? 관료적 국가지배 아래 예속되어 있는 학교에서 더 나은 상태를 향한 교육적 실천이 과연 가능할 것인가? 도대체 한 인간이 다른 인간을 지도하고 형성한다는 것을 윤리적으로 정당화할 수 있는가? 타인에 대한 지도는 결국 타인의 삶에 대한 월권과 타인의 자유에 대한 억압을 동반하지 않는가?

이러한 포스트모더니즘의 문제제기는 매우 극단적이어서, 그러한 관점에서 보면 자칫 모든 진지한 교육은 타인에 대한 부당한 개입이자 월권처럼 보인다. 그것은 심지어 교육 자체에 대한 거부로 나아갈 수 있다. 그러나 우리는 과연 성장세대와 기성세대 사이에서 일어나는 비대칭적인 활동으로서의 '교육'이라는 활동을 포기할 수 있는가? 듀이가 말했듯이 인간사회가 죽고 태어나는 리듬에 의해 유지되는 한 사회의 연속성을 위한 필요조건으로서의 교육, 즉 '지도와 인도'를 방기하는 것은 불가능하다. 또한 다른 측면에서 보면 아이러니하게도 우리는 현대의 '포스트모던' 사회가 현실적으로 그 어느 시대보다도 '교육'의 활동을 필요로 한다는 사실을 부인할 수 없다. 우리가 현대 사회의 불투명성과 불확실성에 대처하면서 현재와 미래의 인간적인 삶을 개척해 나가기 위해서는 이전보다도 더 교육에 의지할 수밖에 없는 것이다. 그러므로 교육학은 점점 더 다양화되고 복잡화되는 현실 속에서 인간적 삶을 위한 실천이자 이론으로서 더욱 절박하게 요구되고 있다.

그러므로 우리는 일부 급진적인 포스트모더니스트들이 주장하는 '교육의 종말'에 동의할 수 없다. 그들은 교육이 목적 지향적인 규범화를 완전히 포기하고, 학생의 모든 경험에 대해 전면적인 인정의 태도를 지녀야 한다고 주장한다. 이런 입장에 따르면 모든 의도적인 교육은 월권이고 불법이므로 폐지되어야 한다. 그러나 우리가 설사 의도적인 교육 속에 포함된 월권을 인정한다 하더라도 교육이 인간의 사회의 존속과 유지를 위해 필수적이며, 특히 현대와 같은 다원적이고 상대주의적인 사회에서 교육이 담당해야 할 역할과 기능은 오히려 증대하고 있다는 사실을 부인하기는 어렵다. 그렇다면 이러한 딜레마를 극복하고 포스트모던 시대의 교육학과 교육의 정당성을 제시할 수 있는 길은 어디에 있는가?

이 물음에 대한 답은 아직 제시되어 있지 않은 듯하다. 여기서 우리는 포스트모던 시대의 교육학과 관련하여 검토해 보아야 할 문제나 그 해결의 방향들을 간략히 살펴보는 데에 만족할 수밖에 없다.

① 포스트모던 시대의 교육학은 포스트모더니즘이 제기한 문제들과 진지하게 대결함으로써 그것을 극복할 수 있는 이론적, 실천적인 가능성을 찾아내지 않으면 안 된다. 그러므로 앞에서 제시한 포스트모던 사회의 특징들을 다시 떠올려 보자. 포스트모니즘은 공약 불가능한 차이성, 자기 동일한 주체의 불가능성, 미시적인 권력의 메커니즘, 언어적인 제한과 한계성을 강조한다. 그런데 이 모든 조건들은 근대 계몽주의 교육이 추구했던 바와 같은 객관적이고 보편적인 교육학 이론을 불가능하게 만든다. 그러므로 교육학은 먼저 다음과 같은 문제들과 대결하지 않을 수 없다. 첫째, 공약 불가능한 차이와 다양성의 상황에서 우리는 어떻게 공

통적이고 필수적인 교육내용에 대해 합의할 수 있을까? 둘째, 학생의 순수한 정체성이나 주체적 활동을 거부하면서도 어떻게 우리는 그의 인격적 성장과 발달의 심리적 기초를 마련할 수 있는가? 셋째, 숨겨진 권력과 특권의 그물망이 우리의 모든 일상적인 삶과 인간관계 속에 드리워져 있다면 과연 진정한 교사-학생 관계는 어떻게 형성될 수 있을 것인가? 넷째, 모든 언어가 비일관성과 제한성을 지니고 있다면 우리는 어떻게 언어를 의사소통과 수업의 매체로 사용할 수 있는가? 포스트모던 시대의 교육학은 이런 물음에 대한 대답을 찾아냄으로써 학문으로서의 교육학의 가능성과 정당성의 새로운 기초를 복구해야 한다.

② 포스트모던 시대의 교육학은 직접적인 교육실천에 대한 연구에서 벗어나 교육실천이 초래하는 결과를 반성적으로 분석하고 평가하는 데로 주된 관심을 돌려야 한다는 것도 포스트모던에 대한 교육학의 대응 방식 중 하나이다. 이런 의미에서 디터 렌첸은 '반성적 교육학'을 포스트모던 교육학의 방향으로 제시한다. 그는 교육학의 전통적인 연구대상이 이제 아무런 자립성과 고정성도 지니지 않는다는 점을 강조한다. 다시 말하면 교육학의 전통적인 연구대상은 사회적이며 정치적이며 문화적인 맥락 속에서 유동하고 있는 것이다. 따라서 그 연구대상을 객관적으로 분석하고 서술하려는 전통적 의미의 교육연구 및 이론은 원천적으로 불가능해졌다. 그러므로 포스트모던 시대의 교육학자의 연구는 교육 실천과 행위가 초래하는 결과를 평가하는 일에 집중해야 한다. 이렇게 된다면 포스트모던 시대의 교육학은 자신이 지금까지 수행해 왔던 핵심적인 역할, 즉 교육적 실천에 직접적으로 적용되어야 할 지침이나 방법론을 제시하는 일을 포기해야 한다. "이렇게 이해된 교육학은 무엇보다도 먼저 반성적인 관찰학문이며, 이미 일어난 교육에 대한 반성적인 관찰과 분

석을 행하고 그리고 그에 상응하는 학문적 요소들을 취급한다. 그러나 이와 함께 미래의 발전을 위한 어떤 지식을 얻을 수 있을 것이다"(Krueger, H-H) 이렇게 교육학이 반성적 교육학으로 되어야 한다는 것은 포스트모던 시대 학문 일반의 하비투스에 상응하는 것이다.

③ 세 번째로 몰렌하우어의 교육철학이 포스트모던 시대 교육학의 한 대안으로서 검토될 수 있다고 생각한다. 몰렌하우어 교육철학의 핵심은 '이것은 파이프가 아니다'라는 르네 마그리트의 그림을 통해서 표현될 수 있다. 그의 제안에 따르면 교육은 이제 자기를 상대화/맥락화시키는 속에서 기성세대와 성장세대 간의 대화적인 관계를 모색해야 하며, 거기서 이루어지는 대화 속에서 이루어지는 교사와 학생 간의 열려 있는 피드백을 통해 자유와 방임의 양 극단을 피하면서 매 순간 교육적으로 올바르고 유의미한 방향을 더듬어 찾아 나가는 활동으로 되어야 한다. 물론 몰렌하우어는 이러한 교육의 과정에서 학생의 자유로운 발전에 대한 교사의 월권이 있을 수 있음을 간과하지 않는다. 그러나 그는 교육자의 월권이 정당화될 수 있는 맥락을 확보하려 한다.

즉, 몰렌하우어에 따르면 교육의 결과로서 추구되는 자아정체성은 순수하게 자유로운 자아도 아니고 사회화된 자아도 아니다. 학생들의 자아는 사실적 관계의 '강제'에 의해 질식해서도 안 되지만 주관적인 '자유'의 망상에 떨어져서도 안 된다. 바로 이런 이유로 해서 우리는 학생들의 도야의 과정에 개입할 수밖에 없으며, 이것은 물론 월권이지만 학생들이 스스로 자유로운 자아와 사회적 필연성 사이에서의 균형 잡기를 하도록 도와주기 위한 것인 한에서 이 월권은 정당화될 수 있는 것이다. 그러므로 몰렌하우어는 '포스트모던'의 문제제기를 수용하면서도 적극적인 교육(학)의 정당성을 확보할 수 있는 하나의 가능성을 제시했다고 할 수 있다.

4. 미셸 푸코의 교육사상 : 규율 훈련으로서의 교육

교육학의 관점에서 살펴볼 때 푸코의 저작은 교육의 정당성을 인정하기보다는 제한하고 비판하는 데 기여한다. 푸코의 규율권력에 대한 분석은 개인을 교육하여 그의 소질과 잠재력의 실현시키고 또 자립적 주체로서 성장시킨다고 주장하는 근대 이후의 교육관에 대한 비판으로 읽힐 수 있다. 몰렌하우어가 『가르치기 힘든 시대의 교육』에서 주장했듯이 근대 교육학은 어른과 아이의 상호작용 속에서 후속 세대의 자유로운 성장과 발달을 담당한다고 자처했지만 결과적으로 어린이를 '제작적인 교육'의 희생자로 만들었다. 이러한 근대 교육학의 모순을 몰렌하우어는 주로 교육의 근원적인 '아포리아'(=자유와 강제의 긴장)에서 찾았지만, 푸코에 따르면 그것은 근대의 규율권력의 본질적 특성에서 찾을 수 있다.

푸코는 『감옥의 탄생 – 감시와 처벌』(1976)에서 근대 사회의 형성원리로서의 규율권력에 대해 분석하고 있다. 이에 따르면 개인의 자율과 자유를 존중한다는 시민사회의 모토는 동시에 철저한 통제를 위한 제도적이고 전략적인 장치 속으로 개인을 옭아매는 과정과 동전의 양면을 이루고 있는 것이다. 그러므로 근대 시민사회가 주장하는 '개인의 자유'는 교육을 통해서 주입된 환상에 불과하다. 실제로는 근대적 개인은 '순종적인 신체'로 육성되며, 그런 의미에서 근대의 교육은 '조련'일 뿐이다. 개인의 능력과 자유는 권력이 그의 신체를 확실하게 통제할 수 있는 한도 내에서만 발달되고 촉진된다.

푸코는 감옥, 병원과 더불어 학교에서 근대적 권력 메커니즘의 전형을 찾을 수 있다고 보았다. 푸코에 따르면 근대의 권력 메커니즘, 즉 규율권력은 17, 18세기를 거치면서 개인을 통제하는 '보편적 방법'을 발전시켰다. 규율적 통제의 방법은 대체로 4가지 부류로 구분된다. 첫째는 (공간적) 분할의 기법으로 개개의 구성원을 위계적 질서 속에 배치한다. 둘째는 행동의 통제로서 테일러 시스템처럼 개인의 일거수일투족을 생산과정 속에 통합시킨다. 셋째는 '발달의 조직화'라고 부를 수 있는 것으로 특정한 시간 및 단계에서 어떤 수준의 발전의 이루어지도록 정교하게 규정하고 강제하는 기법이다. 넷째는 '힘들의 결합'이라고 부를 수 있는 것으로서 사회의 분업적 요소 또는 힘들을 결합하여 최적의 생산성을 갖추도록 규율하는 기법이다.

그런데 이러한 지배의 기법들을 통해서 근대의 규율권력은 단지 인간을 억압하고 통제하기만 하는 것이 아니라 동시에 인간을 적극적으로 가르쳐서 책임 있는 자유로운 주체로서 발달시킨다는 것이 바로 푸코의 탁월한 통찰이다. 이러한 권력이론의 입장에서 보면 '자유와 통제'라는 양 극단은 서로 대립하기는커녕 '규율권력'을 지탱하는 두 개의 지주라고 간주된다. 그러므로 개인을 자율적인 주체로 키워내려는 근대 이래의 교육적 시도는 실은 규율권력을 만들어 내고 유지하려는 권력 메커니즘의 한 고리라고 할 수 있다. 이렇게 작동하는 학교의 규율권력은 '개인의 자유'라는 허상 밑에서 교묘하게 인간의 자유를 빼앗아 간다.

푸코는 학교의 규율권력이 어떻게 작동하는가를 섬세하게 묘사한다. 학교는 감시, 상벌, 시험이라는 세 가지 메커니즘의 복합체이다. 그중에서 감시와 상벌을 결합하는 중요한 역할을 하는 것이 시험이다. 시험은 한 사람 한 사람을 눈에 보이는 가시적 존재로 만들고 그리하여 감시와 상벌을 가능하게 한다. 시험과 함께 편차가 계산되고, 교사는 학생 한 사람 한 사람의 점수의 움직임을 주의 깊게 추적할 수 있다(감시). 그리고 이러한 점수의 움직임에 따라서 칭찬과 꾸중을 할 수 있게 된다(상벌). 이러한 감시, 상벌, 시험의 메커니즘에 의해서 학생들은 스스로 조금이라도 좋은 점수를 얻으려 노력하고, 그럼으로써 점차 자기를 자율적이고 주체적인 인간으로 만들어 간다고 할 수 있다. 그러나 이렇게 형성된 자기를 통제하는 주체적인 인간이야말로 주어진 사회질서에 자발적으로 복종하고 순종하는 순치된 인간일 뿐이다. 그는 자신에게 부과된 규율과 통제에 자발적으로 복종하면서 스스로 자유롭게 행동한다는 착각에 빠져 있을 뿐이다.

이렇게 자기를 자발적으로 규제하고 통제한다는 의미에서 인간은 주체적인 존재로 되는 동시에 현존하는 질서의 억압성을 의식조차 못한 채 거기에 복종하는 존재로 변모된다. 이러한 과정을 푸코는 '주체화인 동시에 복종화'(assujetissement)라고 부른다. 푸코가 보기에 감옥, 병원과 더불어 학교도 역시 바로 이러한 주체화-복종화를 작동시키는 권력 메커니즘의 하수인에 불과하다. 그렇다면 언뜻 보기에 푸코가 묘사하는 권력의 그물망은 도저히 벗어날 수 없는 것처럼 보인다. 눈에 보이지 않는 권력에 대항한다는 것은 불가능할 것이기 때문이다. 그렇다면 영국의 공리주의자 제레미 벤담이 묘사했던 이상적 수용시설인 '판옵티콘'의 죄수에 비견될 수 있는 현대인들에게 과연 해방의 가능성은 없는가? 그러나 이에 대해 푸코는 기본적으로 긍정적 입장을 취한다. "나는 권력의 실체에 대항하는 저항의 실체를 정립하지 않는다. 나는 단지 어떤 권력관계가 존재하는 순간 거기에는 저항의 가능성도 있다고 말할 뿐이다. 우리는 결코 완전하게 권력의 덫에 걸려 있는 것은 아니다. 특정한 조건과 명확한 전략 아래서 우리는 언제나 권력의 손길을 피할 수 있다."(푸코) 그러므로 푸코의 권력론을 수용하는 교육과 교육학은 이렇게 권력관계에 대한 저항이 시작될 수 있는 지점을 찾아낼 필요가 있다.

『감시와 처벌』에 나타난 푸코의 분석은 교육학자들이 표방해 왔던 교육적 이상이 하나의 환상일 수 있다는 점을 분명히 드러내 준다. 근대 이후 학습심리학은 다름 아닌 '순종하는 주체'를 양성하기 위하여 권력관계가 생산한 지식일 수 있는 것이다. 또한 학생들을 '교육'하기 위해서 동원된 수많은 교과서와 교구, 교수-학습 방법들도 결국 자유로운 주체의 양성을 위해서가 아니라 '조련된 주체'를 양성하기 위한 권력 장치의 일부였을 수 있다. 그러나 그렇다고 해서 푸코의 분석으로부터 성숙하고 자유로운 인간을 양성하는 과정으로서의 교육 그 자체를 부정하는 데로 나아간다면 그것을 지나친 해석이 될 것이다. 다만, 학교가 사회로부터 격리된 교육적 공간으로서 학생을 완숙한 인격체로 양성하는 곳이라는 근대 이래의 교육적 이상주의는 푸코의 풍부한 권력관계 분석을 통해서 여지없이 반박되었다. 권력의 미시적 그물망 아래서도 진정한 의미에서 자유로운 인격을 길러낼 수 있는 교육의 개념을 모색하는 것은 현재 교육학이 당면한 긴급한 과제 중 하나일 것이다.

5. 포스트모더니즘의 교육은 어떻게 가능한가?
: 합리성에서 합당성(reasonableness)으로

포스트모더니즘을 겪으면서 우리는 18세기의 서구 계몽주의가 그토록 신성시했던 이성에 대해 의심하지 않을 수 없게 되었다. 계몽주의는 모든 우연적 상황과 조건을 떠나서 절대적으로 타당한 진리가 존재하며 그것은 철저한 방법론에 따라 작동하는 이성에 의해서 있는 그대로 밝혀질 수 있다고 믿었다. 데카르트의 『방법서설』과 『성찰』은 계몽적 이성의 맥락 초월성을 정립하기 위한 치열한 노력의 산물이었다. 이후의 근대의 철학과 사상은 현실적으로 드러나는 이성의 폐해와 역설에도 불구하고 이성의 객관성과 절대성을 옹호하기 위한 노력으로 점철되었다. 그러나 제2차 세계대전 또는 아우슈비츠 이후 이러한 노력은 그 한계에 도달하였고 계몽적 이성 역시 하나의 역사적이고 문화적인 상황의 산물이었음이 드러났다. 포스트모더니즘은 인간의 이성이 얼마나 폭압적이었고 그래서 평화로운 인간 사회를 만들어 내기는커녕 오히려 분쟁과 갈등을 조장해 왔음을 폭로하는 데 몰두한다. 그러나 우리는 과연 합리성을 전적으로 포기할 수 있는가? 많은 철학자와 교육학자들은 포스트모더니즘의 이성비판을 한편으로 수용하면서도 그것이 반드시 이성 자체에 대한 포기를 의미하지 않을 수 있는 길을 모색한다.

이런 시도를 하는 사람 중 하나로서 우리는 버뷸리스를 들 수 있다. 그는 포스트모더니즘의 이성비판에 대응하여 "대안적인 형태의 이성이나 합리성을 개념을 조심스럽게 검토"(Burbules, 2011 : 185)하는 길을 택한다. 그는 계몽주의적 이성과 합리성에 대한 극단적 비판은 결국 그것이 추구했던 자유와 평등의 이념까지도 포기하는 결과에 도달할 수 있음을 경계한다. 그래서 그는 이성을 단지 데카르트적인 이성과 등치시키려는 태도를 문제 삼는다. 그 대신에 그는 이성을 기존의 '합리성'이 아니라 '합당성'으로 이해할 것을 제안한다. "이성에 관한 기존의 담론들을 특징지어 온 '합리적인 것'과 '비합리적인 것' 간의 날카로운 (...) 양분법 대신에 '합당한' 사고나 행위와 '합당치 않은' 사고와 행위를 구분 짓는 일이 가능할 것이다."(Burbules, 2011 : 189)

이 지점에서 버뷸리스는 툴민이 『코스모폴리스』에서 제시했던 또 하나의 근대성을 강조한다. 근대 철학사를 새롭게 서술하려는 툴민의 시도는 중세로 근대로 넘어오는 시기에 두 개의 서로 다른 근대성이 등장하여 서로 경쟁했었음을 상기시킨다는 점에서 독창적이다. 그는 16세기 인문주의자인 몽테뉴의 온건하고 특수하며 대화적인 이성이 30년 전쟁과 같은 우연적인 역사적인 조건 속에서 데카르트적인 엄격하고 객관적인 이성으로 대체되는 과정을 보여주었다. 이러한 역사적 분석에서 드러나는 것은 근대적 이성이 곧 데카르트적 이성과 등치되는 것은 아니라는 점이다. 그렇다면 이제 포스트모더니즘의 통렬한 비판 앞에서 우리가 데카르트적 이성을 포기하지 않을 수 없다고 할 때, 우리는 다시 16세기 인문주의자들이 제시했던 근대적 이성의 개념, 즉 '합당성'에 주목할 필요가 있다.

합당성은 어떤 문제에 접근함에 있어서 단지 논리적이고 방법적인 규칙을 철저히 따르는 데에 그치지 않고 그것이 처한 정치, 사회, 문화, 인격적 상황을 고려한다는 데에 특징이 있다. 그래서 문화적 차이와 다양성에 대한 감수성을 발휘하며, 냉철한 논리보다는 인간적 삶의 가치와 의미를 더 중요하게 생각한다. 그래서 경험적인 분석과 탐구가 올바른 판단을 위해서 필요하다고 생각하지만 그것을 좀 더 넓고 포괄적인 맥락에서 이해하고 해석하려 한다. 그래서 거기서는 독백적인 논증보다는 실제적 대화의 과정이 중요한 요소로 부각된다. 버뷸리스는 이러한 합당성의 개념을 통해서 포스트모더니즘의 극단적인 비판에 대항하여 인간 이성의 긍정적인 측면을 구출해 낼 수 있다고 본다.

그렇다면 이제 포스트모던 시대의 교육은 이러한 합당성에 기초해서 진행되어야 하며 또 이 합당성의 형성을 목적으로 삼을 수 있다. 그럴 경우 이제 교육과정은 다원적이고 맥락적인 사고에 기초해서 마련되어야 하며, 타자와의 교류와 의사소통을 촉진하는 방향으로 전개되어야 한다. 또한 학생의 학습과정은 "실수를 저지르고 그로부터 무언가를 배우려고 애쓰면서, 어떤 새롭고 가치 있는 것으로 인한 어려움과 낙담을 이겨 내면서, 그리고 요구되는 일반적인 원리와 기술의 적용 가능성 및 한계에 대해 실천 속에서 판단하는 법을 배우면서"(Burbules, 2011 : 212) 그리고 타자와의 의사소통 속에서 진행되어야 한다.

생각할 문제

1. 앞으로의 시대에 어떠한 교육철학이 필요할까?
2. 현대 사회에 가장 이상적인 교육자의 모습은 무엇일까?

참고문헌

강선보(2018). **만남의 교육철학**. 서울 : 박영스토리.

김현주(2008). 교육철학의 성격과 역할 : 실천철학을 지향하며. **교육철학, 제41권**, 93–118.

반덕진(1999). **대학과 교양교육**. 서울 : 신광.

안인희 외(1996). **루소의 자연교육사상**. 서울 : 이화여자대학교 출판부.

양금희(2001). **근대기독교교육사상**. 서울 : 한국장로교출판사.

오인탁(1996). 플라톤. 연세대학교 교육철학연구회 편, **위대한 교육사상가들I**. 서울 : 교육과학사.

______(2006). **파이데이아**. 서울 : 학지사.

오천석(1984). **교육철학신강**. 서울 : 교육학연구사.

오춘희(2001). 코메니우스. 연세대학교 교육철학연구회 편, **위대한 교육사상가들II**. 서울 : 교육과학사.

유재봉(2004). 영미교육철학의 동향에 나타난 교육철학의 성격과 방법탐색 : 분석철학적 전통을 중심으로. **교육철학, 제31권**, 87–110.

조경민(2011). 듀이의 실험주의 교육철학. 고려대학교 대학원 석사학위논문.

최진경(2019). **신학자 코메니우스**. 서울 : 기독교문서선교회(CLC).

Arcilla, R. V.(2002). Why aren't Philosophers and Educators Speaking to Each Other?. *Educational Theory, 52*(1), 1–11.

Ariès, Philippe(1962). *Centuries of childhood : a social history of family life.* 문지영 역(2004). **아동의 탄생**. 서울 : 새물결.

Aristotelse. *Nicomachean ethics.* 이창우 외 공역(2006). **니코마코스윤리학**. 서울 : 이제이북스.

Bailey, Richard(2010). *(The) philosophy of education : an introduction.* 이지헌 역(2011). **철학이 있는 교육, 교육이 있는 철학**. 서울 : 학이당,

Buber, Martin(2013). *Reden über Erziehung.* 우정길 역(2010). **교육강연집**. 서울 : 지만지.

__________(2013). *Ich und Du.* 김천배 역(2020). **나와 너**. 서울 : 대한기독교서회.

Burbules, N. C.(1993). *Dialogue in teaching : theory and practice.* 강선보·고미숙 공역(2011). **대화와 교육–이론과 실천**. 서울 : 교육과학사.

Carr, Wilfred(2004). Philosophy and Education. *Journal of Philosophy of Education, 38*(1).

Dewey, John(1916). *Democracy and education : an introduction to the philosophy of education.* 이홍우 역(2007). **민주주의와 교육**. 서울 : 교육과학사.

__________(1925). *Experience and nature.* 신득렬 역(1982). **경험과 자연**. 대구 : 계명대학교출판부.

Dieterich, Veit－Jakobus(1991). *Johann Amos Comenius.* 최진경 역(2008). **요한 아모스 코메니우스**. 서울 : 지만지.

English, Andrea R.(2013). *Discontinuity in Learning. Dewey, Herbart and Education as Transformation.* New York : Cambridge University Press.

Faucault, M.(1975). *Surveiller et punir : naissance de la prison.* 오생근 역(2020). **감시와 처벌**. 서울 : 나남.

Freire, P.(1968). *Pedagogy of the Oppressed.* 남경태 역(2002a). **페다고지. 피억압자의 교육학**. 서울 : 그린비.

________(1994). *Pedagogy of hope.* 교육문화연구회 역(2002b). **희망의 교육학**. 서울 : 아침이슬

Hirschberger, J.(1980a). *Geschichte der Philosophie. Band I : Altertum und Mittelalter.* Freiburg : Herder.

____________(1980b). *Geschichte der Philosophie. Band II : Neuzeit und Gegenwart.* Freiburg : Herder.

Kant, I.(1803). *Über Pädagogik.* 김영래 역(2003). **교육학 강의**(김영래 저. 칸트의 교육이론 부록). 서울: 학지사.

Key, E.(2000). *Das Jahrhundert des Kindes.* 정혜영 역(2012). **어린이의 세기**. 서울 : 지만지.

Kohli, Wendy(1995). *Critical conversation in philosophy of education.* 곽덕주 외 공역(2010). **대화와 소통의 교육철학**. 서울 : 학지사.

Lyotard, J. E.(1979). *La condition postmoderne.* 유정완 역(2018). **포스트모던의 조건**. 서울 : 민음사.

Mollenhauer, K.(1983). *Vergessene Zusammenhänge.* 정창호 역(2005). **가르치기 힘든 시대의 교육학**. 서울 : 삼우반.

Ozmon, Howard A.(2003). *Philosophical Foundations of Education.* Merrill Prentice Hall.

Peters, R. S.(1970). *Ethics and education.* 이홍우 역(2004). **윤리학과 교육**. 서울 : 교육과학사.

Rousseau, J. J.(1762). *Émile ou de l'education.* 민희식 역(2012). **에밀**. 서울 : 육문사.

Rusell, B.(1996). *History of Western philosophy.* 서상복 역(2009). 서양 철학사. 서울 : 을유문화사.

Schaller, K.(2004). *Johann Amos Comenius. Ein pädagogisches Porträt.* Weinheim/Basel/Berlin : Beltz.

Siegel, Harvey(2009). *The Oxford Handbook of Philosophy of Education.* Oxford University Press.

Treml, A. K.(2005). *Pädagogische Ideengeschichte.* Stuttgart : Kohlhammer.

Toulmin, Stephen Edelston(1990). *Cosmopolis : the hidden agenda of modernity.* 이종흡 역(2008). 코스모폴리스. 마산 : 경남대학교출판부.

Weischedel, Wilhelm(1984). *34 große Philosophen in Alltag und Denken : die philoso-phische Hintertreppe.* 이기상 역(1991). 철학의 뒤안길. 서울 : 서광사.

찾아보기

[인물]

[내용]

저/자/약/력

■ **정창호**

고려대학교 철학과 철학박사
고려대학교 교육문제연구소 연구교수
독일 함부르크대학 교육학부 철학(교육학)박사
현 고려대학교 철학과 및 교육대학원 강의

- 저서 : 진보주의 교육사상 외
- 논문 : 다문화교육의 반성적 기초로서의 상호문화철학 외 다수

■ **마상룡**

고려대학교 교육학과 학사, 석사
고려대학교 교육학과 박사수료
고려대학교 교양교육실 연구교수
현 한경대학교, 한세대학교 교양학부 강의
탈근대철학연구회 공동대표

- 저서 : 글로컬 사고와 표현 외
- 논문 : 지젝의 기독교 비판 외 다수

■ **마은종**

연세대학교 교육학과 교육학석사
고려대학교 교육학과 교육학박사
고려대학교 교육문제연구소 연구교수
현 단국대학교 교직교육과 초빙교수

- 저서 : 죽음과 교육(공저)
- 논문 : 헤르바르트의 정치교육 고찰 외 다수

■ **박주희**

전남대학교 철학과 학사, 석사
고려대학교 교육학과 교육학박사
고려대학교 교육문제연구소 연구교수
영남대학교 의과대학 의료인문학교실 연구조교수
예원예술대학교 교양학부 조교수
현 서울과학기술대학교 교육혁신원 초빙교수

- 저서 및 역서 : 게이미피케이션을 활용한 수업모형 및 콘텐츠 개발
  고등교육을 위한 디지털 글쓰기 외
- 논문 : 창의융합교육을 위한 연구 외 다수

인공지능(AI) 시대, 교육실천을 위한

교육철학 및 교육사

|공저자| 정창호 · 마상룡 · 마은종 · 박주희

|1판 1쇄| 발행 2024년 8월 31일

|발행인| 김 동 훈
|발행처| 공 동 체

|주소| 경기도 고양시 일산동구 호수로 358-39, 동문타워 I 905호(백석동)
|전화| 031) 814-3000(대표)
|팩스| 031) 814-3100
|홈페이지| http://www.compub.co.kr
|전자우편| compub@naver.com
|출판등록| 2005년 10월 6일
|등록번호| 제396-2005-36호

|ISBN| 979-11-6725-776-5
정가 21,000원